潘军文集

第叁卷

中篇小说·短篇小说卷

文化艺术出版社
Culture and Art Publishing House

在合肥（1988年秋）

和汪曾祺先生（1993年春，海口）

出席"天涯人生笔会",与作家韩少功、马原、陈村、蒋子丹、张曼菱、孙甘露合影(1994年夏,海口)

| 拜谒陈独秀先生墓（2000年11月，安庆）

| 在云南丽江玉龙雪山（2001年秋）

在北京书房(2003年夏)

停在气头上，话越说越没谱。各自沉岛见乙将还会不会再没来再将劲见乙将咸太太一下作店生还信此份钱？B佳弄响住了。B说，你这人真没劲。李成涨红着脸反问：我怎么没劲？我有没有劲你难道之怀疑？我必将还写去"专治"啥？B闷头没应。

事涌数日，A来自动手做第三件事。A注意到B每周必去一锅洗衣店，把换下的衣服送去，再取出洗净熨平的。关于这件事，A现在向我表述时特操作上迁移与细节一并省略了，此处消除信息。那是个星期天的下午，李成送B回家时。途中，B去洗衣店取了衣服。这段日子此俩十分不断，两人的恍惚时聚时散。不过李成对B仍是在意的，处处呵护，争之退让。李成无法摆脱"大个子"按下的阴影，他便就此事多向B格外质询。在B离去的时候，另人烦多的疑笑的口吻说两句无关痛痒的话。"我有你别炒股了，不如开个店店。反正有人供货。"又说过程度。B回答说，去是他每天送一车衣服来，我情急所。这个下午，

| 小说集书影

《潘军文集》第三卷
目 录

中篇小说

海口日记 ………………………………………………………… 3
朗诵南方风景 …………………………………………………… 39
杀人的游戏 ……………………………………………………… 65
对门·对面 ……………………………………………………… 87
故事 ……………………………………………………………… 122
关系 ……………………………………………………………… 151

短篇小说

溪上桥 …………………………………………………………… 185
假面小孩 ………………………………………………………… 194
报人 ……………………………………………………………… 203
对话 ……………………………………………………………… 210
对窗 ……………………………………………………………… 220
1962 年,我五岁 ………………………………………………… 228
抛弃 ……………………………………………………………… 236
半岛四日 ………………………………………………………… 244
和陌生人喝酒 …………………………………………………… 251
上官先生的恋爱生活 …………………………………………… 259
1967 年的日常生活 ……………………………………………… 267

某部的于村	275
纸翼	283
轻轨	292
临渊阁	302
枪，或者中国盒子	314
草桥的杏	322

潘军文集

第叁卷

中篇小说

海口日记

1

  由犁城到广州的空中距离我不知道是多少,但空中的飞行时间是一百分钟。麦克·道格拉斯82型飞机样子像条泥鳅,据说昂头腾空的时候很性感。以往我坐飞机最怕天气不好,遇上气流,飞机就像只大鸟,机翼呼扇呼扇。而我每次都在能看见鸟翅的位置上。那时我就想,最好的材料也难以承受这样的扇动,如果它断了呢?后果当然不堪设想了。可是全世界每天有多少万人坐飞机,他们当中有总统和诺贝尔奖得主,一旦飞机升空,我同他们就完全平等了。他们能掉下去,我为什么不能?他们不掉下去,为什么偏偏是我掉下去呢?这样一想,问题就基本解决了。我们都是俗人,没有必要自以为是,命大命小这会儿可不是由我们说了算。我与其去看舷窗外的白云还不如看空姐的脸。她们的表情虽然有点做作,不过我还是很喜欢。

  今天是个好天气,能见度高。在一万米高空往下看,山川河流像一些散乱的绳子。云很低很薄,飞机稳得像碰上了磁铁。在我右边的那个过早谢顶的男人已经睡着了。可一发饮料,他一下就弹了起来。我想他一定是经常坐飞机的缘故,他怎么会这么准地醒来呢?

  先生,可乐、啤酒还是茶?空姐问。

  那人说:每样来一份吧。

  空姐又问我,我说我只要茶。

  每样都来一份的男人其实也只喝茶,他把两个易拉罐放进屁股下面那只皱巴巴的包里。那包还空,我想他还会再装进点什么。我因为只要了茶,谢顶的男人后来就不怎么理我。我觉得奇怪,我并没有做什么。

突然飞机的翅膀又扇起来了，窗外阳光灿烂。红灯亮了：请系上安全带。

怎么在阳光里飞也抖？我问空姐。

空姐说阳光反射成多少度角受到膨胀所以……

我还是没听明白。

我不喜欢广州这个城市。它给我的感觉是一种特殊的莫名其妙。比如说，我在街上经常看到一些马来人种的脸，就怀疑自己是走在胡志明市。广州所谓的好天气就是不下雨，你能感受到温度但根本见不到阳光。地上的所有投影都很古怪，你很难判断出方位。再就是语言的障碍，我不懂粤语。和一个讲粤语的人交谈是一件很辛苦的事，我只能从口形上去推敲某种语义，所得的判断基本上都是错的。所以说广州是一个不好判断的城市。

我不想在广州作短暂逗留。在广州要做的事，是和一位朋友见面。他是一家文学刊物的负责人，我们只通过电话，不能算认识。后来我就去了那家杂志社。我说我要找谁，立刻就有一位五短身材的英俊胖子从电话机边站起来，说就是他了。接着他审视了我一番，说：你怎么一脸晦气？我着实吓了一跳。我们后来东拉西扯了不少事，最后话题又落到坐飞机上。胖子说他坐飞机怕的不是气流。气流的原理很简单，他懂。懂的东西自然是不怕的，就像懂电的人去摸高压线一样。我怕打铃，他说。丁当一声你弄不清发生了什么事，空姐也不作任何解释，让你自个儿消化去。经他这一说，我也认为打铃是令人担忧的，如果不发生什么事，为何要打铃呢？我回想几小时前的那次航班，几乎是铃声不断一路打了过来，手心还真出汗了。

2

昨天在广州上船，于海上漂了一夜，现在总算是到了海口。这条船叫"玉兰号"。另外的几条分别叫做"海棠"、"芍药"、"丁香"什么的，全是花名。广州就叫花城，不过我在广州的街市上并没有见到多少花。这个季节不是花的季节。

船在海上，一开始是很不错的。每回见到海，我都要思索一个朴素的问题：哪来的这些水？我知道回答这个问题并不难，可我还是要思索。那时我就一个人站在船头，看着越来越蓝的海。没有人跟我说话。我像一个无人认领的包裹随便扔到了这条船上。我想这也很正常。在我边上，有一对男女在公开接吻。我无意中看到了这个类似西方电影里的画面，但不好看第二眼。不仅如此，我反倒有些紧张了。我就纳闷地走开一点，听见那男的说：你牙缝里有根韭菜。女的说：去你妈的。

不久船开始晃了。接着哇里哇啦地响成了一片。我不晕船，这点优势很让我自豪。我在甲板上来回走动，抽烟，大声地咳嗽。香烟在口腔里没有出味就给风吹走了。二层在放录像，一部香港的赌片《龙虎大老千》。我进去的时候里面只有三个人，看上去都是跑单帮的，腰上系着很沉的钱包。我坐到最后一排，脱了鞋，双腿支到前一排的椅子上。那会儿感觉特别好。香港的电影都是拙劣搞笑的货色，搞得你非常难受时就卖钱了。没过多时我就睡着了。我还做了一个梦，梦见我在晕船在大口地呕吐。我想这也有点奇怪。

这个码头叫秀英。又是与花与女人相关的。可我一路上没有和女人有过任何方面的联系。我在这个叫秀英的码头停了一会儿，看见大片的椰子树和画上一样。我喜欢这种树，像一把伞，没有枝蔓，偏离了一切树的概念。我立在树下看着刚买的海口市区图，发现这个城市很小，做省会似乎有点勉强。我这才意识到自己是到了一个岛上。我来的时候，朋友们劝我冷静。他们说这个年纪不太适应出外谋生。不错，南方赚钱的机会是多，可这也不意味着钱可以随便捡呀！他们就这么劝我。劝得我脸都红了。我说我并不是为赚钱。他们就质问：那是为什么？我说我也不知道。

我可能属于那种做事不计后果的人。这种人是不能做大事的。但这种人的好处是，先把事做了再说。

这时有人同我说话了。是一个女人。

先生，能借你的地图看一下吗？

"先生"这个称呼听起来真是顺耳。我把地图给了她。她居然很漂亮，打扮也很得体。她的侧面很像我在大学时见到的那个外语系女生。那个女生我私下认为是校花，我每次买饭，总要看看她排哪个队。可我没有同她说过一句话。男人见到真正的美女，总是缺乏胆量的。后来毕业了，我还打听她的消息。据说她嫁给了一个瑞士人。

她看完地图，礼貌地还给我。她又说：你是第一次来吗？

第一次，我说。

这儿还真是不错，有点异国情调。

说完她戴上墨镜就走了。我看见她上了一辆红色出租车。那车肯定是那年走私的货，皇冠1.8型，四个缸。当时买这种车大约只花五万元人民币，真他妈便宜。我点上香烟，觉得自己刚才有点不妥。应该同她多说几句话，互相通一下姓名。我想她一定是先观察了我一会儿才向我借地图的。就这么让她走了。

3

来海口几天了，今天才算安定下来。这几天我住在陈一帆那里。他是我的校友，学哲学的。海南建省不久，他就来了。陈一帆是一个有风度而且稳健的男人。他来海口不是为升官发财，而是为了爱情。他原来有老婆，后来又认识了现在的妻子王娟。当时他在犁城的政府部门当副处长，王娟是他的属下。他们的爱情是从桌子底下踢脚开始的，踢出麻烦后，陈一帆就带王娟亡命天涯了。现在他们过得很好，陈一帆和几个朋友一起做公司，王娟在家里研究股票。我在陈一帆那里暂时落脚，有几个晚上，他很认真地同我交谈。他问我有什么具体的想法？我说没想好。他就责备我没想好就来了？我说如果这地方待不下去，我就换一个地方，反正不想回犁城。陈一帆要给我一些钱，我说我随身带了点，暂时不缺。见他为我着急的样子，我就说：你忙你的，我到处看看。

我原想去几家报社、杂志社看看，可否先找一个饭碗。后来这个念头打消了。这些部门过于家庭化，外面编稿子里面在炖牛肉。我觉得这很容易让人分心。我喜欢专心做一件事，当然这种事越简单越好。这样想下去，我就想到了开车。这十几年，除了写稿子，我唯一的本领就是开车了。我还是B牌，可以开货车或者轿车。我不想去给某个人开专车，也不想去开大吨位的货车。开出租车很对我的胃口。我把随身带来的钱押给了一家车行。我领到的车也是红色皇冠1.8型。这让我很自然地想到码头上见到的那个女人。我想海口就这么大，没准儿哪天她会坐到我车上，这样我们就能多说上几句话了。认识了就好。我觉得我选择了一个好职业，它轻而易举地就满足了我物质和精神两方面的追求。这本来是一个很复杂的问题，没想到这么快就叫我搞定了。

领车回来，在滨海大道的边上发现了一条大船。是一艘很破的货轮，原是被一家公司拖来做水上俱乐部的。结果合作的另一方临时变卦了，不投钱装修，撂在这儿。我是因为好奇才上去看看的，管事的人就问我，可不可以来看这船？如果同意，他们就负责把一个大舱收拾好，并且安一部电话，我可以随便住，住到资金到位那一天为止。他们不收房租。我当然同意。

我住的地方是船员开会的场所，很宽敞。南北各有五个圆形的窗户，顶上还有一个活动的天窗。我喜欢这个非凡的环境，它让我心旷神怡。它的造型和某种神秘感唤起了我的想象力。我有一种独立王国、岛中之岛的感觉。我花了一天的工夫收拾。在旧货市场，我买了一台18吋的虹美牌电视机和一台万宝牌冰箱。我把这些弄上船后，管事的就笑了，一副放心的样子，说这下就风险共担了。他爽快地答应，三天内负责把电话给我接过来，而且市内的话费由他们报销。

天气真是很好。有人说世界上最好的阳光、空气和水都集中在这个岛上。我想这不是夸张，一周下来，我的脚明显不臭了。

4

我现在每天能挣五百块钱。如果我一天工作15个小时或者接到一个去三亚的长途，就能挣八百甚至一千五。这还不是最大的好处。开车可以同形形色色的人说话。开车不允许你乱想一些不三不四的事。当然，开车还会遇到一些意想不到的情况，往往也很刺激。

一般情况下我只开到晚上12点。同行建议我调整一下，从上午十点开始到午夜两点。这种安排比较好。他们说：海口的一天是从晚上开始的。

5

昨天碰到一桩麻烦事。我送客人到滨海大酒店，回来时上了一个女人。她大概喝了点酒。一上车就躺下了。因为天黑，我不能断定她是不是漂亮。我能感觉到她很年轻，她的睡姿像个富有而闲散的女人。我问她到哪里。她说随便，想兜兜风。我建议她去白沙门，那儿风大。她说不。我不想在城市兜，城里尽是灯，我讨厌灯。她的意思是可以往郊外跑。当时我认为这是档好买卖。我一晚拉着她转悠就够了，不需要干到两点。我就调过头，往灵山那边开。这一路上她只打酒嗝，不同我说一句话。半个钟头后我打开收音机，里面正报道着当天的交通事故，说又有人的车在万宁那边被歹人劫了。我就有点不安。我的意思不是怕她是劫匪，怎么说她是一个女人。问题是越往前走路越黑，过往的车也渐少。这路不是循环的，城市与我的距离越来越远。我就把车停了。我问她是不是可以了。她说不可以。她说你最好拉到天亮。我知道麻烦了，没有人这么搭车的。我说我的油快完了，再往前跑回来就是个问题。她这才动了动身体，还打了一个哈欠。接着她说：

我没有车钱。

我当然很恼火。计价器数字已蹦到了 87.70，加上返程就是 175 元。可她说没有钱。

小姐，这是我的饭碗。

她好像是笑了一下。她说饭碗又怎么样？找个饭碗不难。说着她叫我过去，把裙子掀起盖住脸，嗡嗡地说：你来一下吧。

我明白她这饭碗换饭碗的意思。可我不想来。我没有思想准备，说来就来。我不能同一个脸都没看清的人来一下。再说我还怕得病，怎么说她也是个婊子。我就打开顶灯。这时她倒问起我是不是有病。我说我别的地方可能有病，但那个地方从不生病。她就在裙子里面笑了，说：那就把灯关了吧，我实在是讨厌灯。我摸摸她的腿，皮肤真是很好，像鱼一样光光滑滑冰冰凉凉的。我抄腰把她抱出车，她说车里不是很好吗？我说我不想来。我也不要你的车钱，我得回去洗澡。她就推了我一下，说：你想把我撂在这？我不想再同她啰嗦，就上车开始调头。车一开动我就轻松了。

如果婊子不是女人,可能就没有后面的事。我在路上跑了大约三分钟,心就软了。怜香惜玉是我们这一代男人的薄弱环节,再说我们还有同情心。海口是个复杂的地方,我在这深更半夜把一个妙龄女郎扔到荒郊野外会引起麻烦。如果有人强奸她甚至把她杀了,没几天公安局就会上我的船。这样一想,我就有点同情自己了。是我拖出来的人还得由我再拉回去。我又调头去接她,她正坐在路碑上吸烟。见我的车来了,她就把烟一扔,胸有成竹地走过来,说:我知道你跑不远。这回她坐在前面,一上车就把收音机开了,摇滚乐咣咣当当地响。这一路上我没有再说话。接近城市,我发现她居然也很漂亮。我的心情明显好转了一些,慢慢地又有点忧伤。这样的姑娘真不该去当婊子。问题是从古到今婊子十有八九都是漂亮的。

但是我没想到她会一直黏着我。她跟我到船上,夸我屋子整得很有情调。我就想,婊子也是有档次之分的。这一位还能谈谈情调。她还说喜欢我写的毛笔字,说:你的书法很不错。而且她还建议:你这种人根本不该开出租,应该到大公司另找一个好饭碗。我没怎么理她。我说你打算玩到什么时候?她说:我今天就睡这了。然后把长袜子一拉,说:你不亏吧?我说我根本没打算和你来。她反问道:你不想来又拖我到这里干什么?我说我怕人强奸你。她一下就笑了,说我早就被人强奸了,天天强奸。我说这不是强奸,这是卖淫。强奸是不花钱的,也不收钱。她一时没话了。趁这空隙,我拿起一床席子去甲板上乘凉去了。她如果真的不走,我就睡这儿。这个行为让我想起一部老片子。

今天我起来后她已不在了。她何时走的我不清楚。她把我的屋子简单整理了一下,还拿走了我的一幅字(好像是"月落乌啼霜满天"),在原先挂字的位置上贴着一张用毛笔宣纸写的大借据:借你五百元,管几天饭,以后还你,别骂我。

我想我是倒霉了。

6

现在也没有人来纪念五一节了。大家只顾挣钱花钱,这都与劳动人民无关。劳动人民这个概念也越来越含糊了。以前一提劳动人民，我就想到宣传画上手持钢钎或肩扛大锤的工人和怀抱一捆麦或手攥几棵苗的农民。这形象拾块钱人民币上也有。后来印伍拾圆纸币，又加了一个戴眼镜的老书生——他显然是知识分子。这些人一看就是没有钱的，他们当然也没钱花。可从小到大我见到报章上都是一个声音：他们是主人，是社会的财富。就是说他们是能挣钱的，不明白的是钱都跑到哪去了。

我心情很好。我觉得我是典型的劳动人民。一个人能切实感到是自食其力，是自己养活自己，心情自然就好。我每天都能进几张，这比从前领工资领稿费都痛快，好在一天也不间断。几天前一个漂亮的小婊子"借"了我五百，我一点也不心痛，就当自己调休了一天。我发现开出租这个职业真是好极了。

车过人民桥，那边就是海甸岛，规划中是高级娱乐区和别墅区，就是说有钱人待的地方。一个头发披肩的小子抱着吉他在桥头卖艺，唱的是刚传开的《亚洲雄风》。小子唱得确实很好，边上围着不少吃盒饭的工人和一个拍电视剧的剧组。大家为他喝彩。小子一高兴就把词给改了，唱道：

我们亚洲，人民最贫穷，
我们亚洲，热血都白流……

我来接陈一帆。他的公司就在海甸岛一幢玻璃写字楼里。陈一帆说他要去机场，怕路上塞车就提前预订了我。他不主张我开车。他说你这是吃饭没事干。其实他正好把意思说反了。我们在车上闲聊，听着古典音乐。陈一帆说，有一家杂志想请我去当执行主编，月薪三千，问我干不干。我说不干。他说为什么不干？我说不为什么，就是不想干。我说以前人家向我组稿，请我吃饭开笔会，现在调过头来不合适。他说不比你开出租强吗？我说开出租很好。他说你这家伙有毛病。

我想陈一帆的话也不无道理。说我有毛病的人很多。从我爹开始，到我前妻李佳，加上从前的一些同事和同学，反正不少。他们认为我多少有些古怪，行为举止比较离经叛道。比如说我认为有些机构像人身上的肚脐眼一样，看不出有什么用处，而政府还照样大把地拨钱。再比如说，我时常幻想这辈子要和张曼玉做夫妻。即使她不是大明星我也一样幻想。我就特别痴迷她那种仪态，真是风情万种。还有就是，我总把自己想象成古稀之年，习惯以这种往事如斯的眼光看眼下。我把自己安排在想象中的一所故乡的小木楼上，看着那条永不干涸的河流静静流淌。就是说，我爱把正做着的事理解成回忆中的片断，这样就很容易宽解自己。谁年轻时没几桩荒唐事呢？这些事到老便是一句笑话。

7

昨天送陈一帆到机场，又碰见了第一天在秀英码头见到的那个女人。她戴着墨镜反倒好认，脸上更简单。我就主动走过去同她打招呼。我说你好，想不到这么快又见面了。她愣了一下，显然记不起我是谁。但她在我还没有难堪时就布起了微笑。她说哦哦，你在忙呀？她还是没记起我。我就问：你又要走了吗？她说不，她说她正送几个法国人上飞机。法国人想在这里搞一个矿泉水项目，她是译员。我脑子就嗡了一下。我认为世界上的巧合不会很多，但这个巧合让我碰上了。我说你是学外语的？她点点头。我又问你是不是犁城大学毕业的？她说不是，她说不知道这个犁城大学。我有点失望了。然后她给了我一张名片。她叫苏晓涛。我也把呼机号给了她。电话过几天就装好了，我这样解释道。

我想给这个苏晓涛打电话。犹豫再三还是没有打。我过了这个年纪凡事得迟缓一点老谋深算一点。一天下来人显得累，晚上不想干了。我借了几盘录像带，全是布鲁斯·威利的系列。布鲁斯·威利的银幕形象是一个臭鸡蛋，总是被弄得脏兮兮苦歪歪的。30岁以前我喜欢罗杰·摩尔演的007。我不喜欢他的孤胆英雄喜欢的是他身边的美女。这些女人后来被一律称作"邦德女郎"。布鲁斯·威利这个臭鸡蛋有一个漂亮的太太黛米·摩尔（她也叫摩尔）。他是在拉斯维加斯赌桌上向她求婚的。当时他说你嫁给我吧。摩尔就说：好。于是布鲁斯·威利第二天就宣布：婚姻就像赌博一样，这一局我他妈的赌赢了！

赌输了的是我。我和李佳是大学同学，她比我低一班。我们的婚姻有一度被视作郎才女貌。我们离婚没有什么导火索，自然而体面地离了。离婚的那天是个阳光灿烂的日子，我们合打一把遮阳伞，一瓶矿泉水递来递去。我们这般恩爱地去离了婚。如果不是去离婚，我们就不会这般恩爱了。

布鲁斯·威利陪了我一晚上。明晚找谁，我还没有想好。出租录像的那个小子老给我推荐他妈的《金瓶梅》。我懒得理他。我想你他妈懂得什么《金瓶梅》呢？隔着玻璃看一个男人把几个女人搬来搬去。老子还不如上街拖一个婊子回来。我又想到那个漂亮的小婊子……

8

我已不是青年，今天就算了，5月4日。

9

黎明前一场雨把我吵醒了。这屋子就是这点不好，全是铁的，雨落在哪个地方都响。我躺在床上欣赏着我的所谓书法作品。那个小婊子无端拿走了一幅字让我很高兴。我的字暂时还变不成钱，她拿去肯定会挂起来。从前的婊子棋琴书画都会一点，说明嫖客基本上都是文化人。所以宽容一点讲，那类婊子，比如说李香君、董小宛，应算知识分子。李香君还算得上有正义感的爱国型的知识女性。一把桃花扇搞来搞去，最终搞成了千古绝唱。对她这种人，现在辞书上都称作名妓，其实就是著名的婊子。我不懂为什么大家特别忌讳"婊子"这个词。《中国妓女史》也不叫《中国婊子史》，真是很怪。以前我在大机关供职，一个处长同打字员搞上了，事发东窗。部里开会让他检讨。他说，我和某某某在互相情愿的前提下仅发生过一次不正当的男女关系。我非常讨厌这种辞令。如果我是当事人，我就会说是的，我们搞了一下。那天夜里那个婊子就问我：哎，你到底来不来？我说不来。她问为什么不来？我说我不想同一个连名字都不晓得的女人来这事。她就笑了，她说看不出你这人还有点像许仙。这话真她妈让我惭愧。

今天运气极糟，上下午都让老警搞了，搞了两下，一共搞掉四百块。他搞我，还要我付钱。他说我的车停错了地方，我说这儿没有不许停车的标志。他说怎么没有？就用手指了地方，那儿也确实有个标志牌，被他妈的用"专治男性不育"糊住了。我说这看不清。他说看不清也不等于没有。他又说本来只罚我一百,但我的态度太坏,必须严罚。如果再坏就再罚。他的眼神被墨镜遮住了。下午是因为闯了红灯。这个鸟岛上有不少红绿灯和人差不多高,我的视线总习惯往上射,就闯了。罚得我没脾气,也还是二百。这么搞了两下,晚上就不想开了。我在滨海大道上像个魂似的飘来飘去,最后飘到一堆土著里。我同他们一起看业余剧团演的琼剧《三看御妹刘金定》。演刘金定的那个女的威风凛凛唱腔洪亮,唱得我热血沸腾一句也听不懂。在大街边上搭台唱戏,全中国也就只有海口了。这样想想,一晚上站下来就很值。

10

去国商接人碰见了苏晓涛。她所在的公司在12层。我们是在电梯里遇上的,我们都很意外又都比较高兴。电梯里就我俩,不说话肯定不合适。我就说:我总觉得是见过你的。她说不可能。她说人都是这样,彼此认识了,就觉得以前好像见过。我摇摇头,我问怎么你不觉得以前见过我呢?她就笑了。出电梯时她问:你那里电话装了吗?我说快了。我说我是住在一条船上,电话装起来啰嗦一些。你住在船上?她感到很惊奇。于是我就作了解释。她说哦,是这样,那蛮有情调。

怎么两个女人都说了这句话?一整天我都想这事。情调是个什么东西?

11

电话装好了。号码是250068。我上街印了名片,那上面就只写了姓名和电话号码和BP机号码。我的身份已变得模糊,地址也不好标——别人都住街边,我住船上,标上了大家会认为我是搞水运的。我已经开了出租,再加上水运,就成了水陆两栖的货色。装电话的那个小子满口京腔,很会说,七绕八绕就成了某某人的远亲。我想你小子要是某某人的远亲还会跑到这儿来装电话吗?你要是远亲,我就是微服私访的皇帝了。我给了那小子两条555烟,他说电话回去就给我搞通。他说有了电话就等于有了个哥们儿，陪着你，帮你，还不要管饭。我想这话也对。

到了晚上，电话果然就通了。对方一个女声问：250068吗？声音清楚吗？我说声音非常清楚。她就不想多说一句话了。我掏出通讯录和一堆名片，想把电话号码散出去。我先给李佳拨，她不在。我又给陈一帆拨，家中也没有人。然后我就想到了苏晓涛。电话打过去，没人接。我怕打错了，就对了一下名片，没错，不过是办公室的号码。我又打了她的BP机。她没回。再打一遍也还是没回。别的我就不想打了。我守了一晚上的电话，打来打去都是空的。后来我肚子饿了，决定出去遛一圈，到排档上喝杯啤酒。出门时我又拨了一下电话，刚下船我的BP机就响了。拿出来一看，还真是250068。

我在排档坐到午夜，人还是很精神。我又去市里兜了两圈，想挣回一条555烟。有一个操江浙口音的小老头一边剔牙一边夸南边的夜生活如何如何丰富。我就问：你那儿不好吗？他说差多了，连搓麻将都抓。小老头见我很随便，又问找个小姐什么价？我说这要看找什么档次的了。小姐还分档次？他好像啥事不懂明知故问。我说这百合和菖蒲也不是一个价。小老头就直了直腰，说：最后一班车，我看找个玫瑰就蛮合算了。他的情绪一下变得出奇的好，哼起一支老歌《花儿为什么这样红》。为什么这样红？我不知道。小老头问：都说女人是花，那男人是什么？我说，是肥料吧。

12

我给苏晓涛打电话。我问，昨天打你呼机怎么不回呢？她说哦，250068是你呀！呼我两遍都收到了，可实在不知道是你。我说你记住这个号，是我家里的电话。她说你不是住在船上吗？我说对呀，对我来说那就是家。她就在电话那边笑了。我立即就说：哪天你来玩吧。她说好，等忙完了这阵子。

我承认这有点勾引的意思。苏晓涛说话做事都很谨慎。我喜欢谨慎的女人。我当初找李佳，就是因为她谨慎。我们的恋爱阶段先后跨五个年头，这一千多天我们都是谨慎的。我们接吻只是嘴唇相碰，我们拥抱全都隔着衣服。其时大学里女生流产已不是新闻了，可我们一样谨慎。

李佳说，有些事必须到结婚以后才可以做。我同意了。虽然我心里有些难过，但还是为找到一个谨慎的女人感到自豪。我和李佳的问题在于：结婚后还是谨慎。我们睡在一张大床上不像夫妻，怎么看都像哥们儿。

于是又给李佳拨电话，她在。我说我这里已装上电话了。她说你混得还不错嘛。我说以后聊天就方便了，电话由我负责拨过去。她说你是不是又想回过头来同我谈恋爱呀？我说这个可能也不排除。李佳就叹道：如果是这样，你别同我聊，你去同我妈说，看她老人家还有没有兴趣认你做女婿。我说废话嘛，我是同你谈恋爱又不是同你妈。她说去你妈的小子，别想什么好事都占了。李佳现在说话也不斯文了，有时候比爷们儿还狠。我想时代也是真的发展了，从前床上说的话现在可以放到大街上随便说。在这样的年头，我还居然幻想着花前月下。我想我是真有点老了。

晚上去看陈一帆。他还是不满意我的现状。他问我是不是赚一把钱就走？我说不是。那你为什么？他瞪着眼问：难道以此了却残生？我说残生不残生倒无关紧要，反正就一个人，也没什么好牵挂的。陈一帆说：我看你还是同李佳复婚算了，两碗剩菜一块热热。我就问：你干吗不热？他说我的情况已经不同了。正说着，王娟散步回来了。几十天不见，她肚子已大了起来，穿着一件宽松的大T恤，上面印着两只狗。王娟见我还有点不好意思，忙着削个菠萝就缩到卧室去了。陈一帆说，你都看见了吧？我现在和你不一样。我要做的，是让这个孩子的爹千万别死掉。陈一帆说这话时语气有些重，我就问：你怎么会这么想呢？陈一帆说：我很累，真他妈很累。在中国砸掉一个饭碗还真不是容易事。我说你太贪心了，其实一个人一生花不了多少钱。钱到最后只是个数字，和电话号码一样。陈一帆点上一支烟说：你不懂。开弓没有回头箭。我既然从机关出来，就不会再回去上班的。我就笑了，我说你们这帮家伙胃口太大，都想当国家栋梁、民族英雄。世界是你们的，不是我们的。我们是在你们的世界里混碗饭吃。陈一帆说什么你们我们，世界既不是我们的也不是你们的，归根结底是他们的。他们永远朝气蓬勃，永远是早晨八九点钟的太阳。我说我不喜欢太阳，喜欢雨，喜欢雨天同一个女人偎在床上。

13

　　凌晨醒来，知道身上发生了一点事。我好奇怪，我已36岁，居然还出现少年的勾当。看来我的生命力还真旺盛。用自来水把下身冲了几遍，后来干脆就不穿衣了。这个形象让我想起《现代启示录》里那个美军中尉，在一架老式吊扇下光着屁股练习拳脚。

　　这件事的起因比较下流。我在梦里把苏晓涛泡了。我们双方自愿含情脉脉彼此挑逗。她的挑逗方式像诗，我则像曲艺，所以最终由我把好生生的一个诗情画意给毁了。现在想起来还是有点悔。这样的梦总做不长。从前梦见有人追杀我，一追就是半夜，跑得我气喘吁吁，鞋也掉了裤带也挣断了，总算勉强活了下来。那个年月很懂得珍惜生命，怕死，但活起来挺狼狈。那时我在机关上班，不迟到不早退，成天在忙可不知忙什么。我对那个阶段的生活感到厌倦，一点不怀念。我后来就离开了机关，离开的那天机关照例要开欢送会，我真想说：去你妈的。我后来就去了作家协会，一天班都不上但照样拿钱。我觉得这也不好，不公平。中国就是这么一个有意思的国家，把作家艺术家们集中起来养着，一养就是一生。结果是养者勉强，被养者还嫌不舒服。我觉得写作纯属个人的私事，不需要建立专门的机构更不需要开会。倒是应该把这钱用在印方格稿纸，发给那些愿意写作的人。

　　这个早晨我稀里糊涂地想了这些莫名其妙的事。我该出车了。昨天后半夜下了场雨，外面的空气无限的好。生意特别好做，不到中午就赚了三百出头。吃过午饭，顺便洗了一下车。这车还是不错，红颜色特别地道。听当地人说，那年倒汽车，只要有空场子就停放着汽车，从直升机上看海口简直就像一个麻将场。那情形可谓壮观。从洗车场出来，立即有人搭车。一看，是那个小婊子。她也一下认出了我，不自然地笑了。她说你好许仙。我也笑了，我说现在我可找不到没有灯光的地方。她说对不起，我还借了你五百块钱呢，我今天身上没带。我说那不是借。怎么不是借？我给你出了条子。她生气地说。我说不是借。她说不是借，难道是偷不成？我不想再理她，连按了几下喇叭：妈的妈的妈的！她拍了一下我的肩：停车！我就把车停了。她跳下去，然后把门一摔：我会还你的!

　　海口就是他妈太小了。一下午我都缓不过气来。我想我确实有点问题，连婊子都看不起我。那天晚上我真该同她来一下，这样五百块钱去了便有了个说法。于人于己都释然。

14

　　这里的阳光是白的。海口地处北纬20度，阳光直射。中午那一会儿让人受不了。从大陆来的女人骑单车都戴护臂，一直护到腋下。做女人确实要辛苦一些。女人本不该辛苦，因为上帝造人是有分工的：男人挣钱，女人花钱。现在不是这样，女人挣钱很厉害。上午的一位乘客一上车就开始打手机，内容是谈龙昆南那边的一块地，她是炒家，又买又卖。像这样的女人我每天都能碰到。我的女乘客打电话的姿态很好看，不好的是她把呼机别在裙裤上。如果她同我熟悉，我想我会提醒她的。我甚至会对她说，女人是不适合带呼机的。可是女人都不带呼机，男人也麻烦。有个家伙告诉我，他每天夜里同时给九个女人打呼机，谁先回他就同谁泡。

　　到了晚上，我就给苏晓涛打了呼机。她很快就回了。电话里有个男声在唱卡拉OK。我想她此刻肯定是在歌厅的包厢里。她说喂，你在家呀？我说车出了点毛病，晚上闲着呢。她说好哇，闲下来挺好。这话什么意思？我有点后悔，她明显地在敷衍我。我问你干吗呢？在歌厅里泡呀？她说她在陪客户，是今天刚从内地来的银行人员。我又问，你知道什么叫卡拉OK吗？她停顿了一下。我接着说，就是把自己的欢乐建筑在别人的痛苦之上。她一下笑起来。她的笑声真让我高兴。然后她就问，有事吗？我也停顿了一下，我说：我想同你聊聊。她说我知道，明天你等我电话吧。我心里热了一下，我说等你忙完了，就拨过来。你是说今晚吗？她问道。我说对，今晚。然后我就把电话放了。我知道这么做太明显了，但既然已经做了，也没什么不好。我靠在床上看《布拉格之恋》。根据米兰·昆德拉的小说改编的这部片子也很好，不好的是那个托马斯太瘦了。男人不能太瘦，这是我前妻李佳说过的。李佳这些日子在弄什么我不清楚。电话里她的语气一如既往地从容不迫，好像算定了有一天我会同她复婚似的。李佳就是这么一个角儿。

大约快 11 点的时候，苏晓涛的电话来了。她先是说今天累了一天还没洗澡什么的，然后就问我有什么事。我有点失望，我没有什么事，只是想同她聊聊，海阔天空不三不四地聊聊。她这一问，我就变得郑重起来。我说你的声音很好听。她说她有点感冒。是不是因为感冒声音会好听一些？她笑着问道。我说也许吧。我又说这个周末一起吃顿晚饭吧。她说可以呀，不过时间别定死。谈话就这样疲软地结束了。毫无意思，我发现我他妈的是老了，连勾引女人都显得这么愚蠢。

这个晚上过得太糟糕了。我关掉电视，爬到船顶上去吹风。城市的灯光还是十分好看。不远处的一个工地上，打桩机嗵嗵地响着。我来这个岛上也有好几十天了，感觉上还是有点像出差。

15

原想约苏晓涛出来吃饭。很不巧，她下午要出差，机票是 4 点 20 分的。她说几天后就回来，到时呼我。她又说，这个月奖金蛮可观，回来后我请你吧。我知道她在安慰我。这个感觉不好。我和女人相处，历来都是我去安慰别人的。我曾经想，在我弥留之际，把这辈子爱过的女人召集起来开个会。这当然是个狂妄的思想，但是富有生气和诱惑力。我希望苏晓涛能出席这个会。作为会议的召集者，我有责任把她们彼此介绍一下，让她们握手和碰杯。等她们一一对上号后，我会大声说：我爱你们。我这辈子就是这么一一爱过来的！

可能胡想得太多，下午果然就出了点小麻烦，我追尾了，把一辆本田雅阁的尾灯碰烂了一只。司机是个精明的小子，他抖着腿问：怎么着？我二话没说给了他二百块。他说这灯可是进口原装的。我说行了，保险公司能不认账吗？他想了想，说只好回去讲是倒车时碰的了，你再给我打张收条吧，写收到赔偿费二百块。我明白过来，这小子一进一出就吞了四百。但也只好写。那小子说：抬头写四达公司。我愣了一下，这不是陈一帆的公司吗？我还是写下：今收到四达公司汽车赔偿费二百元。那小子满意地开车走了。我立刻去公共电话亭给陈一帆打电话。他在那头正忙着，问什么事？我就把刚才的事说了。我说你那个驾驶员赶紧炒掉,吃里扒外的家伙!他嗯了声,说知道了,又约我晚上一起吃饭,在小洞天。

陈一帆仍是一副疲倦的样子,一顿饭手机乱响,谈的全是地呀钱的。他的四达大厦刚动工,由于地质勘测不准确,比原先的预算要多投一千多万。他说本来资金就短,想撑到正负零靠卖楼花周转,这下又得去找了。一千多万,找起来也确实难了他。我劝他寻求一方合作。他说目前已是两方合作了,再找一家,剩下的就只有汤了。而且对外的形象也不好,让人认为四达的实力有问题。我就不便多说了。后来又扯到那个驾驶员身上。陈一帆笑着说,那小子搞这种小名堂已不是一次两次了,可他舅舅是内地一家银行的实权人物,算了。陈一帆说,这年头银行是爹。

16

昨天同陈一帆吃过晚饭,又去了摩根酒吧。这个酒吧布置得倒蛮有情调,有几十种小瓶啤酒,看上去很舒服。还有一位萨克斯手,我们进去的时候他正吹着《梁祝》。这个曲子用萨克斯吹也很不错。我们坐下,要了三种小啤酒,红、黑、黄各来一份。在海口有这么一个地方真是很好,我说,有沙龙气。陈一帆说,你这家伙骨子里还是个骚人墨客,其实在屋子里敲敲电脑不是很惬意么?我说你干吗要折腾?他说我的情况不同,我是受朋友之托,而这个朋友又不是别人,是王娟的哥。王娟这个哥哥是浙大建筑系的高材生,1988年海南建省就下海了,做梦都想盖一座自己设计的楼。可是去年得肝癌死了,积劳成疾吧。临死前把这一揽子都托给了我,要我把他的骨灰盒安放在基石下。陈一帆这一说,我心里一下变得好重。我没有见过王娟这个哥哥,但我能感受到这个人的气息。正谈着,王娟的电话来了,说有点不舒服。陈一帆便先走了。我慢慢喝着啤酒,还想着那个死去的男人。我自然有些感伤,想下海也好不容易。男人一旦有了目标就会拼命。而男人的目标又往往是需要拼命的。

临近子夜,酒吧到了所谓"情调时分",熄了全部的灯,每个台子上都换上了蜡烛。男男女女开始下舞池了,萨克斯手吹起柔曼舒缓的曲子。墙上都是晃动的人影。我正想离开,忽然间灯光大亮,只见几名公安冲了进来，我知道这是突击扫黄。而这时一个小姐坐到了我的对面，低声说：大哥救我！我一看，竟是那个小婊子！她肯定是来坐台伴舞的，面色慌张。我也低声说：快报你的真名、住址，就说你是我的女朋友。然后我又自报了家门。她说她叫方鱼儿，家住长春斯大林大街，今年24岁。这时公安宣布：都坐好，检查身份证。不一会儿，检查到我们台子。公安先拿了方鱼儿的身份证。然后一一问我。我一一作答。我又说我们住在一起。公安说，非法同居也不合适。我笑着说，如今不都是先上车后买票吗？公安就笑了，说可以走了。方鱼儿就挽起了我的胳膊。

　　我们就这么挽着走了很长一截子。外面已有风，走起来还算舒服。方鱼儿说：大哥，今天真是谢了你。我说出门在外也不容易，同是天涯沦落人吧。她一下挽紧我，没再说什么。我说去我那儿坐坐吧。她点点头。我们一直走到船上，舱里还闷着，就拿了张席子到船顶上，那儿风飕飕的。

　　这个夜晚方鱼儿对我说了不少事。她原在长春一家厂子，厂子倒了，就带了点钱到了海口。原想做做小生意，结果被人骗了。我就问，怎么不去公司应聘？她说她文化太低，再说就是进去也不过是当公关小姐，还是陪人吃饭跳舞，钱却赚得少。我说怎么讲也是个正经事，犯不着像现在这么混。方鱼儿沉默了一会儿，说她有一个患小儿麻痹症的弟弟，她想替他多攒些钱。她顿了顿，又说，我其实也是看人的，那个人至少要顺眼，要……有个香港老头想包我，我没干。

　　我叹了口气。我也不知道方鱼儿这些话是真是假。但我还是有些感动。一个女孩子，无亲无故，从北方跑到最南端，弄到这步田地。我握着她的手，问她：你看我顺眼吗？她有些害羞地笑了一下，就顺势倒在我怀里。我搂紧她，贴着她的胸。她低声问我：你今天怎么这样？我说，今天我知道了你的名字，不是吗？于是我们做爱，做得大汗淋漓。过后又洗澡，上床睡觉时天差不多已亮了。

　　我醒得很迟。睁眼一看，方鱼儿已不在了。她把房间整理了一下，留下了五百块钱。

　　我一下感到很伤心。这一天里我都在咀嚼昨夜的事，我伤心之极。

17

我承认，这两天我惦着那个方鱼儿，主要是惦着席子上那点事。像我这种年纪，和几个女人有过肉体的接触并不叫人吃惊。女人和女人不一样。虽然和方鱼儿就一夜风流，但凝固在我的记忆里。我和李佳做了近十年的夫妻，可是在床上从来就不出汗。每回李佳都说没意思。后来我也这么看了。我想一定有很多的夫妻在床上感到没意思，所以最终以"性格不和"为由去办了离婚——其实是床上不和。男人是贪婪的，在床上却不自私。男人希望通过自己的劳动使女人在他眼下获得幸福，那么男人就更加幸福。男人就是这么个东西。

方鱼儿是个精灵。我们在一起那种状态让我痴迷。那会儿我觉得她就是个宝贝，整个过程称得上完美。她呻吟，她说：天哪天哪天哪！最后我们全像被子弹射中了那样瘫倒，周围听不到一点儿的声音。过了会儿，她才问我：你好吗？我说好。她说她也很好。

可是她走了。我一直在找她，找不到。她也没来电话。我有些不安，觉得有点趁人之危。如果她也这么想，我就惨了。

晚上借了一盘莎朗·斯通和威廉·宝云演的《偷窥》。片子拍得很好，剧情也好。《偷窥》中也有一个讨人厌的作家，那家伙变态，成天想杀人。威廉·宝云演的那人也变态，他通过一面秘密的电视墙来窥视这幢大楼的每个房间。他有他的理论。他说生活本身就充满喜怒哀乐，不需要什么肥皂剧（我想也可以不需要小说）。那人每天就靠这个度日。真实的东西当然是最诱人的。可是，我们看不见真实。即使是在被窝里也还是看不见。

18

接了一个去三亚的长途，价格敲在1200元。乘车的是一对男女。男的大约50出头，女的不过30岁，两人是来开会的，却装出一副夫妇派头。他们一上车就很亲热。女的说空调冷，男的就把西装脱下来给她披上。两人一路上就商量一件事：到底开几间房？是两间还是一间？两间不方便，一间又不安全。他们为此好懊恼。女的就埋怨了，说都是你，要是离了就不会这么麻烦。男的说快了，儿子一上大学就离。女的说有这简单？他娘那个病歪歪的样子，你就不怕机关里说三道四？肯定离不了。男的就感叹，说人生啊人生。女的说人生个屁，你就是自私。这两人的口音像是湖南的。这几年毛泽东的湖南话听多了，所以他们的交谈我大致听明白了，就这点破事。

车过万宁，看见了"洪常青就义"的那棵大榕树。这个故事是真的，洪常青真名姓李，是一个英俊的男人。因为是真的，我就很感动。一个人为了某种信念，把命拼掉，这让人钦佩。万泉河是一条美丽的河，并不宽，但水流湍急。两岸的植物茂密，绿葱葱的。我放慢车速，欣赏着这眼下的河。车内的这对男女依偎着睡了，似乎睡得很香。我很想抽一支烟，很想把车停下，跳到万泉河洗个澡。

傍晚时分，车抵三亚。我还是第一回来三亚，直觉判断这是个奇异的城市，美得浪荡。我把那对男女送到南中国大酒店，然后住进了一家小旅社。刚住下，就有女子上门，问要不要按摩？我问怎么个价？女子说这要看正规还是不正规。我笑着问，不正规什么价？女子答五百。我说我开了一天车也不过挣几百块，为那几分钟的乐子撂出去，不合算。女子就说你这人真是想不开，然后转身去了别处。天渐渐黑下来，我去公共浴室冲凉，审视着自己的裸体，觉得还是很合算。

三亚的晚上比海口安静。立在桥头，看渔船纷纷入港，心情变得十分好。岸上灯火稀疏，有一刻，我竟想起了故乡。我的故乡在长江中下游的一座小城。我在那里度过童年和少年，而现在我突然地老了。

19

苏晓涛一回来果然就呼我。晚上我们在国商的"潮江春"吃自助餐。她说请我，我说这不合适，单当然由我来买。她就笑了，说你们男人就知道在这上面要脸。我说，你的意思是说男人在别的上面不要脸啰？她连忙摆手，没这意思，我不想抬杠。我买单是因为我可以报销，我是总裁助理。既然这样就算了，我说，你混得真可以，明年能自己开公司了。苏晓涛说，我可不想独立门户，操那么多心。等挣了点钱，我还是想出国。我就问：出国有意思吗？在人家地里能找到感觉吗？她说这样想就太狭隘了。只要有一个利于自己发展的空间就行。我不再就这个话题接下去。发展空间？这话现在我听起来感到可怕。她嫌空间小，我呢，嫌空间太大。我从大陆跑到一个岛上，从书房跑到出租车，没觉得有什么不好。再过几十年或者十几年，我就到一个盒子里去了。

吃过饭，我请苏晓涛去我那儿。她说晚上还有点事。我知道这是托辞，就笑了笑。苏晓涛有点不好意思，说：我这人是不是没劲？我说，是我没劲。她就不响了。我谢了她，自个儿走开。我没去开车，想在街上走走。这个晚上没劲透了，我想我还是很傻。

和苏晓涛分手后我突然想到方鱼儿。我真想在路上遇见她，然后同她上我的船或者床。我不是让鱼儿这会儿来做苏晓涛的替身，我就是想她，想同她彻底地搞搞。我很沮丧。街上的灯光很骚，空气也很骚。这是一个骚透了的夜晚，男人和女人都待不住家。我混迹在这些孤魂野鬼之中，想几十分钟前自己还同某个高雅的女人在谈什么生存空间，觉得实在可笑。其实那个女人花钱买单只是向我表明她如今已是总裁助理。我来同她吃饭是想进一步接近她，然后泡她。就这么简单。男人和女人之间也就剩下这点东西了。

20

去华侨宾馆看一位从犁城来的朋友。在门口，碰见一张熟脸扑过来。这是个演员，拍过不少电影。他大约觉得奇怪，怎么边上没人注意他并找他签名什么的，所以一阵响亮的咳嗽后，用那带脑腔共鸣的声音自言自语：这儿的天空真他妈的蓝！我看了那老小子一眼，心想你这家伙肯定吃错药了，跑到这地方来找安慰。这地方不吃这套，咳什么咳？能把满街的视线咳过来吗？如果你想把自己炒一下，不如上天桥把裤子扒了。

犁城的朋友是我的邻居，是来开订货会的。他给我捎了件东西，一条红裤带，李佳所托。李佳说今年是我的本命年，她近日两次梦见我出了车祸。朋友笑起来，说你还在她梦里，你们的缘分没尽，复婚算了。我说复婚简单，问题是一复婚大家又都烦了。朋友说婚姻就是这么回事，你看重它，它还是个东西；你不看重它，连东西都不是。后来我就寻思着，婚姻其实也可以实行合同制的。两个人在一起处得好，就将合同往下续；处不好，合同一到期就好结好散。免得大家戴着婚姻这顶帽子去干那些偷鸡摸狗的事，法院也省心。

晚上给李佳挂电话，谢她还惦着我。可她说，我这是看在往日情分上，我他妈的嫁你时是处女。我说我们如今是离了婚的结发夫妻，法律不保护我们，我们就自我保护。李佳说，我们充其量算是个亲戚吧，这倒也不错，李佳又问我身边有没有女人？我说偶尔有。她就笑了，问女人和女人是不是不一样？我说是。李佳问你和别的女人在一起时感觉如何？我说至少汗还是出的。李佳说，哦，那我服气。李佳的语气像在评价一件削价商品。我想还是有区别，离婚了，大家全变得理智了——理智得似乎有点过头。放了电话，我去了顶层。那儿还是很舒服，微风从海上拂过来，夹杂着椰子的清香。我点上烟，想着和李佳复婚的事。我觉得还是没意思。我和李佳只能偶尔一见，时间稍长一点，比如半个月，就不行了。我想夫妻的日子是不能总靠忍耐和宽容来往下过的。

海平线上不时扯出一线亮光，没准儿后半夜会有雨。

21

昨夜后来果然就下雨了，是中雨，缓缓地落着。那时我还没有睡，靠在床上看丘吉尔的《战争回忆录》。我喜欢这个不可一世的胖子，我同时也嫉妒他。温斯敦·丘吉尔那个下午正在家中修理矮围墙，结果白金汉宫传下话来，让他去做海军大臣。不久他又成了不列颠的战时内阁首相。战争摧毁了伦敦却成就了丘吉尔，如果没有那场战争，这老胖子干什么呢？

我发现我已是无所事事了。而且我一点也不痛苦。上岛的时间虽不长，但人是明显地胖了。我的腰围已达二尺六寸，腹部隆起，头发也越来越稀疏。我才36岁，如果不出意外，我至少还要再活36年。那时我的腰围会是多少？

在这样的夜晚，当然会有许多人活得有滋有味。也当然还有许多像我这样的人百无聊赖。我庆幸我还有辆出租车可开……

陈一帆又要出差了。下午送他去机场。他两手空空，不像是出差我就问，你他妈怎么什么也不带，就夹一只公文包。他说，我带了身份证和信用卡。我看看这小子，谱也大了。可是他却叹了口气。飞来飞去！他说，我一年有半年的时间是在天上过的，妈的！

机场陷在城市里，飞机下来时很吓人。这本是一个规模不大的军用机场，海南建省搞特区，就先凑合着用了。今天还算好，机场的人流量不大。时间还早，我和陈一帆在外面抽了支烟。陈一帆看看天色，突然问我：今天飞机会掉下来吗？我就笑了，我说你怎么想到这事？他说，从前坐飞机不感到害怕，现在是坐一回怕一回。上回从上海回来，飞机遇上强气流直落二百米，小桌板上的咖啡全掀飞了。这事我一直瞒着王娟。陈一帆说，我有一种预感。我说我也有预感，我预感自己会得诺贝尔奖，会同张曼玉结婚，可能吗？这不是预感，是幻想。因为有幻想，大家才不把谁放在眼里，不是吗？陈一帆不再说，脸色变得阴郁。这时一个给人照相的土著走过来，问我们要不要合影留念？我没理他，陈一帆却说照两张，一次性快照。于是就拉我同他站在一起。相片很快出来，我们各留一张。我突然有些难过，好像今天是来送陈一帆赴刑场似的，生离死别。陈一帆拉着我的手，说：万一飞机不争气，王娟就托付给你了。我说，你别再瞎想了。到了，给我那儿挂个电话。他点点头，从容一笑地走了。

我一直看着那架波音757起飞，飞到视野之外。

22

在老街吃早点时碰见了一位熟人。他原是内地一家刊物的编辑，也写小说，后来还自费上了北京的鲁迅文学院，去年来海口开什么会，看见小姑娘口袋和胸脯一样高，就决心不走了。他说那个晚上他突然发现自己至少白活了20年。别的都是假的，他这样感叹，只有钱最真实。钱这东西确实太硬了，碰它不过。这位来自闽南的男人后来做过公司的业务经理、非正式的证券经纪人、房地产交易的中介者。但从他一脸倒霉相和失去全部光泽的皮鞋看，我断定此人没有发财。再往下一打听，他现在又到了海口的一家文学刊物，当主编助理。他说主编是位老太太，每年掏50万，从不管事。言下之意那刊物是他说了算。

你给我们写一篇吧，他说，我当头条发。

我笑了。我说我跑到这儿来写小说是不是有点傻×？我说我现在不想写。写作太复杂，我想做些简单的事、过简单的日子。

他很惋惜地看着我。我想他肯定也用这种很惋惜的目光不止一次地看过他自己。他拍拍我的车，说：你这是体验生活吧？我说扯淡，生活不需要体验。生活像空气一样围绕着你，你吸就是了。我们上车，去了船上。这个上午生意是做不成了，有人要同我谈文学。他环视了一会儿，翻翻台子上的几本书。他说，我那儿有新译过来的米兰·昆德拉，要不要看？我说不要。我说我现在看不了正儿八经的书。我们开始喝啤酒。他列举了一大串作家名单，又指出这些人中的营垒变化，说谁要调到什么位置上，再回头把谁给收拾掉。我说你别给我谈什么文学界。我爱文学，但从不爱文学界。而且我历来是只交朋友，不入队伍。如果有人红口白牙地找我麻烦，我不会同他理论，但总有一天我会同他打一架，动胳膊动腿。他好像很诧异。他说哦，是这样。你的为人不像你的小说，你的小说很含蓄。这时他的情绪又转为忧伤，他说，小说是完了。现在中国只有一个人还读小说，就是张艺谋。

23

夜里的空气比白天好。天一黑，城市就变得简洁，像个地道的背景。

24

李佳来海口了，大约是办什么案子。李佳在大学也是读汉语言文学专业，毕业分到了公安厅二处，搞经济案件。我印象中，李佳善于砍价但不会算账。那年高考她数学只有三十几分。李佳是前天到的，拖到今天才打我传呼。其实就是不离婚，我们之间也是这么平平淡淡。我和她做夫妻的那几年至少出了20趟差，可她从来不送也不接。和你过日子像打麻将当相公，有一回我对她说，虽然也摸也打，但和了不算。既没有赢家的喜悦，也没有输家的懊恼。一句话，平庸。她不以为然地笑笑，说：生活就是平庸。你这人总拿生活当小说，可你的小说又都不生活。

你这家伙迟早是完了。我想这是肺腑之言。

我去琼苑宾馆接李佳。她穿着便服，戴着墨镜，在大门口等我。远远地就看见她晃来晃去，还吃零嘴。我按按喇叭，她走过来，说你胖了，谁替你补的？我说在这地方喝风也胖。然后我问她：去哪里？李佳说，陪我逛逛街吧。我可以逛上三个小时。

我就知道是这个结果。我把车停了，陪她由博爱路去解放西。我问她想买什么？她说不买什么，只是想逛。见我不接话，她又说：你要是忙就算了，我一个人逛。我说离婚了不能客气点吗？她说我失礼了吗？你这人真没劲。我说你也没劲。我忽然觉得，我们之间一点也没有改变，而且比原来还复杂。从前做夫妻，可以抬杠可以吵；现在得忍着，得讲礼貌。索性反目成仇也好，又偏不是……我越走腿越重，后来就和从前一样了，她在商场里面逛，我坐在门口台阶上吸烟。逛完一家商店，我问李佳，想不想去海边游泳或者去我那里看看？李佳说：我现在一点浪漫劲也没有，电视里的花前月下都倒我胃口。我说不想就算了，你忙你的，我忙我的，回头一起吃蛇去。李佳说，你别破费了，这边公家给我安排得好好的，攒几个钱再去讨个老婆吧。这回你得看准了，找个爱好文学的，日后给作家洗臭袜子眉都不皱一下。我说我现在很乐意做一个司机。李佳就鼻子哼了一下，说你们这些人骨头就是轻，耐不了几天寂寞，自己便会自动跳出来招摇过市，不信你走着瞧。我和你过了那么多年，你屁股一撅，我就知道拉什么屎。你居然还说我不理解你，其实我是把你理解透了，让你受不了。

许多年前，我在大学碰到一个刚进校的新生，梳着两条齐腰的辫子，总是在那片杉树林里读陀斯妥耶夫斯基。由于近视而不戴眼镜，她的眼睛看上去忧郁而朦胧，睫毛也长。这个叫李佳的新生在三年级时答应毕业后做我的老婆……

我越想越清晰。这个晚上我粗略地把这些年同李佳在一起的生活理了一遍。时间不经意地改变着人，把每个人都改变得十分有理。这个世界已经越发没有头脑了，人却相反，人的头脑越来越管用。所以人在一起总是处不好，因为都聪明。我想，天下的夫妻基本上都是想离婚的，区别是有的想到了就做，有的只想不做。至少，城里是没剩多少好夫妻的。

25

　　陈一帆自那天飞走后就没有来过电话。电视这些日子没有类似空难的消息，他当然是安全抵达了。我想这狗娘养的应该来个电话，要不那天在机场的折腾就像是在作秀了。那张一次性快照我夹在《交通手册》里，无事拿出来看看，据说这种照片保存不了几年。到了晚上，我给王娟挂了电话，问一帆现在何处？王娟说她也不知道。王娟说陈一帆离开前雇了一个小保姆，留了点钱就走了，说是一个星期就回来，今天都五天了。我从不过问他生意上的事，王娟这样说，他也不说这方面的事。放下电话，我的心变得有些乱。我有种不祥的预感，陈一帆或许碰到什么麻烦了。

　　李佳没有呼我，我也不便去宾馆看她。离了婚的女人可以跟任何男人拉扯，唯独不能的是她的前夫。这规矩真他妈有点怪。这个晚上我有些烦躁。我已经很久不这样了。我也不清楚因为什么烦躁，身上穿条短裤也嫌碍事。后来我就把灯关了，短裤也脱了。我冲了凉，不想揩干身上的水，这样风吹起来更舒服。我又一次想到《现代启示录》上的那个美军中尉，他在西贡一家破旅店里就是我现在这个样子。我想那时他也正处于烦躁之中，兴许还夹带了一点苦闷。而我是没有苦闷的，只有烦躁。

　　有电话来，我以为是李佳，其实是苏晓涛。她说喂，干吗呢？我说洗澡呢。她顿了一下，又问：好了吗？我说谈不上好还是没好，我想洗就洗，已经洗三回了。她就笑了，问船上是不是很热？我说热倒不热，就是想洗，想让凉水浇浇身子。苏晓涛说，你怎么了？我怎么听起来很不带劲呀？我说没什么，我这里水电都不要钱，没事就冲冲洗洗。苏晓涛问，我可以去看看你吗？我说来吧。这是苏晓涛第一次主动给我打电话。倘若这个电话是前几天打来，我肯定会很兴奋。我会抓住这个机会往下蹬，蹬到哪算哪。电话来得不是时候。里根当年竞选总统，有人挺身质问他：你这老家伙，凭什么当总统？里根说，凭两点：其一是我对美国人民的爱，其二是我坚持性交。就是说只要能性交就表明不是个老人了。这么一想，我便有些悲哀。你不是想泡她吗？她来了，你又不兴奋。

　　苏晓涛是九点左右到的。那时我的头发还在滴水。我问好找吗？她说好找，这儿就停着一条大船。她说你这儿很像个秘密据点，一些仁人志士躲在这里捣腾个《挺进报》什么的挺合适。她又说你这家伙鬼得很，怎么这几天没电话了？我说，我的电话对你不重要。她就问：对谁重要？我说对谁都不重要，或许对我老爹老娘还有点意思，证明他们这个老儿子还健在。苏晓涛就笑了，说你该不是失恋了吧？我说无恋可失，就是有恋，这年头失了也就失了，大家都想得开。她就叹了声：我的天，你也这么想。我说我为什么不能这么想？我早就这么想了。世人皆醉，唯我独醒——那是孙子，装出来的。苏晓涛喝了口水，问道：那你说以前见过我，也是装出来的？一个借口？我摇摇头。我说不是。我就觉得你是外语系的那个女生。苏晓涛沉默了一会儿，随手拿起一本书翻看，说：没错。我就是那个人。我有些吃惊，弄不清是怎么回事。苏晓涛说，我讨厌过去。我不愿意去谈论从前。她的脸上泛出红晕，好像是在大庭广众之下被人误解了似的。她说我知道你在中文系，毕业前写了一个很轰动的话剧，毕业后又出了好几本小说。而且我还知道你比我大五岁。我到南方来是想寻一个新的起点，好把从前的一切全忘掉，没想到一下船就遇到了你。又是从前……

　　我打断她。我说从前未必不好，我倒觉得从前的生活很有色彩，只是生活的那个人不像是我，是我的赝品。说着我也笑了。今天是周末，一男一女在一起应该谈些轻松的话题才对。苏晓涛说，海口这地方好像天天都是周末。

26

　　苏晓涛昨天的打扮很青春。一件牌子很硬的鹅黄色T恤，一条有背带的牛仔裤，肩上还有个皮背囊。她的发型也改了，形状像个蘑菇，刘海整齐。她这个样子看上去顶多只有二十七八岁。这是个让男人动心的形象。其实昨晚我们只是握了一下手，而且感觉不太好。她的手太瘦，没什么水分，握起来像握了个模型。我觉得手对男人女人都很重要。手是性的先行官。

我们从九点坐到十一点半。两个多钟头说的全是废话。她一直就坐着，我在她眼前走来走去。后来我坐到她边上，她侧了一下身子，意思大概是说：你要干吗？我什么也没干，继续同她说废话。我听见她的呼吸十分均匀，就知道这个女人是让男人饱眼福的那种。我突然就想到了李佳从前在杉树林里读陀斯妥耶夫斯基的那个样子，不禁笑了。苏晓涛就问，你笑什么？我说一个人整天挨饿，不挣钱买米却买了许多碗，各式各样。她便用手支着下颏开始思索，这又让我紧张。我又问她，现在还想出国吗？她点点头。她说我这个人计划性很强，我想做的就必须做成。我随口应了句：做成了又怎么样呢？她似乎不高兴了，她说，你怎么这样想呢？我就不再吱声了。

我想我这个人是真的完了。这些年我像是在踢一场没有裁判也没有观众的足球，踢得稀里糊涂精疲力竭，现在我自亮红牌把自己罚下场。我太累了。我不知为什么累成这个熊样。

不想出车。躺在床上继续看丘吉尔的《战争回忆录》。"二战"的时候，据说老丘吉尔找了许多替身四处活动，我想那是很排场的。我也有替身，而且很多很多，只是他们长得都不像我。

27

天气极好，天蓝得吓人，云也吓人，一座山似的向你压过来，可它分明又是软软的。

28

去街上看了《情人》。小说以前我看过，也喜欢。玛格丽特·杜拉斯老了，所以要回忆。人一回忆就说明开始老了。梁家辉演那个来自旅顺口的中国人，似乎比旧时的男人好看，屁股也壮了些，不过演起来倒也逼真。那个体瘦多病的中国男人最后给少女杜拉斯留了一枚祖传的戒指，这就把她害了，一害就是半个世纪。

看电影出来，外面的天还很白，还可以在城里跑几圈。看车的老太太说，你这人不像是靠车吃饭的，这么好的天生意不做，来看电影。这语气真像我妈。我多给了她十块钱，可她不要。她说我看你也是大陆人，好生挣点钱回去吧。老婆在家等呢！我说我没有老婆，老太太就挖了我一眼，嘟嘟哝哝地走一边去了。我想老人家大概在说，你小子怎么混的？这么大岁数居然还没混到一个老婆！我把车倒出来，落下玻璃对老太太说：您肯定能活到99。

生意还是好。两个小时几乎没怎么闲。我喜欢跑龙昆南这一带，路是分道行驶，也宽，开起来很舒服。海口没几条好路，城里的路像得了食道癌那样简直叫人想跳海。天色渐晚，我不感到饿，就接着开。收音机里一个女人在嗲声嗲气地同你聊"黄昏风景"，没几句话却乱用了不少词，还问你开心不开心。我不开心。我一点也不开心。我也不痛苦。我只是无聊，无聊得想去过街天桥上拿大顶。

李佳呼我。她说明天回去，晚上来看看我。她的口气作派俨然是领导同志。我说去接她，她说不用。她说我知道在哪，那上面有厕所吗？该不会每天倒马桶吧？说着冷笑几声，把电话挂了。这就是典型的李佳，总他妈的想整死我。从前和她做夫妻，只要我一铺开稿纸，她就差我去买酱油打醋。她就见不得我写几个字。她一结婚就背叛了那个在杉树林里读陀斯妥耶夫斯基的女孩。我说写作是我的理想。她说理想个屁。她说你就是喜欢而已，就像别的男人喜欢嫖娼喜欢打麻将一样，是玩，是彻头彻尾的玩。她说就是有一天诺贝尔文学奖颁给你这号人，那也不表示你的成功，而是那个奖的失败。她说得振振有词。后来——那是离婚的前夜，我对她说：我是应该同你离婚。至少为小说我也应该同你离。她一下就笑了，是我从未见过的那种迷人的笑。那时我很自豪地想，李佳真是个了不起的女人，只是我实在消受不起。

我还是先洗了澡，顺便把室内收拾了一下。刚忙完，李佳就到了，穿一身制服，还他妈的戴着帽子。而我只穿了一条小短裤。我问：你没带枪吧？她鼻子皱皱，反问：什么味？像是青草味。我说青草味只有女人身体里才有，我这儿没女人。她说你别屁话，给我把裤子穿上。我往床上一躺：这是我的场子，我想光着就光着。她取下帽子，视察似的走来走去。她说到南方来没见你有多大长进，倒是染上露阴癖了。说着就把我的裤子扔给我。我笑了，叫她坐过来。她问想干吗？我说你这么问话，说明你心术不正，心里有鬼。她说你少来这套，你那四两肉你爱给谁给谁。这时我就把灯关了。黑暗中听见李佳说：你这狗娘养的公然藐视法律。

还是和从前一样。

李佳说：没意思。一点意思也没有。我没吱声。李佳就伏到我肩头，问：你和别的女人在一起有意思吗？我说还是有点意思。李佳问：怎么个有意思？我说和三级片差不多吧。李佳立刻就坐起来穿衣，一边穿一边说：那是装的，绝对是装的。我拉住她，说今晚别回宾馆了。她说：这哪行。我不能在你这儿过夜。这话一说，我心里倒是有些酸了。我在黑暗中看着她把衣穿好，准备开灯。她拦住我：算了，就这么黑着坐一会儿吧。你这脸我不看也罢。过了很长一会儿，李佳问道：你打算在这地方玩到什么时候？我说搞不清楚，如果玩腻了，就走。反正现在也简单了。李佳又问：你就这么玩上一辈子？我说这也未必不可，我自食其力，没有给社会造成什么负担。李佳就说去你妈的，你就玩够吧！不过我还是建议你趁早买一份养老保险。

29

只要看到椰子树，我就有了某种安慰。它证明我确实脱离了从前。这话是苏晓涛说的。可现在的问题是，由于我的出现，她的从前又他妈的回来了。在"从前"这个问题上，我们存在着分歧。今天我们去听盛中国的演奏，一路上她都在叹气。你是一个标志，她这样说，你让我想起许多不该想起的往事。我说我的感觉恰恰相反。我虽然讨厌那所大学，但喜欢那些年发生的事，其中包括在食堂买饭时偷看外语系那个女生。她就笑了，问：我变得厉害吗？我说你这是在炫耀。你要是变得厉害我能一眼认出你么？她又叹了声：我其实变化很大。

一个能容纳50来人的小厅，一个布满柔和灯光的小舞台，然后盛先生的演奏开始了。给盛先生伴奏的是一位日本女人，很文静很礼貌地弹着钢琴。自然要演奏《梁祝》。大家听得很认真，很斯文地喝着椰奶。苏晓涛说，琴拉得很棒。我说是的，很棒。可这个场所不是拉琴的地方，是吊膀子的。苏晓涛笑了：你闭着眼听不就得了？我说这些人都是装的，装得那么高雅那么有教养。苏晓涛就问：那我们呢？也是装的？我说是。

苏晓涛便不响了。我知道她心里很难过。你不是喜欢我现在吗？现在我们就是这个样子。我们一边挖空心思地挣钱一边还要显现出文化品位。我们就是这种货色。所以我们要把堂会理解成音乐会，把消遣说成欣赏，把饼干说成克力架，把性交说成爱情，把闲着没事说成空虚，把无人来访说成孤独，然后把自己看做卡夫卡或者弗朗索娃·萨冈。全他妈的扯淡。据说某市还有个小子，生意做砸了就沿长征路蹚上一遍，把自己当做毛泽东……

《梁祝》一完，我们就离座了。苏晓涛出来就说：别送我了，我想一个人走走。这是我意料中的。我就说别走久了，这地方乱。她说你忙去吧，还能挣几张呢。我今天真是犯了大错，耽误了你的生意。我就笑了，我说我还是陪你走走吧。她不理我，转身走了。我跟在后面。苏晓涛的自尊心真是玻璃做的。太容易碎了。走了好一截，我拉住了她：去我那儿吧。她说不。我说那就去海边如何？她没说话。我跑回去把车开过来，把顶灯也卸了。然后我们就去了白沙门。

那时月亮刚升起来不久，海上罩着一层烟霭。我们没有下车，落下玻璃，潮声此起彼伏地在耳边回响。

你是不是什么都不信？苏晓涛问道。

我说你的问题太复杂，我回答不了。

她说，你这人状态不对。

我说我的状态早就不对了。我甚至没有状态。

后来——那是我们分手之后，我就想：如果今晚在海边、在车里的那个女人不是苏晓涛而是方鱼儿，绝对就是另一个样子了。我不知道为什么突然这么联想……

30

王娟一早来电话，让我过去一趟。我问出什么事了，王娟说见面谈吧。我便有些紧张，心想一帆可能惹上了什么麻烦。等见到王娟，她的样子十分想哭，我就更加不知所措。王娟把小保姆支走，关上门眼泪就往下淌。一帆出事了，她抽泣着说，一帆肯定出事了。我让她慢慢说。她说一帆昨天半夜来了电话，说他可能被人害了，让她回犁城娘家候产。

王娟问怎么被人害了,一帆说电话里讲不清楚,然后就匆匆把电话挂了。王娟说这个电话好像是偷偷打出来的。我问王娟,一帆现在何处?王娟说不知道,又哭。

我就劝王娟,事情还没有出来,这么哭会伤身的。王娟的肚子已经很高了。会是什么事呢?我想一定是经济问题,与钱有关。而且这事陈一帆肯定早就有数。我又想到他这次出差与我在机场的分别,兴许这家伙就做了准备,知道要出事。我没把这些告诉王娟。

从王娟那里出来,我觉得天好像都不蓝了。我现在就怕遇见这种沉重的事。看《阿甘正传》时,那个在越战中丢掉一条腿的中尉一出来,我他妈的就受不了。它破坏了我对那根羽毛的感觉。我知道一条腿的设计是艺术,甚至是杰作,可我还是受不了。我想陈一帆是不会给我来电话了。我从《交通手册》里拿出那张快照看了看,它还是清晰的。我不知道它何时会褪去颜色。

31

一连几日都是阴天,小雨。去三亚的路上我就有种预感,没准儿今儿要倒霉。果然回来走到 125 公里处就追尾了。我当时正低头弹烟灰,又看到那张快照,头还没抬起来便听见"梆"的一响,车身随即一挫。前边那辆丰田客货两用被我顶到了路边,而我的引擎盖全卷起来了。

错在我。没说的,掏钱。那司机也是大陆人,还算好说话,只收了我十张。我的车动不了,这儿又没地方挂电话。天他妈的不作美,雨发疯地下起来。我就缩在车里。还好,收音机的电源没弄坏,能响。我随便调到一个台,里面是一男一女在侃"文人下海"。男的说某某原是大乐团的指挥,现在成了香港的大地产公司的老板。女的说某某某是著名作家,曾经写过轰动一时的什么小说,最近来海口主持招商。介绍完了,他们就开始评论,基本上都是废话。我于是换了一个频道,时而一段音乐时而一段广告。

雨点打在玻璃上。远处不时有闪电,但听不见雷声。我将座位放倒,躺下。天黑得像锅底,这个地段是山区,几里路见不到一盏灯。虽然有车不断地从我边上驶过,可是没有一辆肯停下来。我看看表,刚过 12

点。海口的歌舞厅正是吹灯拔蜡的情调时分。

收音机里这时已是"听众点播"节目。女主持人说：一位来自北方的小姐点播甘萍的《大哥，你好吗？》，献给她的一位可亲的朋友，因为过了零点，就是他的生日了。她祝他生日快乐，出车一路平安。

我一下坐起来，然后拿出身份证借着香烟的亮光看。是的，过了零点也是我的生日。我的本命年刚刚结束。我居然还活着。大哥，你好吗？我不好。我一点也不好。我吸着烟，忽然想到了鱼儿。这歌可能就是鱼儿为我点的。来自北方……大哥……出车——这就是鱼儿！

我现在特别想鱼儿。她今夜会去我那儿吗？她肯定去过。我必须马上回海口。然后我就跳下车，站在公路中间等往海口方向的货车，雨还是很大，我的脸都被雨点打麻了。不多会儿，一辆东风车迎面驶来，我高举着双手，表明我不是车匪路霸。那车逼近我，司机关掉远光灯，按过几声喇叭便停了。我说请你们把我的车拖回去，我会给钱。司机的口音也是北方的，没多说就答应下来。

我又上路了。车抵海口，天色已白，雨也住了。36年前的这个时辰，我刚刚落地。接生婆一剪子绞断脐带，直到现在，我的肚脐眼还在生痛。

32

我没有找到鱼儿。

这几天我晚上都去摩根酒吧。小姐好像又换了一茬，全是生面。我问她们可曾见到一个叫鱼儿的北方女孩？一个很丰满的妇女反问我：你是猫吗？

不用说我很沮丧。我后来也就不找了，没事就守着电话看一些莫名其妙的录像。我的车还在修理厂，保险公司认了百分之六十，我至少还要掏五六千。王娟每天都来电话，为陈一帆提心吊胆，边说边哭。我重复地劝，重复地安慰。我也想对一个人诉说，可我找谁呢？谁来安慰我？我呼过苏晓涛，对方机主已经易人，说苏晓涛刚离开这个公司。我有点难过，觉得苏晓涛应该来电话打声招呼。不过我又想，这样也好。我和这女人是水与油的关系，搅和不到一块去的。

那位当主编助理的朋友又来电话约稿,还说要请名家来开笔会重整旗鼓。我说我还是不想写。朋友就问:你是不是也在写一部大的?我便对着电话哈哈大笑。我说一个鲁迅至少可以压三代人,你想往哪儿大?你还真以为那些招摇过市的家伙了不起呀?他们顶多能写一部或者10部20部厚的。从来就不曾大过。朋友就也笑,说人有时尽他妈的吃错药,临死头还是昏的。朋友说,算了,这鸡巴刊物老子也不编了,改天一起喝酒。放了电话,我突然感到一阵燥热,便把衣服扒了。我挑出一支狼毫笔,打算在皮肤上默写唐诗。墨汁很凉,毛笔画在皮肤上痒丝丝的。我由小腿开始,再大腿,再肚皮。末了,我又以肚脐作瞳孔画了一只独眼——看上去像是患了白内障。我把两条腿支到舱壁上,点上烟,隔着烟雾欣赏着这肚皮大腿上的千古绝唱。

后来我又大叫了几声,真爽。

33

台风是午夜时分由文昌登陆的,刮到海口差不多已近凌晨。
台风如虎啸,挟带着暴雨。
街上的椰子树一夜间全成了荡妇。

34

台风过去以后的这些日子,我的日记也停了。这个季节大陆已是落叶知秋,可岛上仍是绿油油的。我这才意识到,南方没有秋天。

我接到了苏晓涛的电话,她已在上海,正办理着赴美留学的签证。她说逛书店时看见书架上有一本我的小说,就买下了。我想如果不是这样,她是不会有电话来的。苏晓涛说,临行前本想去我那儿看看,几次路过都没见到船上亮灯。后来我又觉得,她说,不见也好,见了又分开反倒心里变得重了。我说你运道不错,这下如愿以偿了。你还有新的计划,你当然也还会如愿。她说但愿吧,其实现在……算了,不想谈这些,你好吗?我说就这样,只是觉得日子太长。然后我们又谈了一些乱七八糟的事,什么房地产滑坡、股市A股不如B股、国产电视剧一塌糊涂,如此这般。苏晓涛突然问道：你想我吗？我犹豫了一下，说想过。现在想也是白想，你离我越来越远了。她说：我曾经离你很近的。我说那也是远。凡手摸不到的就是远。我们就都沉默了一会儿。后来苏晓涛说：有件事我想还是告诉你的好。我其实以前不认识你，真的不认识，我是在北京读的本科。你的那些个人情况，我是从一本刊物上翻到的。我也不知道为什么要去冒充你们学校那个外语系的女生，现在想起来觉得还好奇怪。你真以为我是她吗？我笑了笑，我说你们的侧面很像，现在这已不重要了。

　　电话差不多打了一个小时。我看看表，刚过十点。我想苏晓涛真是凡事都有计划，她当然知道夜间九点之后长话费减半。苏晓涛最后用英语对我道了晚安，声音又亮了。她还会说法语甚至西班牙语，我这么想着。一个人可以用多种语言同人交流，这是能耐。这个人在我生活里忽进忽出，毫不拖泥带水，真修行得可以。外面已开始热闹了，我得出去遛遛。我换上了一件大红T恤，光了脸，挂了随身听。我摘了顶灯，戴上耳塞。马连良一叫板我就踩了油门。我沿着滨海大道往秀英的方向开，城市渐渐退到了我的背后。

　　今夜我自己泡自己。

35

　　陈一帆果真出事了。与他合作的那方曾为他的公司担保，并以不动产抵押，由他出面贷款，再联手投到"四达大厦"上。钱弄出来，累计有三千多万，但是所出具的担保、抵押文件全是伪造的，这便构成了金融诈骗罪。一帆在犁城落网，他被押送海口收监的那天，王娟正好飞往犁城回娘家候产。他们在空中失之交臂。一周后，王娟生了一个八斤重的女儿。

　　李佳也参与了这宗案件的侦破。她那次来海口，就是为这事。犯罪的和破案的都是我亲密的人，他们静悄悄地做了一切，我却什么也不知道。

　　陈一帆被判处有期徒刑十年。昨天晚上，李佳给我挂了电话。她说你现在可以去看看陈一帆了，我回头去看王娟。李佳又问我什么时候回犁城？我说不知道。我说我脑子现在很木，耳鸣也厉害。李佳停顿了一下，问道：你在海口有人了？我说曾经有一个，可现在找不到了。

今天我去探监。一帆的头发已被剃掉，双手提着裤子，很谦虚的样子走过来。我们之间隔着一层玻璃，我一点也感受不到他的气息。有一分钟的时间我们就这么对视着。后来，我们同时拿起了话筒。他说，我的头发剃了。我说剃了还会长。他就淡笑，说：头发一剃等于尊严给没收了，现在我算懂得了什么叫割发代首。我以前还写过一篇随笔，把曹孟德挖苦了一顿，其实他是对的。陈一帆边说边摸着发青的头皮，我没插言，看着他摸。他说过几天就去服刑的农场。据说是植树。他说他喜欢植树，他每天可以种上五棵，这样一年下来就是1825棵，十年便有18000多棵了，那就是一片大林子。陈一帆挠挠头接着说：刑满时我53岁，我就申请去看那片林。

陈一帆对妻儿只字不提。

从监狱出来，外面的天还是很白。我把车停了，去买点喝的。我的腿变得好软。天桥上有一个瞎子正用自制的二胡拉着《潇洒走一回》，没有人管他，也没看见有人给他扔钱。我给他捎了瓶矿泉水，蹲在他面前，很有些痴迷地看着他的表情——他几乎没有任何表情。一曲终了，我把水递到他手里。瞎子说：你在听还是在看？我说也听也看。瞎子问：我能摸摸你的脸吗？我说你摸吧，就把脸凑给他。瞎子粗糙的手指由我的天庭沿鼻梁往下再滑向两腮。瞎子问道：我俩长得有些像吧？

我说是的，我们很像。

1997 年 11 月 15 日　合肥寓所
（原载《收获》1998 年第 3 期）

朗诵南方风景

缘起或者致 《莽原》

1994年夏天与这篇小说有关。夏天往往是我写作的季节，所谓挥汗如雨。这种季节与计划的分配让我想起农村的双抢——我拥有三年作为农民的历史。但是那个夏天我的心情受到了意外的破坏，一些不该发生的事竟在一周内相继发生。种种迹象表明我在南方不宜多留，于是像只折翅的鸟沮丧飞往中原。飞机在暮色中低徊降落，轮胎嘭地触地那一刻我觉得时差起了变化，郑州的夜比我想象的来得快。

几天后友人通知我：《莽原》杂志社请我去玩。友人是位名气很响著述颇丰的学者，为人厚道且是男人风采。其时他正替《莽原》主持一个学术对话栏目，腾我一席之地与他做伴。我的天资注定我是个不善正经言辞的人，否则我不会写小说而上主席台去作报告。吸引我的是《莽原》自身，莽原这个大气的词汇。全中国凡叫文联或者作协的院子大概差不多，至少是颜色——青灰色，如雨中的天空。别致的是这家文联各协会的牌子不是并排竖挂而是一层层摞起。歌颂的语言可以把它们比作将军胸前的那些彩色杠杠（我至今不知那为何物，只知道是好东西，越多越好）。

对话在很乱很艺术的《莽原》编辑部进行。具体操办这件事的是位声音很好普通话很好的女编辑李，俊秀的面貌与朴素的装束给我以亲切感。李说你来郑州你得给我们写稿我们有新栏目你现在还写不写？我怎么能不写呢，我说。我说我写。"对话"之后是饭局。饭局之后是主编的热情约稿。我是谁这我比谁都清楚，自然受宠若惊。

结果还是没写。我遇上了一件不顺的事，被人玩了一把，连抽烟都没了味道。我对《莽原》失信了并为此抱愧至今。在我离开郑州之际我竟没有勇气向《莽原》辞行。但我知道,郑州我还会来,而且有可能住上一个不短的时期。

1995年9月的一个早晨我受到神的指引,意识到在日后的个人生活里将会发生一件大事。半月后,即10月12日(那天结婚的人很多),我匆匆乘上合肥至郑州的272次夜行列车,秘密开始了我的第二次中原之旅。我选择位于经七路与经八路之间的省煤炭厅招待所作为安身之处,这里距文联不足一箭之遥。这天晚上我拜访了一位我敬重的前辈作家,他也是我的同乡。我们神聊至子夜。临别,我带走一卷新近出版的《莽原》。我喜欢作家的那篇往事漫忆,一贯的调侃之风(他为此付出代价也获得光荣)让我对往昔的日子居然产生了几分神往。作家叙述的年代是我的童年。

还是这个晚上,我舒缓地躺在床上阅读一位年轻朋友的散文。作者显然不够老辣的文笔下却流淌真正的悲壮与忧伤,这是一次关于母亲、英雄和革命史的变奏之声。我于细密的铅字中重新认识了北方和草原,最终读出的是一片苍绿,这颜色让我心悸。过了很久,黎明与细雨同步而至的时刻,绿色过渡为蓝色,草原随之幻为大海。

一切自此开始。

日本望远镜

这个给你,邦说,东洋的玩意儿,自动对焦,倍数很高的。你从这儿能看过琼州海峡。

你当然还可以看人家窗户,邦又说。

果然能看过琼州海峡,彼岸灰蒙蒙一片,那是大陆。现在我意识到我是在岛上。南方之南的海南岛。

邦说你们这些文人就是黏黏乎乎的,真出门了又不时回过头。你就看吧。每天看。等有一天你不想看了你小子就成真爷儿们了。你们这些文化人。

你好像不是?我回头看邦。

我不是。早就不是。不过我那几首诗能压一代人,你信不?邦一边理头发一边说。

我笑：你他妈还说不是。

日本望远镜就这样到了我手里。我掌握了它99天，然后又在一个晦气的夜晚将它失去，这个我在后面的文字另作解释。关于这架日本望远镜我曾有一篇很小的文章，发在《新民晚报》上，题目叫《有一些可看的东西》。显然是个虚伪的标题，明眼人一望便知我不过是略施了雕虫小技。在那篇不足千字十分明朗的文章里我扮演了一位正经的歌手，蓝天绿海这个那个的一番如此而已。

"可看的东西"往往是不说的。

那时我希望邦早些离开。希望天黑。邦晚上有应酬，他的头发他的皮鞋和他的凌志车一样亮。邦的形象已接近贵族，但他自己不承认。暴发户吧，邦说，这国家没有贵族。贵族是用血证明的。几代人的血。咱们同胞查祖宗三代都是农民吧？

邦欣赏自己这番宏论。腰间的呼机再次响起。邦看也不看地出门，对我说：晚上不回来了。

我和邦是大学同学，就天分而论，邦的能耐不亚于徐志摩。邦极富才情又极其狂妄，是个连金斯伯格也不买账的家伙。邦两年前被人一脚踢下了海。踢他的人是他的局长，邦睡了他女儿。后来邦在叙述这件事时神情专注。其实是他女儿睡了我，邦说，我一直是躺着的。看过《本能》吗？我当时的姿式和小道格拉斯一模一样。

这天夜里我在别墅顶层的平台上待了很久。我所处的位置是海甸岛沿江三路与四路之间。海甸岛是岛中之岛，一条很脏的海甸溪把它与海口市区割开，因此比较安静。海甸岛规划中是海口市最大的一片别墅区。好像什么风格的别墅都有，俯看下去像一个建筑模型沙盘。我在黄昏和天黑之前看海，看琼州海峡。大陆在视野中，这样我就有了一种未被抛弃的感觉。那时候是我一生中最晦气的日子。我途经广州去《花城》见好朋友田瑛，这个略知巫术的土家族胖子一眼识破。你一脸晦气，田瑛强调说。（在以后许多梦境里，我与田瑛时常相遇。终于有一次他说你现在好了你还会更好你知道你眉宇间有一股气吗？）

邦所料不错，我现在需要看人家窗户。中国人外国人都喜欢窥视。高贵者和卑贱者都喜欢窥视。人都喜欢窥视。这是一个很无奈的事实。

所以窗帘是必不可少的。

这天夜里我守住了一扇造型别致的窗户。一扇窗幔薄如轻绡的窗户。在这篇小说结束的时候，我恍然大悟：

我不过守住了一个阴谋。

洋·恐怖之云

1994年夏天我在离开《莽原》编辑部后与编辑李有过几次交谈。李纯正的普通话掩盖了她的祖籍。她是广东人。她当然也能说出规范的粤语。我对粤语的态度近乎仇视。但在那个下午，正是李随口而出的几句粤语勾起了我对南方的玄想。

没有人被云所惊吓的，我告诉李，我可能是第一个。

这种近似神经质的故事导语让李有了瞬间的惊奇。我开始叙述我的亲身经历。可我的故事开篇不顺，总是被不断的电话铃声中断。我失去了耐性。以后吧，我对李说，以后再说。

你最好把它写出来，李要求道。

重现的画面在一年多后再次出现。电视屏幕右上角显示出此刻是1995年10月15日1时27分。我的心情有点感伤，我又一次在梦的天空里与它遭遇。另一原因是我在这个夜晚没有拨通一位朋友的电话。我于感伤中怀念，那过去的和刚刚发生的。

是一个正午。我借邦的车去一个叫洋的地方。实际上我此举非常盲目，甚至有点鬼使神差。我想我有过把车瘾（那时我刚刚会开车）的嫌疑。但重要的是我被"洋"这个地名所吸引。这一浪漫情怀归罪我作为小说家的素质。我实在是喜欢洋这个方块汉字以及这个悠扬的音节：yang。

你要当心，邦告诫我。

我不会碰你的车，我说。

我根本不是说车，邦纠正说。然后看了看天空，欲言又止。

我是个无照驾驶者。准确地说是一个伪照驾驶者。我的驾驶执照是一个尖嘴猴腮的湖南小子弄来的，二百块。上帝给了他一双贼手，他可以伪造各种有效法律证件。钞票也可以做的，但小子不敢。那次他送执照来别墅，邦问他：能做结婚证吗？他说当然可以。他说一个三百，五个以上减半。邦就笑了：那就来五个吧，要不要先打订金？

　　洋距府城约30公里。洋其实与水没有关系。洋的边上是杂乱无章的乔木，居然没有一棵椰子树，可它偏偏拥有"洋"这么一个好听的名字。我以时速60公里接近了洋。洋那时正置于烈日的暴晒之下。纬度使阳光对这个岛屿情有独钟。

　　我缓缓停车。反光镜里一辆乳白色的本田跑车缓缓跟上，也停下。

　　有喝的吗？一个女人的声音。

　　车窗玻璃悠然落下，一个颇具丰韵的女人，墨镜和红唇搭配极佳。女人朝我这边伸出手。那是一只仅次于杨惠姗的手。（杨在电影《玉卿嫂》中那个手的特写让我铭记终生。又是yang！）

　　我对她摇摇头。车里的确没有喝的。

　　于是白色的车梦一般飘走了。我下车，去找僻静处方便方便。地平线看上去很低。

　　接下来就出事了。

　　起先，我只是随意的一眼：一块云。一大片湛蓝湛蓝的天空上有一块云。没有风，云却在扩张，生长，迅猛生长，与地平线相连接。一块拔地而起的云，呈现出升腾扩张之势，而且越来越厚越来越白越来越向你逼近。

　　我蓦然一阵抖瑟。那云还在迅猛地长、迅猛地升腾与扩张，占去了大半个天空，软软地向你逼近。白白的、软软的、巨兽一般地向你逼近，上部豁然裂开——它要吃了你！

　　一身冷汗。邦的告诫仿佛自九天传至：你——要——当——心——

散发青草味的声音

　　从洋逃回的当夜我开始发烧。我自觉是一个胆大的人，12岁那年就玩过雷管，17岁在农村夜间的山路上与狼相遇，21岁在大学以餐叉当刀去与物理系那个大块头拼命，这些都过来了。没想到36岁在海南岛上被一块云彩惊吓成病。这是一个奇迹，我至今认为。我的命相注定我终生会同一切白白软软的东西相克，这大约也是我在情场每每失意的一个不可忽视的原因。那个夜晚我无限忧伤，对自己的前途不再抱有幻想。我想自己大概是完了。那是一个空心的夜晚。

　　我没有告诉邦白天发生的事。那句简单的告诫在我看来充满玄机，我开始检点这些日子与邦相处的全部内容和细节。邦晚上仍有应酬，请银行界人士吃饭卡拉 OK。邦私下称那些人叫杂种。邦最恼的就是要千方百计去讨好这帮杂种从他们口袋里掏钱。在以后的一个晴朗的日子邦终于收拾了他们。我的思路最后回到那架日本望远镜上，现在我觉得它精致的表面有点可疑。我不明白邦为何要送这件东西给我。但我没有深想下去。我惦记着那扇窗户。我已经空守它很多夜晚，除了见到一把吉他一顶草帽我便一无所获。可是这两样东西勾引了我。一个头戴草帽怀抱吉他的女人已多次走过我的梦境边缘。我深信梦境中的女人最终会被望远镜射中，然后在某一个傍晚走进我的生活。

　　又是徒而无功。我虚弱的身体如同风中芦苇，可见欲望之火纵使在死人身上也会照样燃烧。人就是这么个东西。我在顶层徘徊着，思绪鱼一样潜入大海，游过琼州海峡。这时候想听人吹萨克斯。但听见的是电话铃声。今晚第三个电话，我想又是找邦的。

　　1988 年第 6 期《收获》杂志所载中篇小说《南方的情绪》中，我曾接到一个神秘女人的电话，内容平淡声音古怪，散发着青草味。这种超验感觉使我在一个时期里魂不守舍。我不知哪里出了毛病。现在，我又嗅到了这种味道，电话的另一端无疑是个女人。

　　找谁？

　　就找你吧。我是随便拨了个号码，请别挂掉。我想找个人说话，是大陆人就行。

　　说吧。

　　你是哪一年上岛的？

　　刚来不久。

　　喜欢这地方吗？

　　说不清楚。我只想随便看看。

　　随便看看？我怎么觉得你不随便呢？

　　感觉而已吧。我是个很随便的人。

　　可我的感觉一般都是很准的。比如说，我感觉你的年龄在 35 至 37

岁之间，你的实际身高不足一米七，稍胖，头发很好。你的五官还不错，鼻子尤其好看。你知道男人鼻梁高意味着什么吗？我说得对不对，先生？

接着说吧，你的音色不错。

再往下说你也许就不爱听了。

没事的，你往下说。

你来岛上的原因我大致清楚，但我现在不想说，可以吗？我知道你这人挺爱面子，文人嘛——我相信你是个文人，甚至会写小说，小有名气，待在小说里很潇洒对不对？我想你在小说里干了不少坏事，以别人的名义。其实你还算个正经人吧。你也是个理想主义者，内心很古典，追求完美，你身上还留着书生气。喂，怎么没声了？

听你说，说吧。

你的意思是我感觉不错（她得意地笑）？

这倒未必。你接着说。

你看，虚伪了不是？两个人说话还不来点儿真诚？好了，就到这。我还会找你，这个电话号码我可记下了，拜。

青草味也随之消散。青草味让我想起很久以前一个女人的身体。这种类似《生命中不能承受之轻》中托马斯的体验业已成为尘封的历史，回首让我恍惚。我思索着刚刚发生的这个不可思议的事实，再次回想白天的经历。那个开白跑车戴墨镜嘴唇如一道伤口的女人。找我要水喝的女人。我于观念中将二者重叠。我想我可能是落进一个圈套了。

你或许见过我

在过去的几十天里邦无视我的存在，像添置一件家具似的将我束之高阁。我名义上是邦的助理，实际是他的食客。在邦的眼中我是个落魄书生，腋下夹着两本线装书和一根乞食箫。我觉得这不是长久之计，况且，这套别墅这部电话这架望远镜都有可能给我找麻烦。我要同邦谈谈。

邦至今保持着诗人的敏锐，我刚坐下，他就开口了：

想走了不是？回大陆还是跳槽？

在这待久了也不是事，我解释道，这么闲着，凡事插不上手。

谁说你闲了？邦从大班椅上直起腰，你不是一直干着吗？

我干什么了？

邦以习惯的手势结束了谈话。他马上要去外地出差。闷了出去转转，他拍着我的肩膀，采风采花采什么都可以要不让几个记者来专访一下？邦说在他回来之前让我务必不要离开。

我不明白邦为何要这样做。邦与我不算深交，在我印象里，邦也不是大方人（大学时代的邦总是怀疑同寝室的人偷挤他的牙膏）。我实在有点犯糊涂了，但我意识到事情绝不会像邦所说的那样轻松。恕我小人之心，我觉得邦是希望我扮演一个投奔者，一个他的随从人员，而不是他的昔日同窗和客人。他需要这种氛围。他当然还可能有（或者肯定有）其他需要，这我就不知道了。（毛主席说：世上没有无缘无故的爱……）

我需要另作安排。至少，要有一个计划。我不想涉足邦的生意。我的心智和胆魄都不是他的对手，但我也不想就这么尾随其后。我到南边来是想换一口空气，能赚钱当然更好，学点写字以外的本领。总之，我不能让邦养着。

那个下午我心烦意乱。

你不是一直干着吗？邦是这样说的。这是什么意思呢？邦告诫说你要当心。当心什么？我差点被一块云彩吓死。邦送我一架日本望远镜他说你就看吧一直看吧——这就是我的近期生活。

改变或者暂时改变我生活状态的是一个女人。这不是后来的事。在邦离开不久她便出现了。不是我记忆里的女人，也不是想象中的女人。所以当她说"你或许见过我"时我就有些吃惊。我想她可能是个演员，拍过些电视剧什么的，以为全国人民都见过自己，到哪儿都有饭吃。但她不是演员。从前我学过音乐，她说，学钢琴。

从前？我看了看她。

我遣用"从前"这个词，是希望那些日子离我远些，以便忘掉。她这样解释道。

可从前我也没见过你，我说。

我们不纠缠这个问题好吗？她笑了笑，现在我们认识了。我觉得你这个人……的确不错。

你找我有事？

随便谈谈吧。

又是随便谈谈！几天前的晚上一个女人随便拨了个号码于是就随便找到了我于是就随便谈谈可我怎么就觉得不随便呢！正如电话里那个女人所指出的：你不是一个随便的人。

我是一个意志薄弱者，喜欢想入非非，喜欢企及一些难以企及的目标。拿破仑那句"不想当元帅的士兵不是好士兵"害了不少人，包括我。拿破仑未当元帅之前是不会这么说的。我前半生的失败多少与拿破仑有点关系。拿破仑当了元帅，再回头夸自己是好士兵，都占去了。我呢，永远当不成元帅，结果反觉得肩上的大枪更沉了。我这辈子总是落入一个接一个的陷阱，似乎在劫难逃。

现在需要一段闲话

这篇小说写成这样子我始料不及。我写小说的方式多多少少有点像打麻将，靠碰运气。我不知道故事将如何发展，写完一句再去想第二句，就像把牌一张张摸上来一样。如果有人碰吃，往往会错过一张好牌，所以我一般是在夜深人静时开始写作，丝毫不能受打扰。我现在住的屋子紧挨着街道（纬三路），车子很多，这非常痛苦。我有很多句子就这么被汽车给"碰吃"了。这是小说读起来不够畅快的一个原因。有点东扯西拉的感觉。放弃习惯一般人做不到，况且到了这个年纪。我不使用电脑写东西，那完全是操作而不是写作。一个作家可以面对虚无但不能面对一台机器，这感觉不舒服，像裁缝。我喜欢钢笔、黑墨水和略渗的方格稿纸，喜欢一手拿烟一手执笔在纸上划来划去的状态。

谁也无法看见一棵树在眼前生长，但我能看到我的小说慢慢"长"出来。这个未知不断显现的过程让我无限愉快。我的努力旨在把小说写得有点意思，就这么大出息。

小说似乎完全展开，人物相继登场，我夹在中间跑龙套，而且还有些悬念和暗示，这些都让我头痛。我不是说故事的高手。但是自己酿的酒只能自己来喝，我需要对自己的行为负责。

一小时前我去一家小电影厅看了《红玫瑰和白玫瑰》，是根据张爱玲的一篇小说改编的，刚得台湾"金马奖"，但拍得非常糟糕。我将近五年没有看过电影了。我拒绝的主要是那个环境。我不喜欢我的黑暗中流泪时听见邻座嗑瓜子或者搞出些男女间小名堂的响声。环境这东西有时候很重要。比如说我在这篇小说里所营造的环境，包括真实的和虚幻的，某种意义上规定着整个小说的基调，这是十分无奈的事。很多时候，小说领导着作家，我似乎插不上手了。

另一个需要申明的是：小说中的"我"未必都是我。"我"有时不叫潘军。

摩尔和柴可夫斯基

女人从咖啡色小包里拿出咖啡色的摩尔烟。在南方，这已不是景观。我喜欢摩尔，她说，叫摩尔的总能吸引我，比如亨利·摩尔。

那个雕塑家？

喜欢他的作品？《拱门》还是《蘑菇云》？

我都喜欢。

喜欢《家庭》吗？

《家庭》？

就是一家三口坐在长凳上的那个。

有点印象。对，三口，就那么坐着。

就那么坐着，一家三口。

女人站起来，优雅地吸着摩尔。摩尔在她的指间和心间慢慢地燃烧着。女人的侧面线条流畅而明快，女人仍在说：就那么坐着。

这时候给女人一杯水是适宜的。（另一个女人曾向我伸出手：有喝的吗？似乎是超前的提示。）

后来我们开始约会。后来我称她琪。

琪的意外出现使我放弃了离开邦的计划。琪对自己的出现丝毫不作解释，我问过三次，她都是一种回答：你或许是见过我的。这种闪烁其辞让我十分困惑，但我已无心探究。琪淹没了一切，抚平了一切，在相处的日子里，琪以小鸟依人之姿全面满足了我这个自命不凡的男人。在琪手里，我是一台黑色钢琴，琪弹出的每一个和弦都是那么完美，无可挑剔。

我记下与琪初次约会的日子。这一天是我上岛后的第99天。这也是日本望远镜失踪的日子。(现在,我不再需要它。)

　　这天夜里,我和琪在泰华大酒店坐了很久。我们用了自助餐,然后喝茶。琪似乎胃口很好,兴致也很高。我们谈了些发生在大陆期间的旧事,琪仍坚持说"从前"。

　　从前,在大学里崇拜过许多死人。琪说,像贝多芬、德彪西、肖邦,都死了,忘了。忘不掉的就剩柴可夫斯基了。喜欢他吗?

　　听过几段曲子,我说,我是门外汉。再就是他和梅克夫人那点事。

　　是啊,梅克夫人。琪沉吟道,不容易。

　　琪又点上一支摩尔,突然问道:女人抽烟是不是令人厌恶?

　　想抽就抽吧,我说。

　　我对着镜子看过,琪笑了笑,样子嘛,怎么说呢,有点滑稽吧。只能这么去想,要不抽它不成。摩尔,我喜欢的。亨利·摩尔。还有一个罗杰·摩尔,詹姆斯·邦就数他演得棒。你们公司那个邦呢?

　　你们很熟?

　　算吧。他最近忙什么呢?

　　无非是生意上的。他很忙。

　　你们合得来吗?

　　还不错。我其实没替他干什么。

　　邦这人还能写诗吗?

　　他很聪明,有才华的。

　　邦不愧是邦啊。他也不容易。

　　酒店将打烊,穿红马夹打黑领结的"少爷"殷勤走来要求买单。我正准备拿钱,琪却先了一步,说:再加二百,买你们钢琴用一刻钟。她从座位上缓缓立起,又缓缓走向琴台,静思片刻,十指突然同时重重落下——

　　柴可夫斯基。《悲怆》。

也许是来寻找一盏灯

　　灯的光线不比一根白骨更亮

但灯的命令是最高的。灯的语气坚定、有力
使万物归拢，成为真理

——摘自《田桑诗抄·灯》

中原诗人田桑是我的朋友。1991年一个北风呼啸的晚上田桑抱走了我的《风》。后来田桑以河南人民出版社责任编辑的形式出现在长篇小说《风》的版权页上，那时他已不叫田桑。田桑这个优雅的名字始终与诗和情书相连。

我此次来郑州，田桑送我一册称作《发现》的诗刊和《田桑诗抄》，都是油印本。对这类的"版本"我历来重视，朴素的表面和少量的印数使我获得某种欲望的满足。阅读自下午开始。阅读让我无法相信田桑那双小眼睛具有力度的洞察，就像我无法相信几天前那位年轻朋友对北方与草原的感悟。我一下觉得自己是老作家了，余下的文字是用于替青年人作前言后语。但我引用田桑的诗不是序的开篇。《灯》的第二小节是：

远远地，一个人在风雪中倒下
灯没有搀扶他。灯发出命令，要他自己站起来

中原的水土营养着豪迈与奔放（这在田桑的诗和年轻朋友的散文中已不难看出）。这是一个可疑的奇迹。我印象里的中原往往与战乱、瘟疫和假电线有关。这种不愉快在很多时候为一条黄河的形象所遮掩。

一条已不宽阔的黄河。

我的中原之旅也许就是为了寻找一盏灯。老百姓点的灯。

在南方的那个时期，我过着自己照亮自己的生活。客观上那个时期海口市夜间停电也是家常便饭，小功率发电机销路很好。我用香烟照亮自己。想象中我处在伦勃朗的调子里，享用着极不方便的诗意。我怕热，又没有耐性，这样后半夜总是在别墅的顶层平台上度过。一天夜里，突然来电了，视野中周围的窗口相继快速明亮，形势如同多米诺骨牌。唯有我熟悉的那扇窗没有亮，显得格外黑暗和深远。我有些惆怅，怀念起失踪的日本望远镜。（后来，邦在谈起这宗悬案时显露出诗人素质。有一只上帝之手，邦随口吟道，于梦中将它移开。上帝的行为一贯与偷窃没

有关系。)

邦也没有开灯。客厅里只剩下他在低声哼着一首俄国民歌。他赤裸的身影如梦幻一般在户外光线映照下呈青蓝之色，邦斯文扫地的形象让我顿生不祥之兆。我想这个男人一定是遇到了麻烦。（琪说：他也不容易。）我有些手脚无措，像接近保险丝那样走近他。室内异常闷热。

把空调开了吧。邦说，不要开灯。

我递给邦一支烟。

今晚不打算出去？邦问道：那个弹钢琴的觉得怎么样？

这你比我清楚，我说。

是呀，邦抽烟，搞艺术的，柴可夫斯基抱养的丫头。这岛上有形形色色的人，如今又多了个新潮作家。现在还想着回大陆吗？

有时也想，我说。

邦朝我这边挪了挪，拿起茶几上的半杯洋酒喝了一口，说：

有时候觉得人这一生真他妈太长。漂来漂去，漂来漂去，哪儿都不开心。美国、香港、意大利，看他们跟看女人差不多，就个把月的新鲜劲吧。扔掉还难。坐下来吧，看点什么，写点什么，也照样没劲。没劲透了。

人有时得哄着自己过，我说。

没错。自己逗自己玩。辜鸿铭当年头上留着那根猪尾巴，就是逗自己玩。这老爷子是真老王麻子。邦说完哈哈大笑，站起来，这才打开灯，全部打开。他的眼睛不很清澈，略有点红。邦利索地穿好衣服系好领带，然后把摩丝认真朝头上弄了弄，车钥匙在指间一转：走人了，夜生活去。

邦出门时对我眨眨眼：给那弹琴的打呼机，后面加"119"。

在海边临摹记忆中的风景

1981年夏天，一个以旷课著名而又由于意外给学校带来荣誉的大学生，随"夏令营"的队伍，由合肥经泰山而至青岛，第一次见到了海。这次经历让他替自己悲哀。多年以后的数次飞行经验，把这种悲哀推向极致。人实在不算什么。

这个某种意义上悲观压倒狂妄的大学生就是我。11年与海成为近邻。

对海的神往起源于我少年的一次梦幻。那是一次萨尔瓦多·达利式的梦幻,陆地如一片桑叶被海蚕食成为岛屿。陆地荒芜蒿草丛生,森林被移植到海面。海无声。少年迟疑的口哨顺树干向上,于树梢向旷野般的海空扩散。树叶纷纷落下,森林瞬间成为躯体,为阳光浇铸。而海已冰封,呈现出一派苍茫。

这个奇异的梦境决定了我与海的缘分。

那时候我喜爱去海边散步。我通常去的海滨是秀英码头和白沙门。它们的方位在海口市的正北和西北角,从不同的角度面临琼州海峡。我更多的是去白沙门,它在我视野中,距我的住处大约两公里。白沙门的海水没有想象的蓝,呈青灰色。这也许是距离造成的视觉遗憾。近的东西往往不美。这也是很无奈的。但我不能不走近海。

我在海边没有遐思玄想,沙滩上也没有斑斓的贝壳。我喜欢看海的博大,听潮的起落。渔歌是灭绝了,甚至连帆影也灭绝了。昔日的船老大脸上的沧桑业已消退,给你看的是粗脖子上足有半斤重的纯金项链。这风景已失败,看一眼心累。

这是琪的感慨。琪因此拒绝去秀英码头而来白沙门。这儿很好,琪说,只有海。

有一天琪问我:你想家吗?

我点点头。我说我尤其思念女儿。(那时候我女儿六岁。)

我也是,琪说。我儿子要在的话……也幸亏他走了。我现在没什么好挂记的。

琪说她这辈子不会要孩子,绝不。

你知道一根羽毛的分量吗?琪问道。

我有些茫然。

琪停顿了很久,才接着叙述:

我怀孕时,据有经验的女人说,从妊娠反应看是个儿子。我很想要个儿子,长得像我。另一个原因,说起来很悲哀,是我想有个儿子好拴住自己的男人。我知道,我这么考虑过于天真,但还是这么考虑。结果呢,肯定是失败。他的事不久全弄出来了。我没有地方好退了。我去医院做人流。那滋味真不是人受的。我没有让他陪我去,这样就被那群白衣人认为我是有私生子了。让我躺着，自己把自己剥个精光，然后是分开腿，最大限度地分。然后她们像检查牲口似的弄来弄去，还不许你叫疼，好像是自作自受。我想我是自作自受，就忍着，一生的汗和血都挤出来了，还有眼泪。终于完事了，我哆哆嗦嗦地系裤子，这时一个女护士用钳子夹着一根像羽毛一样的东西，在我眼前一晃：看看吧，这是孩子的脊梁骨。我哇的一下哭开了……

琪抹了眼角的泪花，点上烟，又笑了笑：你看，我都成祥林嫂了。她大口吸烟。

以后是离婚。琪往下说：离婚倒平静。现在我根本不恨他。他不过是和别的女人睡了一觉，男人差不多都这样。从前那个男人是这样，后来的男人又会怎样呢？差不多。女人的悲哀就是她不该是女人，要不，就把自己看做是男人，和尚摸得我也摸得。我知道这么说你会不开心，但这是实话。最束手无策的是面对规律。规律，意味着一网打尽。

邦说： 岛上只有偶然

1993年6月，加拿大汉学家胡可丽女士由北京陈晓明博士指引，来海口与我会晤。这位高个的洋人后来曾在电视剧《斯诺与毛泽东》中扮演斯诺曾经的太太。那时，我恰在郑州。

胡是一位电影活动家，据说蒙特利尔电影节与她十分相关。那次胡来海口，是想了解关于中国先锋派小说的所谓"发展趋势"。但对这个令人费解的问题我恰恰无法回答，回避的方式是请她去"维多利亚"吃一顿西餐。

席间，胡兴致很高地问我：身边有小蜜吗？对这种很北京的表达我只是一笑付之。

你过得很开心是吗？她问道。

我是个小人物，老百姓的开心总是有的。我回答道。

可你的小说很忧郁，是法国式的。

不，还是老百姓式的。

这次会晤让我再次想到琪关注的亨利·摩尔，那个"一家三口，就那么坐着"的《家庭》，也是老百姓式的。

琪十分赞成我这一说法。琪然后又看着我说：你应该回家。

我无言。

琪帮我把衬衫领子翻整齐，说：你看，我在假扮圣母了。

我轻声说：不要离开我。

琪平静地说：我这人不好。真的不好。

琪说完准备出门，她的神情告诉我这已是没有任何仪式下的告别。

琪！

琪就这么走了。我不断打她的呼机，她没有回。第二天又打，回了，电话里却是另一个愤怒的女声：这个呼机转让了！我没想到琪这么斩尽杀绝。琪像一片叶子，静静落下又随风而逝。

于是阴冷的日子再次回到我身边。我想起邦的著名论断：这岛上只有偶然。一切。你愿意和不愿意的、希望和不希望的、爱和不爱的，纯属偶然。

何必当真呢！邦重重地靠在大班椅上，把香烟推给我，对她来说不过是一笔生意罢了。

她同我做什么生意？我质问邦，我能给她什么？

你给了她一个好男人的关怀，邦说，难道还不够？老莫里哀不是说过：女人最大的心愿是让人爱她。不是吗？邦走过来，拉我坐到沙发上：这么说你有点伤心，你会说我已堕落到俗不可耐的田地。其实即便堕落，仍不失为一种生存方式。你我这种年纪，火气不该再盛。爱是好东西，谁都想要。可哪儿找去？人间恐怕是没有的。人间已难容极致的美。所以那个害苦多少人的汉字最好永远待在字典里。

邦的语气逐渐变得低缓。这种尖刻的话语此时对我仍不失为一份慰藉。我意识到，无论是离开这个过大的岛屿还是离开邦，都将是一件非常困难的事。

天色很迟才暗了去，有风，街灯不那么逼人了。我们决定出去转转，不开车。邦今夜选择了一件红色T恤和一条本白色的牛仔裤，扔掉了手提电话和寻呼机，显得英姿勃发。让这个夜晚与女人无关，邦吟道：因为我们累了/即便在梦中/也拒绝任何昂贵的香水/需要像尸体一样躺着/一动不动/任凭鼾声呼啸。

我们最后去了府城一条著名的小街。沿街都是发廊与酒吧，灯火温柔，软歌像蛇出笼一样四处乱窜。倚门而立的"洗头妹"激烈的目光打过来，察你，给你老练而拙劣的飞吻。我不禁横生出几分张惶。邦仿佛龙归大海，检阅似的不时向两侧的她们招手，嘴里却说：够可以了，何其辉煌！

一个女声飞来：不来陪陪太太吗？

邦说：太太心太狠了，专宰老公。

女声：钱不往太太身上花往哪儿花？

邦说：尿壶里！

城里没有炊烟

我在写作这篇《朗诵南方风景》的同时，并列写作《散文十篇》。通常的情况是在小说无法"长"出来的时候，开始写散文。这并不表明我对散文的态度轻慢，相反，我畏惧散文——"十篇"之中首篇即为《怕散文》。我历来认为散文存在着一个"说清楚"的问题，这很不容易做到，学识与阅历的局限使我在散文这道门槛上踌躇不前。于是我写小说。我在80年代中期意外发现了这种不需要说清楚的文学形式，如同大提琴找到了一把好弓。我的小说总是说不清楚。

比如这篇小说。

整个情形仿佛是：我正在落入一个可能的陷阱同时又企图为读者设置另一个陷阱。一些不断抛出的实证模糊了读者的视线，现实与虚构似乎可以随意打通，我在这个时空里走来走去，就像这几天在小说与散文之间穿梭不停。

但你并不自由，这是邦的指责。邦说你活得太累太在意自己你以为你是什么？

邦接着就叫出一个好看的女孩：过来，"哈尔滨"，这位好先生给你。好心应有好报，对不对"哈尔滨"？

我知道自己又进了邦的圈套。来时说好是洗桑拿的，邦说这家最好，程序多，很舒服很舒服。没想到最后的程序是按摩。

先是踩背。"哈尔滨"从我的脚跟一直踩至颈项，又在几个关节部位加力扭转，酸胀齐出，几个回合下来，舒服是有了。

先生,"哈尔滨"说,请翻过身,平躺,我好给你按穴位。

我没翻过来是不便翻过来。一个部位正起着变化,本能和欲望成为它的支点。

怎么啦先生?要不要我帮你翻身?

我坐起来:小姐,我已经不累了。

那、那我得工作呀,她说。

钱照付。那儿有张凳子,你坐,我们聊聊可以吗?我点上烟:我去过哈尔滨,很好的城市。

"哈尔滨"一笑:你可能刚上岛吧。

这时有人在门帘外面说:

四号房,楼下有一位叫琪的小姐电话。

你可以想到那时我是多么的喜出望外。琪并没有离开我。琪始终在看不见的地方注视着我,看不见的地方。可我需要见到她,我生活里不能没有琪。我急切地拿起话筒,只听见"嗒"的一声,电话挂了。

那种沮丧可想而知了。我知道琪离我不远,甚至就在这边上某一个电话亭里,但我无法看见她。很长时间以后,我在飞越琼州海峡的云层里,蓦然意识到那一夜琪的良苦用心。

我没有再进四号房。我就坐在吧台上,要了一杯啤酒。我心绪已乱,期盼琪会再来电话,当然这已是不可能。不一会儿,钟点到了,邦懒散地走下楼来结算付款。

你这边多少?邦问我。

我没回答。

给80吧。"哈尔滨"说。

80?邦回头看看她:今天这么大方?

"哈尔滨"转身就离开了:人家比你好嘛!

这次经历至今被邦视为一折老戏。我知道他会嘲笑我所谓的骑士风度。但我没想到他会那样说。

你这人虚伪得可以,邦一进屋就说,也许正因为这点,我讨厌你们那个圈子。我是堕落,但堕落比他妈的虚伪来得真诚。和电影明星睡觉可以夸夸其谈,睡了小保姆就死不认账,这算什么鸟?

我虚伪吗?我气得冲到他面前。

你以为不？邦正视着我，玩女人还要打着爱情的旗帜——心安理得？理所当然？这他妈是吃软食！

我竟无言以对。那一刻，我自觉是被邦打败了，而且败得很惨。我去了顶层平台，四野灯火灿烂。城市正处在最疯狂的时分，现代建筑的轮廓使天空出现断裂，而那时，我只想看见一缕炊烟。

20年前，一个男孩喜欢在黄昏时去山岭上看炊烟。

后来一个女孩陪着他看。

再后来，男孩子进城了，留下了女孩。现在他才意识到：城里没有炊烟。

琪的可疑·重提望远镜

往事如烟。在过去许多下雨的日子里，我时常幻想着自己的晚境，一种叶落归根的思绪过早地进入了我的内心。"很多年以后"——加西亚·马尔克斯式的叙述让我神往。我幻想老年的我坐在故乡小楼的西窗之下，面对一条自目前淌过的小河检索平生。小河也是我的乳名。这似乎意味着，此生我与水结下了不解之缘。我父母双亲的姓氏都包含着"水"和"田"的意蕴，而我心中最大的水面在南方。

你一定爱过很多女人。有一次琪对我说：你很多情，又细腻，你总能从不同的侧面去爱她们。你不想丢失任何一个方面。

琪或许是说对了。

你的小说很现代，但你的心灵很古典。琪又说。

琪在这次幽会后不久，走出了我的生活。那些夜晚，我的时间都用于记叙琪与我交往的始末。我期待琪在我笔下重现。但是，我惊讶地发现字里行间掩藏着种种疑点，琪的可疑让我手脚无措。被称作琪的女人以"或许见过"为由于半天之内成为我的朋友。她仿佛是投其所好地向我奉献了亨利·摩尔和柴可夫斯基。接下来奉献的是她的肉体。那种做爱方式令我吃惊却又是我数次的梦寐以求，大汗淋漓的瞬间死亡让我铭心刻骨。然而这一切，现在看来，是经过了事先的编排。

琪在做完这一切后立刻离去。琪就这么走了，唯一的馈赠是那个挂断的电话。

于是奇异的电话在这个深夜再次响起。我拿起话筒，嗅到了青草味，我知道那是另一个女人，永远处在我看不见的地方却对我了如指掌。

可睡下了，先生？

没有。

我知道这些日子你睡眠不好，情场失意大都如此吧。

你到底是谁？

我说过这个不重要。我们打交道多年，不需要纠缠这个，就算我是一个声音可以吗？

你确实是一个声音。

我知道这阵子你丢失了很多，先是一架日本望远镜……

这你也知道？

其实那东西没丢，不过是物归原主罢了。

物归原主？你是说邦……可是我问过他，他说不知道。

你不是邦的对手，哪方面都不是。

可是邦……

邦送你望远镜当然意味深长。有很多的意思，这个你自个儿琢磨，作家嘛，这点能耐还没有，就知道用望远镜去看人家窗户？

你在监视我？

我不需要这么做，那是另一个女人的事。你在用望远镜看窗户的时候，她可能也在用望远镜看你，只是她在暗处。你们或许在望远镜里遭遇过一两次，至少她是这么认为的。好了，不说了，我已经是侵犯隐私权了。

形势急转直下

1993年夏，中共中央政治局常委、国务院副总理朱镕基于一个温馨的夜晚，面对中央电视台摄像机打了一个有力的手势：宏观调控。电视屏幕上朱副总理一贯严肃的表情里显示出高层领导人整顿金融秩序的决心。同一日，中央决定免去李贵鲜中国人民银行行长职务，改由朱副总理兼任。据消息灵通人士透露，这项重大金融政策的出台，与朱副总理之前两度考察海南有关。面对日趋过热甚至白热化的房地产业，朱副总理说：该降降温了。

我在写作以上这一节时有几分得意。我觉得这种新闻笔法突然出现在小说里，如同足球的一个变线，使小说的语言获得了意外的感觉。如果是拍电影，我对来访的两位文学朋友说，此时剪一些新闻纪录的片子上去，再"啪啪啪"打出一排排字幕，肯定有味道。

两位朋友在读过这篇小说的手稿后，意识到形势已急转直下，小说正大步走向结束。不知道结尾是怎样的，朋友说，要不，我们各替你写一个结尾？

这当然是好主意。如果每一位读者都这样做，按自己的解读方式去自圆其说，对我是一件非常幸福的事。

形势急转直下了，邦有一天这样告诉我，知道迟早会有这一天。这下，可以看见跳楼表演了。

大量的拆资必须在中央规定的时间内返回大陆，于是银行界人士又飞来了。不过这回他们不是当爹的是当孙子，爹改由邦之流出任。爹有爹相，尽管邦掌握的公司欠银行贷款本息累计已达三千万，但他从容不迫。邦不像他的某些朋友，整日忙于四处躲债，不接任何电话。相反，他抛头露面，业余时间不再读他看得起的惠特曼或者韩波，而驾车去郊外打高尔夫球。

这是素质，邦不无骄傲地说。

那些日子我每天都接待几批大大小小的银行家，不知赔了多少笑脸说过多少好话，但越这样，索债的银行家口气越硬，最后便是一份"法庭上见"的艾迪美敦书。

邦一笑付之：玩这一手，太小儿科。

邦说世间万物皆是环环相扣，相生相克，谁也离不开谁。谁也别想甩了谁。这也是生态平衡嘛！邦以这种口气宣布了今夜的决战。当邦约请的对手走进自己宽敞豪华的办公室时，邦一反常态，坐在大班椅上微笑着，改口称这位行长为"公孙先生"。行长却感到陌生而困惑，这位保养得很好的胖子在高级眼镜后面认真揣测邦的心理，而邦在心理上已先赢了一盘。

谈判单刀直入。

怎么个"法庭上见"呢？邦仍温和地说，我这人不爱吃朋友的官司，会伤感情的。

公孙先生口气也温和了：老总，你也替我想想，为这笔钱，我已经飞第三次了。

不，邦打断说，是第四次。第一次你是送钱来的，考察项目。不知公孙先生可还记得，那次我是陪你去望海楼，然后去府城，后来又到五公祠，在那棵长歪了的椰子树下……这些公孙先生都忘了？

公孙先生顷刻抽泣起来：我太难了，我会受处分，会倒大霉……

邦依旧温和地说：钱，没有的。至少暂时没有。如果你们坚持要法庭上见，我乐意奉陪。你不觉得我一个人坐牢好冷清吗？

那是个漫长的夜晚，公孙先生沮丧地离开后，邦让我关闭了办公室所有的灯。偌大的房间显得空空洞洞，我们相对无言。月光慢慢透入，邦伏在大班台上，双手捂着脸。这个姿势至今鲜活地存放在我的记忆里。这种姿势表达了一种属于男人的痛苦，无论他是高尚者还是卑鄙者，是英雄还是流氓，都不乏深刻。

我说过这是一个漫长的夜晚。

已是后半夜，我仍是翻来覆去。邦的姿势我无法摆脱，我想找他谈谈。我有很多话要找他谈。

他的卧室亮着灯，但他不在床上。我就去了顶层平台。

只穿一条短裤的邦背对着我，在看黑色的琼州海峡。在他手里的，是那架日本望远镜。

这时候想听你弹琴

1993年是我的本命年。按照家乡的习俗，我在腰间系着一条红带——它原来是系在一瓶酒上。那一年果然发生了许多事。先是在羊城手提箱被盗，四万元化为乌有，接着是40天后在海口至三亚的157公里处发生车祸，价值38万元人民币的日产本田雅阁型轿车，在行驶不足两千公里后变得不堪入目。但是我安然无恙。这种破财折灾的亲历，使我在后来的日子里变得"看上去像一个脾气好的男人"。我认为我活到今天不过是个侥幸，就像1992年10月的一天，我从合肥飞往广州，同一时刻，一架波音737由广州飞往桂林。这两架飞机肯定在某一时刻在一万米高空中隔云相会，结果，魔鬼的手抚摸了它，它摔了。关于那次桂林空难的事故原因，官方的权威新闻媒体至今缄口不语，成为中国航空界迄今最大的疑云。民间对这次悲惨事故传说却经久不衰，如同鸟翅的阴影划过雨后的天空，为本来就充满神秘的南方又添上了神秘的一笔。

那一年最大的事，我至今坚持认为，是我认识了一个叫琪的女人，虽然已是天各一方。琪现在只表明一个观念，一条词语甚至是一个汉字，这些都不会时过境迁。

神秘女人的电话已开始得到印证。我仔细回忆她说过的每一句话，无一不证明琪是这个阴谋的参与者，而整体策划者是邦。他们何苦要这样做？难道仅仅是为留下我，让邦从我身上找到一种平衡与满足？我作为尚有呼吸与心跳的文学化石陈放在邦的别墅里，以唤起他对昔日的缅怀。邦是个什么都不想丢弃的男人。

但事情绝不会这么简单，精明强干的邦绝不会做杀鸡用牛刀的事，至少，他希望一箭双雕。故事并没有完。基于这种心理，我放弃了去找邦就那架望远镜今在何处对质的打算。我不动声色，和邦如常交往，我想我会弄清自己的切身问题，同时揭穿一个可能的阴谋。邦其时正为摆平公孙先生挖空心思，清洁的衣着掩饰着内心的惶恐。如果稍加留意，不难发觉他的外强中干。

一个阳光灿烂的早晨，邦那颗高悬云端的心像鸟一样终于着陆。他胜利了，软硬兼施击败了对手而化险为夷。

晚上签字。邦一边倒马丁尼一边说：把全部贷款转为投资。投资就意味着风险共担，同舟共济了。

文件上规定现在不准银行从事投资业务，我提醒邦。

"现在"和"以前"不过是个时间概念，反映到合同文本上就只是个阿拉伯数字，这有何难？邦舒心一笑，一饮而尽。

这天晚上邦酩酊大醉。先是吐，吐得乱七八糟，后是痛哭流涕，说一些听不懂的言语。我和几位员工把他擦洗干净，再搬到床上。不一会儿，他沉沉睡去。我仍守着他，在黑暗中回想着上岛这一年多时间里的种种不凡经历。最终纠缠我的还是与琪的短暂爱情生活，它仿佛雨后的彩虹，虽然转瞬即逝却色彩纷呈。

邦的梦呓打断了我的思绪。梦中的邦声音很像一位少年，他说：这时候想听你弹琴。

最后的风景

1993年6月，作家马原和他的朋友刘成伟来海南岛拍摄大型纪实文学片《中国文学梦——100个作家的自白》。这是最后一站，马原说。在选择所谓外景地时，曾向中国文坛寂静的天空打响"爸爸爸"三枪的韩少功建议：去白沙门。

这样，白沙门成为《中国文学梦》最后的风景。其时白沙门只有一间墙上涂满"游泳门票五元一张"和"大量批发矿泉水"的破房子，比你想象的还要破，近似60年代乡间的排灌站。除此之外，满目是海。这间破陋小屋后来成为我们合影的背景。

在后来很多日子里，破陋小屋时常与"堡垒"、"岛屿"和"诺亚方舟"这些词话相关联，让我怦然心动。正如此刻，我在中原的一盏灯下，深深地怀念着南方那一些朴素的风景，无边无际的海就是中国文学梦以及我全部的梦。在这个世界上，我以寻梦者的姿态走过了38年。

一位朋友，他也是小说家，曾对我说：爱情是拯救这个堕落世界的最后神话。那时我与琪正处于热恋阶段，朋友的话让我对自己的行为视作宗教而肃然起敬，我有了一种为概念作出诠释的满足。然而神话在不久的一天因一个叫邦的男人的一句梦呓而濒临破灭，第二天晚上而全面走向崩溃。

那时候邦散淡地坐在窗前，像刺绣一样用摩尔烟蒂认真烫自己的胳膊。烟蒂与皮肤接触散发的气味使那个夜晚充满诗意。那时我觉得邦是位大诗人。在我离开他时，我第一次发现他白皙的胳膊刻有一串圆圆可爱的伤疤，像让人遐思不尽的省略号。

但是那个晚上在我记忆里无法省略。

最初以为邦是在谈一笔生意。我经过他的卧室，听见他在电话里说了些"转让"、"协议"、"不反悔"之类的词，我听腻了它们。但是邦进一步强调说：

在这个岛上有什么不可以转让呢？况且，下家是不错的，比我靠得住，这不是你自己的感觉吗？那个协议可是你起草的。

邦躺到床上，用肩胛与腮夹着话筒，声音低缓：我是靠不住的。我累了。一个人靠我就耗了半条命……那东西是好，可咱玩不起。一玩真格的准砸。你最好也别玩……你怎么说我都行，我都认。别这样……我挺好，真的挺好……听你弹琴，什么就都过去了……还是那句话吧，如果不好，你随时来，绕几圈都行……

我明白了，仍然是一笔生意。但是，很奇怪，我并没感到有什么特别的不适，或许是那些词汇让我习以为常，的确是一笔生意而已。

邦好像在叫我，大约又有什么吩咐。其实那时我就在他门外的楼梯拐弯处，这个阴暗的角落却能看到他光洁的背影。

我没有进去。

我后来一个人去了白沙门。那时月亮刚刚升起，海面渐渐显现出木刻一般的波光。这个感觉十分好，平平静静，这种心境显然是姗姗来迟了。我就那么平平静静地站了很久。两年后，一位作家在中原郑州的一间屋子里，凭着三分经历三分想象和三分才气，搜肠刮肚，把这一切装进了整整70页的方格稿纸。在最后一个凌晨，蓬头垢面的作家把他写下的文字通读了一遍，然后将其命名为——

朗诵南方风景

附记

1992年4月9日，我离开合肥去了海南岛。两个月后，我放弃有关职业作家的全部待遇，开始自谋生路、自食其力。这种后来被习惯称作"下海"的行为使一些朋友替我担忧，因为在他们看来，我算得上一个正经的小说家，而且具有"探索精神"。这让我感动至今。那时我想，我会以自己的方式去完成一切。所以后来马原在拍《中国文学梦》时问我：如果让你再活一次，你还会选择当作家吗？回答是肯定的。我又说：

我只是做喜欢做的。对写作，喜欢，就足够了。

　　1995年9月间我开始有空回到书案，那种静夜于灯下写写画画的欲望重新燃起，仿佛暗示一个小说家的素质不曾丢失。10月13日，我抵达郑州，当夜想起欠《莽原》的稿子已拖下了一年之久。于是就有了这篇《朗诵南方风景》。

　　小说似乎就这么"一挥而就"了。

1995年10月　郑州

（原载《莽原》1996年第3期）

杀人的游戏

南洋画廊

靠近海甸溪的德胜沙路历来是一条嘈杂而肮脏的商业街。海南建省之前，德胜沙是海口市的主要街道。这里残存着从前南洋风格的一些老建筑，一些电影曾以此作过故事的背景。所以作家潘军一上岛，就注意到这条幽深的老街。他发现，这条街上没有一棵树。

1992年2月，德胜沙多了一家"南洋画廊"。艺术史上没有什么"南洋画"，这家画廊也不是南洋人开的，南洋是画廊老板的名字。画廊是静悄悄地开业的，连一挂鞭炮也没放。精明人南洋希望人们于不经意中发现它，造成一种历史悠久老字号的感觉。那年他33岁，处于人生功成名就的初级阶段，也是最莫名其妙的时期。人在这个年纪最好玩，南洋后来这样总结道。

南洋是1990年携同妻子唐小松上岛的，那时他们刚结婚。两人双双辞职，变卖了所有家当，除了钱就只带了一件东西：《红色或五月四日》，这是南洋的成名作。最初，南洋受聘于一家广告公司，唐小松在两家歌厅当客座歌手。唐小松是学大提琴的，攻室内乐。南洋认为这是最高雅、最纯的艺术。从前他在大陆看唐小松演出四重奏，就觉得那是四个聪明人在一起聊天。南洋希望唐小松在家专业练琴，闲时给自己当模特儿。可唐小松说，我可不想在你脸底下讨生活。这女人如果只靠着男人，日后肯定都成了祥林嫂。结果一试歌喉，竟收到了意外的效果。用南洋自己的话说，你出道比我早。一年下来，两人挣下了十几万，于是画廊的事就正式操办起来了。南洋原是学油画的，到了南方之后才突然想改国画，据说是受到了云的启发。类似的感受作家潘军也有。有一次他们去一个叫洋的地方，站在路边上撒尿，忽然间就看见了一块很大的云，自地平线上升起，越升越高，越逼越近，仿佛要吃人似的。他们把这次的感受称为恐怖之云，1995年，作家把它写进了一篇叫做《朗诵南方风景》的小说，那是一篇散淡而忧伤的文字。从这天起，南洋决定改作国画，他喜欢把墨调成层次倒在一块玻璃板上，然后用生宣纸按上去，就成了"恐怖之云"。南洋放弃油画的另一个原因，是他觉得油画没有前途。如果我有一个儿子，他这样对作家说，一不练足球，二不学油画。但是画家的妻子不同意这种说法。唐小松说，没有油画，我甚至可能不会嫁给他。南洋貌不惊人，个头又低，身上看不到常见的那种艺术家的气质，属于那种面熟却又总难记住的男人。这与他的作品受到的评价大相径庭。他的作品，用一位权威人士的话来说，是"现代眼光对古典情怀的透视"，是"形式感对诗意的锻炼"。

"南洋画廊"主要是出售一些世界名画的临摹品。南洋本人当然不会做这种"动物反刍"的活儿。他只挑选，然后把印刷品从画册上裁下来，标上放大尺寸，寄给他从前的一些学生，让他们干。过些日子，南洋便回大陆收购。尽管他出价不算低，但心里总有点剥削的感觉。他有一次对唐小松说，我好像是地主收租。唐小松说，这有什么？我不是每夜给资本家唱堂会吗？南洋往床上一躺，说：好好赚吧，等过了百把万，回老家买套公寓，安度晚年去。唐小松说现在就想几十年后的生活，太早了。南洋说我觉得现在就已经老了。唐小松笑了笑，没往心里去，可南洋又说：我老了。

红色·五月四日

几年前，作家潘军曾在北京看过南洋的油画，这幅148cm×120cm的人体作品让人流连忘返。作家曾在晚报上撰文称赞过这幅名为《红色或五月四日》的作品，说色彩的使用十分大胆，以红调子统治整个画面，好像不是在描画女人而是在烧冶女人。南洋这些年只画女人体，认为任何观念与景象都会在女人体上得到完美的表现。这也是最完美的境界，他说。那次现代人体艺术大展上，南洋以这幅《红色或五月四日》一举成名。国家美术馆曾想收藏这幅作品，但作者没有同意。令人困惑的是画的标题。红色不难懂,不懂的是五月四日,肯定不是为了纪念青年节的,那么是什么意思呢?对此,作者只是说,无非是一个日子吧。

1990年5月4日是南洋和唐小松首次做爱的日子。也是这幅油画开始创作的日子。那天晚上,大提琴手来到画家的画室,周围的人体写生让她激动而惶恐。她没有想到这些富有生气的画会出自毫无艺术气质的南洋之手,但她说的又是另一个话题。

你们当画家的,对女人身体没有神秘感,是这样吗?

不是。一般人只想到做爱,我们还发现了艺术。

你将从我身上看到什么?

都看到了。

于是男人便把灯熄了,把女人抱到铺着毛巾毯的地板上。地板很硬。女人问:你同几个女人这样过?男人说你之前有过两个。女人问:谁好?男人说你好。男人又说我不是迎合你,你确实非常好。女人说你也很棒,别忘了这个日子。男人说我不会忘,我会用我的方式强调它。

一个小时后他们又开始了另一种合作。南洋让赤裸的唐小松站到事先布置好的灯光下,足足看了一刻钟。他说你太美了,美得让我不知所措。说着就拿起五号油画笔直接用红色勾勒轮廓。女人和红色都让画家处于兴奋状态,他画得特别顺手。以后的情况大致就是这样,他们都是先做爱,后工作。等完成这幅画,两人便成了合法夫妻。南洋在画的右下角写下这样的字样:

赠给 XS,NY

唐小松很感动,问南洋:你以后还能画出这种水平吗?南洋吸完一支烟,才说:我想哭,我一点也不想画了,觉得自己一下给掏空了。唐小松说,我会帮你充实起来,我们可以不要孩子,这样我的形体就不会变化。

1993年底,南洋有一次同作家潘军说,他这辈子做的最蠢的一件事,就是不该以自己的妻子为模特儿,来画了这幅《红色或五月四日》。作家感到很吃惊,又一想,觉得很对。那时南洋显得十分沮丧,他说:其实在那一天,我就已经把她杀了。

贵妃之梦

这个早晨南洋从梦中醒来感到精疲力竭。他先去洗了澡,觉得自己身上有类似蛇褪皮的感受。他洗了很长时间。

南洋坐在晾台上,想努力回忆那个刚刚逝去的梦境。这是一个奇异的梦,一些女人体像树叶似的从树上飘下来,落在他这个男人的周围。南洋的梦境一贯与女人身体有关,都是很美的造型和很诗意的情节,而且历来他是不出场的——他一般只充当窥视者,藏在空气中观赏她们的表演。然而这次不同,他成了主角,成了花蕊。女人们围着南洋做一些苦苦挣扎的动作,又都嘻嘻哈哈。只有一个丰乳肥臀的女人面含怨容,搂着他。那女人说:我叫杨玉环,从华清池边来,我找你找了九九八十一天。南洋便很诧异:你不是李隆基的女人吗?那女人始才妖媚一笑,说:他不行,我就想做一回你的女人,你行。南洋又惊又兴奋,一使劲,感到自己身上发生了事。那个时候他当然还不明白贵妃之梦的意味深长。

后来南洋翻了一些弗洛伊德的书,又看了达利的画册,觉得很有趣。他又找到作家潘军,耐心地叙述了梦中的每一个细节。作家很欣赏这个梦,但所讲述的则是一部法国电影《去年在马里昂巴》,那是一部作家参与执导的影片,剧中的男人一口咬定和那个女人有约。这不奇怪,南洋说,奇怪的是那个女人居然相信了。

从这一天起,南洋有了冲动,他想作一幅关于杨贵妃的画,名字便借助了白乐天的《长恨歌》。"回头一笑百媚生,六宫粉黛无颜色",这句子他还记得。"入宫"、"出浴"、"醉酒"、"马嵬坡赐死"、"长生殿幽会",这些都是不朽的杨玉环。南洋曾去过洛阳龙门石窟,对面隔河相望的是香山,白乐天就埋在那里,那的确是个好地方,让人不舒服的是那上面有一块绿草坪,那天恰好有一男一女在打网球,而且女的还把短裤给挣破了。

磨刀石

作为画廊老板,南洋挥不去那种剥削人的感觉;但作为画家,他又被女人体剥削着。南洋双份地占有着女人，回报自然是加倍地做她们的奴隶。总有一天我会死在她们身上，他时常这么想。女人是一块磨刀石。而他是唯一的一把刀，这把刀已磨了十几年，自然锋利无比。婚后的画家每周都要以妻子为模特儿进行作业，他发现自己不知不觉地养成了职业的依赖性，就像女人在床上时那样依赖他。这是双向的劳资关系，南洋开玩笑说，但说的又恰恰是事实。这个关系一直保持到他们上岛的最初两年。

南洋在晾台上伸展了几下身体，仍感到不舒服。这个早晨想的事太多了，思绪又那么乱。到南方来这几年疲于奔命，总算有了这么个画廊，一日不去心里便不踏实。南洋像往常那样先准备好早餐，匆匆吃完，把留给妻子的那份放好，看看表，时候已不早了。他正准备出门，听见电话响了，有些不悦，怕吵醒了卧室里的妻子。可是唐小松已在里面对着分机说话了：喂？哪位？哦……您怎么知道我家里电话的？

南洋还是骑着摩托离开了。车一拐进德胜沙，南洋就有些烦躁。这鸟地方又破又脏可生意又他妈特别好。那个年月正是一夜间冒出一百个暴发户的时候。有钱人舍得把钱往所谓艺术上砸。有钱人最怕的是让人说没教养、趣味低下。没见那些老板影星歌星对小报记者说么，他们爱好的是文学和艺术，其实十有八九是扯淡。有钱人不懂艺术，但往往是艺术品的占有者。文森特·凡·高的《鸢尾花》在所兹比拍卖行以5390万美金的价位售出，而凡·高本人却拿不到一分钱，他生前是那么穷困潦倒。如果凡·高还活着，他还是照样拿不到一分钱。然而这种悲哀的事却被看做是惊世骇俗。南洋一想到钱，就觉得这东西太硬了。

南洋的画室在画廊的楼上，一间大约40平米的屋子，开着两扇窗。除了临街的嘈杂，画家对自己的工作间还是比较满意。他没有作过多的布置，只是挂了那幅《红色或五月四日》。这个上午南洋没有下楼，就坐在这幅画面前吸烟。画中的人物五官不是唐小松的，唐小松奉献的只是身体。南洋和有些男人不同之处在于，那些男人是通过女人的脸去猜想她们的身体，而他恰恰相反，他看重的只是身体。这幅画整整画了600个小时，每一个细节至今都很鲜活。南洋发现，女人在做爱后会更美。南洋不习惯白天做爱，有一种光天化日之下的感觉。这种心理使他身体紧张，精力分散，而且还常常想到陈腐的海鲜味。唐小松很不舒服，唐小松说你是不是该用点什么鞭了？南洋没吱声。南洋心里埋怨：谁让你晚上没空呢？那时他就想到，这样下去将是一个问题。后来南洋又想到黎明前的那个梦境，便给一个朋友去了电话，那个人就是作家潘军。

天鹅之死

　　1990年2月的一个雨后的黄昏，青年画家南洋在河边散步，突然听到了一支动人的大提琴旋律，这便是圣-桑的《天鹅》。

　　《天鹅》是圣-桑的大提琴协奏曲《动物狂欢节》的第13乐章。在西方人眼里，13不是一个吉祥的数字，但这部乐曲的第13乐章则成了圣-桑的代表作，音乐的经典。这是近100年前的事了。据说圣却桑这位马台雷尼教堂的著名管风琴师，在离开教堂和尼德梅耶尔音乐学院之后，去了尼罗河的东岸。几天后，《天鹅》的旋律从一个小木屋正方形的窗口传出⋯⋯

　　那时南洋就站在窗下，但这个窗口是圆形的。出现在青年画家眼中的是两个女人的背影，一个是省歌舞团的大提琴演奏员唐小松，另一个是她怀里的大提琴——发明这种乐器的洋人一定是受东方女人的胴体启发的。在他们认识并迅速成为好友之后，有一次画家说：你的工作好像是在搞同性恋。唐小松吓了一跳。画家又说：同性恋也是文化。不过我还是希望你能嫁给我，就算是癞蛤蟆尝到了天鹅肉吧。结果这一天就来了。这一天是1990年5月4日，一个红色的夜晚。

　　当唐小松脱下最后的衣服时，南洋有些慌乱。他知道自己是交桃花运了，遇见了真正的美人。唐小松那时还没有真正接触过男人。她曾经和一个很远的表哥有过初识云雨的经验，但很快就完事了。她有一种恶心的感觉，这使她非常失望，好像是打开一只层层包装的盒子，最后发现里面不过是一只简单的发夹，可要可不要。她的好奇心像灯一样熄灭，但也没有什么长夜难熬的寂寞了。几年后，一个貌不惊人的画家重新点燃了这盏灯。那时唐小松就觉得奇怪了，同样是男人，差别居然如此之大。南洋显然很有经验，挠到的都是痒处，就如作画那样，笔到意到，直至彻底将她摧毁。唐小松离不开这个男人，她希望他身体健康、精力充沛。男人说，你是我的老板。女人说：我不会炒你，永远不会。

白天的做爱失败后，南洋有些压力。他希望妻子不要再出去唱歌，尽管她的歌是越唱越红。唐小松的音色有些特别，属于女中音，和大提琴的音色很接近。这个女人与大提琴总有缘。南洋有一天对妻子说，算了，晚上别出门了。妻子一边化妆一边说：我好不容易才火起来，现在退隐岂不是太吃亏了？南洋就没再吱声。这是什么地方？海南岛！各人头上一方天，谁靠谁呀。

　　这天晚上，唐小松回来很早，因为有一家歌厅停电。她看见丈夫在卧室里心事重重地走来走去，以为是今天画廊的生意不好，就问：出什么事了？南洋还在想黎明前的事，没说话，只对妻子摆摆手。唐小松又问：那你这副鬼样子干什么？让人看了烦不烦？南洋有点不高兴地回了句：我不是专门做给你看的。我也没想到你今天会回来这么早。唐小松一下给噎住了，把鞋一甩：嫌我碍事，那好，我洗了澡就走，晚上不回来了。说完便去了洗澡间。南洋走到晾台上吸烟，觉得自己被那个梦弄糊涂了。夫妻俩好不容易有了这么一个漫长的夜晚。结果弄成这样。他吸完烟，听见洗澡间里没有水响了，就过去轻轻把门推开。唐小松一愣，本能地抱住自己水渍未干的裸体。南洋说：把手放下来，让我好好看看。唐小松怒气未消地把门一关：去你妈的！

　　等唐小松穿好衣出来，南洋已经不在屋里了。这时候电话响了，唐小松想了想，没去接。她没有出去，在晾台上坐了很久。后来她拉起了《天鹅之死》，但她不知道，那个时候，南洋就在楼下的树影里。

国画女人

　　那个时期，画家南洋正潜心琢磨着以中国画来表现人体的方法。他研究了蒋兆和、黄胄、范曾、王子武、刘文西，以及卢沉、周思聪夫妇等人物画家的作品。但以上这些画家的共同点，是所画的人物都穿衣服，他们几乎不画人体。中国画的表现力用于人体受到了局限。历史上能称作大师的国画家，很少是画人物的。吴道子好像是个例外，但他的贡献是在用线上。南洋想大胆地引进一些西画的技巧，不仅仅是在素描关系和色彩的变化上。他要寻找新的笔触和造型手段，获得鲜活的感觉。中国画的写意中，有一种称作没骨的技法，南洋琢磨的就是这种，以色代墨，隐去线条。当然，这条路很不好走。

　　唐小松仍然不赞成丈夫的主张，多次劝丈夫回到油画上去。没有油画你能有今天吗？她说。南洋说，我在油画上只能达到这个境界，那些大师横在前面，迈不过去的。唐小松说，你这人现在怎么变得越来越钻牛角尖呢？南洋想，这怎么是钻牛角尖呢？我不钻这个还能钻什么？唐小松断言，这么下去，南洋不仅永无出头之日而且还会把过去积攒的老本全垫进去。

　　那些日子两口子有点僵。以前一过晚上11点，南洋的摩托车就在歌厅外面停下了，等唐小松完了，两人就骑车兜上一圈，兴致好时还去海甸岛那边的白沙门海滨看看，然后去吃大排档。现在唐小松不让丈夫去接了，说打的一个月花不了多少钱。其实南洋心里清楚，唐小松几乎都是搭一些公司老板的车回家，回来的时间也一天天地晚下去。南洋不想点破，觉得男人成天操心这种事很无聊。他只要求妻子在家里时把BP机关掉。他讨厌那小东西。那天晚上南洋在楼下树影中听完唐小松拉的《天鹅之死》后，产生了莫名的感伤。他没有回家而是骑车去了德胜沙。在街口，南洋遇上了一个很漂亮的小姐。

　　先生，现在几点了？

　　我没有戴表。

　　你怎么这样面熟呀？

　　这话应该我说。我还应该说你是不是拍过电视。

　　我不是开玩笑，先生。你和我家乡的那个男人长得太像了，连痣都长得一样。

　　别绕了，什么价？

　　这个嘛……低于五百不谈。

　　五百？你那玩意镶金边的？

　　南洋就离开了。回到画室，南洋光着膀子对墙上那幅《红色或五月四日》，足足看了半个钟点，不禁叹了口气。无论是作为丈夫的妻子还是画家的模特儿，唐小松给南洋的印象都完全变化了。当南洋目击妻子胴体的那一瞬，他像被一颗小口径子弹射中了。他惊讶，然后感叹。他从这个身体上居然找不到一点从前的记忆。时间真是个怪物。

　　画家在这个夏夜心烦意乱。后来他铺上宣纸，竭力想把梦中的那个女人凭记忆画出来。我现在只剩下一个女人了,他想,我得紧紧抓住她。南洋用淡墨调上朱砂,挥洒了几笔,与梦相距太远了。他很懊丧。他又想起刚才在街口遇上的那个小姐,多少有点后悔的意思。要是把她带上来,这会儿正是来劲的时刻。结果这个晚上,画家给国画女人一口一口地吃掉了。国画女人的魅力在于,你永远无法真正占有她,而她却无处不在。这是半年后画家的总结。

少女白果

少女白果走进画家南洋的个人生活是那年秋天的事。作家潘军说:南方没有秋天。海南岛地处北纬20度,阳光直射,一年有近十个月的日子是穿衬衫。所以在南方谈起秋天,总带有一点象征的意味。对于画家南洋来说,秋天不是缅怀,而是向往。他和唐小松是在秋天里结的婚,尽管她老埋怨这个季节不好。

那个上午,南洋刚进画廊,就看见一个女孩在挑画,是文森特·凡·高的《星空》。女孩看上去正是含苞欲放的年纪。从侧面看,她还很漂亮,而且皮肤白皙。这个女孩就是白果。南洋后来对作家潘军说,我喜欢叫她少女白果。少女与年纪无关。一些女人到了更年期仍幻想着与一个小伙子在悬铃木后面接吻,说明她还是少女。南洋说少女是一种情怀。作家同意了这一观点,三年后将它写进了一个短篇。

少女白果显然不满意这幅临摹品,想换一幅。可员工说,他们一般只有一幅,等卖出去了再补。少女就感叹了,说凡·高的画主要是看笔触,像刀砍下去一样有力,错落有致,你们只是往色彩上靠。南洋有点意外,就说:你明天再来。当天下午,南洋把调色板刮干净,自己动手临摹了一幅《星空》。他还是头回这么做。说来也怪,那个女孩的简单几句话对他很安慰。第二天黄昏前,白果来了。南洋就领她上楼,当时《星空》还在画架上,没有装框。白果仔细看了画,又侧过脸去看南洋:是你画的?南洋就笑了笑。白果说谢谢你,我出双倍的价。南洋说:你出画框的价就行了,这算我送你的。他们就这样认识了。南洋知道这个叫白果的女孩很喜欢美术,也写过诗。他想留她多坐一会儿,一起聊聊,就去楼下拿矿泉水。那时南洋想,像这样的女孩,这岛上还真不多。

南洋上楼时看见白果正立在窗边,专心地在看那幅《红色或五月四日》。这时候夕阳自窗口透入,穿过了白果的裙装,她的身体轮廓非常清楚。南洋迟疑了片刻,接下来就愣住了——这个身体竟然从梦中走出来了。

　　少女白果知道画家在门边观察自己,但她肯定不知道自己"穿帮"了。所以当南洋递给她矿泉水时,她只说:她很美。是你妻子吗?南洋坦率地说:身体是我妻子。白果又说:她的确很美。

　　当晚南洋就去了作家潘军那里,兴致勃勃地同他谈起了这次神奇的邂逅。不可思议,南洋说,她完全就是那个杨贵妃,尤其是腹部的弧度。作家却说,这好像是个骗局。不是她骗了你,就是你骗了我,或者自欺欺人。南洋就笑了,说一切是千真万确,如果是想泡她,压根儿不需要装什么绅士,更不要找一个好听的借口。总之,这个晚上画家是很得意的。于是作家就鼓励他去试试深浅。这一说,南洋的笑容就消失了。他估计这事成不了。那么好的一个姑娘凭什么光着身子让你画?

　　索性没有白果的出现,南洋也就认了,走另一条路去画《长恨歌》。而现在白果就在身边,一个电话就可以去喝茶的,他无法摆脱活人的诱惑。在不久之后的一个夜晚,南洋在电话里向白果暗示了这个意思,但被对方委婉而礼貌地拒绝了。有一天,南洋在来画廊的路上碰上了一次不大的交通事故,他险些给一辆宝马车撞坏。车主是东北人王超,所开的"东北老乡"酒店在海口一直很火,南洋同他有点头之交。王超很不好意思,想送南洋去医院查一下。南洋说没什么,活动了一下筋骨。但在这时,他看见车上还坐着另一个人,这人就是少女白果。南洋很困惑,为什么白果不下车来打个招呼呢?

沮丧的日子

　　南洋被车撞的第五天头上,唐小松接到南京父母家中的电话:父亲得了疑难病症,母亲和兄嫂都希望她回去一趟。南洋交给唐小松一叠钱,让她买点东西给岳父。可唐小松没有要。我自己有,她说,我看以后在经济上还是分开吧。南洋很吃惊:为什么?唐小松说,你不是很崇尚美国吗?美国人就是这么搞的。南洋说,经济上分开那还算什么家呢?唐小松说，家不家的其实不就是一张床吗？南洋就没有再做声，细一想，这话也对。

那些日子画廊的生意不好。宏观调控了，房地产成了空中花园。房子都卖不出去，谁还来买什么世界名画呢？可是南洋手头正缺一笔钱。他发现自己完全离不开模特儿了，就整天钻酒店和歌舞厅，去找那些坐台小姐。这些女人是肯干的，只要付钱。这天南洋就带回了一位。女人一进画室就问：怎么连床都没有？南洋说：我不碰你，只要你把衣服脱了，按我的要求摆个姿式，我照样付你钱。女人说：这多不开心呀，太累。南洋说，我可以多付。女人问：包我一晚你肯出多少？南洋说，我一般不占用你晚上的时间。我下午包你，从三点到六点，如何？女人就做了一个很腼腆的表情，说：其实我下午的时间也是蛮宝贵的。先生你出个价吧。南洋说：每小时一百。女人做出吃惊的样子：一下午才挣三百？不干。南洋说那就四百吧，比打炮还贵。女人想了想又说：加个八吧，大家都图个吉利。南洋有点不耐烦，说：你快脱吧。女人问：你怎么不脱？南洋说我干吗要脱呢？我只看你。女人就磨磨蹭蹭地边脱衣服边嘀咕：一个人脱，多不好意思。这女人完全脱光后，南洋首先便被那一对乳房打倒了。那乳房像小孩脑袋似的左顾右盼，无论从哪个角度看，都让人分心。画家于是掏出二百块钱，让她走人了。女人出门时留下一句话：你这人能当政委。

类似的事故还发生了几起，画家还是不能如愿。他想自己如果是皇帝就好了，可以选任何女人而且还不需要付钱。画家为"选妃"花去了好几千块，但这个数目他没放在心上。伤他筋骨的是另一件事。

那天夜里，南洋在画室里翻阅有关唐代服饰的资料，忽然嗅到一股浓烈的焦糊味。他下楼一看，画廊已经着火了！当时两名员工去看录像了，走时忘了关电扇和烧水的电炉，肯定是什么易燃的东西吹到了炉子上。南洋发现时，火势已蔓延到堆放的油画，越烧越猛。而外面还以为是在开家庭舞会。南洋自然很慌，但手脚没有乱。他重新回到楼上画室里，抱着那幅油画从窗户跳到别人的房顶上，然后去街对面打119。德胜沙街本来就窄，加上那时正值夜生活的高峰期，等消防车挤进来，一楼该烧的差不多都烧了。幸好这小楼是预制件结构，否则后果更糟。

这次火灾导致了画廊的停业整顿，并处以很重的罚款。房东是当地土著，还算好讲话。见画家落到这步田地，也没多啰嗦，只要求"简单地恢复"一下。其实这"简单地恢复"不比重盖一座房省多少。这么一折腾，南洋的底子基本上空了，第二个月开始时他便改抽希尔顿。

南洋没有把这件事告诉在大陆的唐小松。

意外的电话

南洋是一个性格内向甚至有点孤僻的男人，从来不招摇。当初唐小松嫁他，这一点是起关键作用的。唐小松是明白人，她知道任何女人都不会拥有一千个花前月下的日子。而且既然是嫁人，总不希望有临时搭伴的想法。在她眼里，南洋是个有安全感的丈夫。这或许与他的职业有关。南洋在美院工作时，几乎每天都要在光着身子的女模特儿面前走来走去，日子一久，他那根神经可能就麻木了。南洋还是个腼腆的男人，有一次联欢会上，有人问他最怕什么？他吱唔半天才说：最怕在澡堂里碰上熟人。

上岛后南洋还是深居简出，朋友很有限。除了作画，他最大的乐趣是同朋友聊天。一般都是他去别人那里，因为引到家中来，唐小松就非得参与不可，东一句西一句地插话，搞得他很紧张。现在唐小松回大陆了，画廊又关了门，他想请几个朋友来家中聚聚，这其中自然有作家潘军。南洋正准备打电话，但电话已先响了。他拿起话筒，说话的是一个女人，操东北口音，她说自己是拍卖市场的。南洋说，我不认识你。女人说他们近期要搞一次名家书画拍卖，想征求南洋的那幅《红色或五月四日》。南洋问：你怎么知道我的电话的？女人说得有点含糊，然后就笑了。南洋没有考虑卖画的问题，出于好奇心，他就问：底价多少？那女人说：不低于五万，你拿七成，至少有三万五吧。南洋问：是美金吗？电话里的女人就又笑了。南洋很礼貌地回绝了对方，然后很自然地想到一条成语：趁火打劫。

后来南洋就去了潘军那里，进门就说到这个电话的事。我当然很意外，南洋说，我他妈的又不是吴冠中，有什么好拍卖的？作家说这无疑是个意外的电话，结论是有人盯这幅画已经盯了很久。这一说，南洋便不响了。两人谈到吃晚饭的时候，便上了街。刚拐到正路上，就遇上了

"东北老乡"老板王超的宝马车。南洋一下心沉，他好像有某种预感，遇上这辆车没准儿就会有大麻烦。上回碰了一下，结果画廊给烧了。但是王超的车已经停下了。王超见面就问南洋：画廊咋整的？南洋只是笑笑。到了吃饭的时候，遇上开酒店的朋友，没啥说的，于是就去了"东北老乡"。这顿饭是在包厢里吃的，王超本人也在。那时王超正在筹划从越南进口一批椰子，据说卖给厂家一个椰子能赚五毛。但今晚没有多谈生意。王超虽是工科出身，可在艺术上趣味也很不低。他说潘军的《风》让他想起奥立弗·斯通的《刺杀肯尼迪》，而且惊异这种同一时间不同空间、不同文化背景、不同艺术形式的默契。这说明人类的感觉是共同的，王超说。南洋似乎一句也没听进去，他在想那个叫白果的女孩。他想提起她，又觉得未免有些唐突。酒过三巡，三人的话渐渐多起来。这时王超又把话头给掐了，顺手拿起一张光盘放进唱机里，几秒钟后便响起了大提琴曲《天鹅》。

从"东北老乡"回来，南洋又去了画室。一楼的画廊里好像还散发着焦糊味。南洋重新铺开一些资料，用枯墨勾勒着记忆中的人体造型。画了几笔，他又回头去看看那个窗口。那天黄昏少女白果就站在那个位置上。南洋叹息了一声，想无论如何这幅《长恨歌》是画定了。他对画面的形式感已有了一些满意的考虑，比如背景就用拓片形式把白乐天的诗文残缺不齐地弄上去，造成一种出土的感觉，与新技法塑造的人体形成对比。南洋想，现在什么都不缺了，就缺少女白果。

事情往往就这么巧。第二天早上，南洋躺在床上便接到了白果的电话。白果想约画家谈一件事。南洋问什么事？白果说见面再讲吧。白果又说：与你的画有关。

与画有关

第二天晚上他们就见面了。隔几十天不见，这个白果好像突然长大了，女人味十足。南洋脑子里掠过一个念头，但他没用语言表达出来。而且南洋又发现，白果做过美容了，至少是把单眼皮变成了双眼皮。南洋觉得这样不太好，本来是个清清纯纯天然去雕饰的女孩子，现在多少有点像娘们儿了。单眼皮有什么关系呢？南洋想，单眼皮还有一种神秘感呢。南洋只看重形体，这当然是职业眼光。即使作为男人，看重的也绝不是这个。比眼皮重要的东西太多了，比如皮肤——不仅仅是个白的问题，更要紧的是细腻圆润。好女人的皮肤摸起来像玉一样，冰凉冰凉的有弹性。再比如性。性是个奇怪的东西，肯定各人的条件都不一样。现在离婚率越来越高，而离婚的理由大都是"性格不和"。这其实是扯淡，本质的东西是床上不和。（所以唐小松关于床的理论他是同意的。）南洋的思路这么蹚下去，好像眼下要讨论的是另一个问题，与画无关了。

我想，白果说，我可以做你的模特儿。

南洋吃了一惊。他根本没有想到白果一上来就把这层纸给捅破了。他竟然无言以对。

你现在还有这个心思吗？白果说。

南洋看了看白果，就说：你让我感到意外。你好像总让我意外。画家的脸上起了感激之情，但白果接下来的一句话令他更为惊讶——我需要用这幅《红色或五月四日》作交换条件，白果说，我不要临摹品，要原作。南洋想都不想地说：这不可以。白果就叹了口气：看来我还是太自信了。南洋问：你偏要这幅？为什么？白果说：我喜欢，就像你喜欢我的形体一样。

谈判没有成功。

南洋为此很苦恼，一连几日都失眠，而且又都在黎明时，两个女人的身体轮番进入他的梦境。他抱住她们，分别同她们做爱，不想丢弃任何一个。醒来之后，南洋发现并没有什么实质性的东西，似乎又放松了。南洋没有把白果找他的事告诉任何人。

1996年，当南洋和作家潘军同船而渡重返大陆时，他才将这桩尘封三年的故事袒露出来。那时候，他这样说，我实际上是在玩杀人的游戏。这一天恰好是5月4日。

画家南洋在那一年的秋天陷入困顿。秋天来了，他没有觉察到。后来他说，直到一个光着身子的女人连打三个喷嚏后，他才相信，秋天果然来了。这个女人便是白果。

在第一次谈判破裂后的第五天黄昏，南洋给白果去了电话，说：接受你的条件了。白果在电话里一时无话，南洋就问：你怎么了？白果说，没什么，我们是不是马上动手？南洋说一周后你来，我有件事先要办。

重现的影像

我没有当一个男人的面脱过衣服,你信吗?白果这样说。

南洋说,你不要强调这个。我们是有条件的,也有君子协定,我没有想去做绘画以外的事。

你一点都不重视我。

你错了,我几乎是在拿命重视你。

我的身体真是很美吗?

是的,它很美。

但我还是觉得你不重视我。

你让我怎么重视,做爱吗?你是不是还想说你是处女?

白果一下就哭了,哭得很伤心。南洋递给她一条毛巾毯,不想多说什么。他今天的脾气很大,因为这之前刚刚完成的一件事让他心灰意懒。他失去了往日作画时那种应有的冲动,找不到感觉。

我这是在干什么?他问自己,和她睡觉吗?如果只是为了睡她,那么这个代价就太大了。可是白果已经靠在他怀里了。南洋掐灭烟,又顺手将灯熄了,他迅速将白果放倒,好像是报仇似的压到她身上,做他该做的一切。白果一直不吱声,十几分钟之后突然将男人死死抱住,又哭又叫:你杀我,你在杀我!你杀吧……

完事之后,南洋还躺在地板上。屋子黑黑的,他只能看到白果的一排牙齿。杀?他想,谁杀谁呀?然后就叹了一口气。白果挪到画家边上,说:这样也好,免得我以后同你合作时心理有负担,也免得你分心。南洋说我不会分心,你把我想成一个妇科医生就可以了。白果说你今天好像是存心同我过不去,我哪点对不起你,你说?一切都是事先的约定,是你让我来的。南洋不吱声了,觉得这女孩的话没错,自己不该把气撒到她身上。南洋在黑暗中笑了一下,就问:我怎么样?白果说,比我想象得要好。南洋就坐起来:你来时就做了睡的准备?白果说,能不做吗?我反正是豁出去了,也算是为艺术献身吧。我们干吧。南洋故意问:你还不够?白果捶了他一下,自己去把灯开了。等她转过身来,南洋便很吃惊了,看来女人在做爱之后就是很美!这一刹那他想起了唐小松,想起了两年前另一个似曾相识的夜晚，他的心越发往下沉了。

南洋布置好一切，走近白果很温柔地拿着她的手说：谢谢你。白果一下就落泪了。白果说，你别这么讲，我们是有条件的。

他们的合作很默契。

仿佛是一个轮回，每次他们都是先做爱、后工作。白果精力充沛，而且身体的技巧很好。这时候南洋就想起一位朋友说的话，现在看女孩子，必须增加十岁，别以为她们什么都不懂，他们甚至比我们懂得还多。那时画家想，要离开这个女人，将是一件困难的事。她对我是不是也这样？唐小松说我不行，我现在不是很行吗？女人什么都可以弄虚作假，唯独身体的语言不能。和白果在一起的日子多了，那件懊丧的事对画家的打击力便自然减弱了。画家在南方这个虚伪的秋天里竟然有点春风得意了。与此同时，《长恨歌》的创作进展也出乎意料地顺利。白果毕竟是一个悟性很好的女孩子，她的种种暗示给画家以激情和启发。时至今日，南洋对那一段岛上时光仍很留恋，他对作家潘军说：白果是个好女孩，但我不认为她是少女了。潘军说：我们以往的失败，就在于轻敌呀！

可疑的诺曼底

这天南洋下楼去买香烟和饮料，返回的时候正好看见白果披着毛巾毯背着身子在打电话。她的背影让画家感到很神秘，他就迟疑地站在门边。南洋只听到了这么一句：

我已经完成了诺曼底登陆。

南洋觉得有点奇怪。从白果的语气看，她似乎是在向什么人汇报，语气坚定而自信。等白果放下电话，南洋便咳嗽了一声，做出刚上楼来的样子，把矿泉水和可乐递给她。白果仍然有些吃惊，说：你吓死我了。南洋说，是你吓了我。白果脸一下就红了，问：我怎么吓你了？南洋说你的神情让我吃惊。白果很勉强地笑了笑，说：我一丝不挂呢。南洋就问：这屋子里难道还有第三个人？南洋始终没有提电话的事。他后来就一个人琢磨起"诺曼底"来。诺曼底可以说是战争转折的代用语，那么，他和白果之间的事也算是一场战争吗？男人和女人倒也可以称作敌对的双方，做爱的时候难道不是你死我活吗？

两个人的情绪都有点别扭。南洋说，今天不作画了，只做爱。白果的身体往后一退：你又吓我？南洋说：你不愿意？你不是口口声声让我杀了你吗？说着就开始脱衣，白果说：我不愿意！南洋一把就将女人搂到怀里，开始吻她的颈项。白果挣扎着但没能抵挡得住，就范了。等一切干净之后，她有气无力地闭着眼说：这回最好。

　　南洋坐在一边吸烟。诺曼底？白果的诺曼底不就是为了那幅画吗？照电话的语气，她显然是为别人这么做的。那个人又是谁？那个人凭什么非要这幅画不可呢？那个人可能就是拍卖市场的吧？按他们所出的底价，即使这幅画拍出去，拍卖市场得到的也不过区区几万块钱，犯得着下这么大的功夫？还有，白果本人又能得到什么？他想不明白了。但有一点他决心已下，尽快完成这幅《长恨歌》，和白果脱钩。他越来越觉得这个叫白果的女孩很不简单。

　　按当初的口头协议，模特儿白果必须在画家南洋基本完成人体造型后，才能得到《红色或五月四日》。现在南洋决定提前把这幅画给她。这些日子和白果在一起，南洋就已经把它取下来了，并用布扎扎实实地包藏起来。他害怕这幅画，好像他和另一个女人正在做爱，唐小松突然出现在床边。

　　这画你先拿去吧。南洋说。

　　这恐怕不好吧，白果说，我们有协议。

　　迟早是归你的，拿去吧。

　　不，我现在不拿。

　　如要你不拿，可能明天我就把它烧了。

　　你怎么了？

　　别惹我，要不我又想了。

　　想呗。

　　你不告我强奸了？

　　想，可人家可能不信。

　　你不简单。你是个妖精。

　　那你是什么？

　　我是个笨蛋。

与妖共舞

唐小松自从回南京之后，一般一周同南洋联系一次。电话都是打到家里，差不多都是在晚上十点左右。两人在电话里也没有多少话讲。南洋有了一种做了百年夫妻的感觉。这天南洋接到电话比平时晚了两小时，他已经睡下了，电话把他拖起来，他不以为是唐小松。这次电话有点意外，唐小松开口就问：你想不想我呀？南洋说，一躺到床上就想了。唐小松停顿了一下，又问：这些日子你忙什么了？南洋避实就虚：瞎忙。唐小松接下来问：你现在做什么？南洋说睡觉呀，广义的睡觉。唐小松又停顿了一下，说：我怎么觉得你床上有人呢？南洋说：你要不要同她说话？唐小松说：你连喊三声"我爱你"。南洋就坐好，抬好嗓门说——

我爱你　我爱你　我爱你

电话到此就结束了。南洋自嘲地摇摇头，觉得自己是有点堕落的意思了。活到这份儿上，人生就显得特别长。前一天中午，他和白果去海口宾馆吃饭，进门就碰上了一个"科学相面"者，颇有术士之风。术士说南洋至少要活到86岁，南洋吓了一跳：还要活那么久吗？术士便噎住了。南洋给了他50块钱，贴近他的耳边问了一句话。术士就打量了一下远处的白果，说：南山之鸟。画家便赶快离开了。后来白果问他，老头同你说什么了？南洋说，他说你不能生孩子。白果说那不更好吗？南洋说不，我倒真想你给我生一个儿子。白果说，你干吗不去找唐小松生？南洋说她一结婚就上环了。白果说上了就不能取吗？这又不是高科技。这个晚上南洋后来就去想关于生孩子的问题了。他觉得最聪明的科学家也人工造不出一个孩子来，但最笨的人随便一弄孩子就出来了。世界就是这样让人欢喜让人忧。

两天后，唐小松回来了。当时南洋正在画室里作画，正在兴头上，门突然给钥匙捅开，唐小松出现在门边。南洋倒不觉得有什么，不自然的是白果，赶紧穿上睡袍，头不敢抬。而这时唐小松已经说话了：

我好像在哪里见过你。

白果还是低着头，不吱声，样子很令人同情。南洋给唐小松递矿泉水，她没有接，把钥匙环在食指上转了一下，对丈夫说：我晚上不在家吃饭，你们接着忙吧。就离开了。南洋再看白果，发现她的脸色很不好，就问：你怎么了？白果说：我有点儿冷。

两人下午的活儿到此就算干完了。白果心理上有负担，这很正常。不正常的是她离开时说的话。她正视着画家的脸问道：你说我是妖精，那你老婆是个什么？

画家一时找不到认为恰当的词。

白果又问：你现在还敢同我做爱吗？你肯定不敢，可是我敢。我甚至可以当着她唐小松的面同你做！

南洋火了，说你怎么可以恨她呢？这不完全反了吗？

白果就笑了一下：是不是因为我睡了她男人？

南洋说，你真是个妖精。

白果说，你老婆也是。

这件事发生后白果就从南洋视野中彻底消失了。几个月后，画家去三亚鹿回头疗养，一个偶然的机会使他获得了关于这个年龄不详的女人的消息。那夜南洋在洗澡间泡了很久，然后他对着那面大镜子说：你是一个十足的笨蛋。再以后他就变成了一只鸟——那已不是南山之鸟了。

颜料未干

从前的大提琴手唐小松在外面住了两天后，于第三天的傍晚回到了家里，但她没有带回随身的行李，这显然是一种暗示。唐小松动手做了晚餐，然后又刷了碗，好像把该做的都做了。

饭后，夫妻俩对面而坐，沉默了好久。这种气氛布起来，南洋心里就大致有了谱。唐小松点上一支绿摩尔，说：南洋，我们离吧。南洋心里还是顿了一下。为什么？他这样问了几遍。唐小松很从容地说：我们都不是从前的那个样子了，再守在一起，也没多大的意思。南洋就问：到底发生什么事了？唐小松抬眼看了看丈夫说：难道非得弄出人命来才算有事吗？南洋便叹了口气。

唐小松站起来，每个屋子都走了走，表情显出一点感伤。她看着现在挂到卧室里的那幅油画说：我什么都不要，只要这画。我喜欢红色，也忘不掉那个日子。

我忘了？

我不知道。

画廊失火，我就……

你是不是想说，你就抢出了这幅画？那我可真要好好谢你了。

你真想离吗？

唐小松背过身停了片刻，说：刚下的决心，五秒钟前。你知道为什么吗？

南洋不吱声了。

唐小松问：诺言是不是很重要？

南洋说：当然。

唐小松说：那就请你不要怪我了，因为我这样做，也是为了履行一个诺言。

1993年12月，一个可以穿西装的日子，南洋和唐小松在海口市办理了协议离婚手续。协议书关于财产分割的条款是这样表述的——

双方婚前财产归各自所有，婚后的财产全部属于男方。

承办人为了慎重起见，进一步询问女方当事人：婚后财产全部属于男方？

唐小松回答：是的，全部。

从前的大提琴手没有摘走卧室里的那幅油画，原因是她担心这幅画至今颜料未干。

唐小松留给从前的丈夫的最后一句话是：

世界上没有两片同样的树叶。

杀人的游戏

一个手持弓箭的男人，在几百年乃至几千年前的一天，追赶一头跛鹿。他把它逼上悬崖，正待张弓，那鹿忽然回过头来，变成了一个漂亮的姑娘。他们做了夫妻。他们从前相遇的地方，现在叫鹿回头，是三亚市著名的景点。1994年春节后的一个细雨迷蒙的下午，两个大陆人到达了这里。

那时南洋才离婚两个多月，忧伤像身影一样追随着他。家庭的失去时常让他惶恐不安，他对陪他出来散心的作家潘军说：我像是走在云上。这两个男人在鹿回头玩得很久，最后的话题又回到那个久远的民间传说上。画家发现这是个可疑的传说，充满矛盾。比如说，面对一个手持武器的男人，那头鹿该不该回过头来？回头是意味着征服还意味着投降？再比如，那头鹿幻变为女人是圈套还是计谋？还有，幻变为女人的鹿还属于不属于猎物？作家没有正面回答这些问题，而是很武断地指出：这头鹿在回头之前就已经被射中，因为它是头母鹿。但是，这仍不失为一个美丽的传说。

美丽的传说一般都是杀人的游戏，画家这样总结道，至少包含了这个意思。这个晚上他们谈得很迟。画家说，我从事的，就是个危险的职业，杀人的游戏。我的刀是我的才华。我用同样一把刀分别杀死了两个女人，而她们都是好女人。作家沉默着。作家似乎有些厌倦这些疯言疯语。他觉得南洋不该说这种与身份性格不太贴切的话语。那是个春意很浓的晚上，是南方最好的季节，没有必要让它沉浸在伤感之中。作家后来提起那幅油画的事，想知道一些相关的细节，他不明白唐小松为什么突然宣布放弃拥有它的权利。对此，画家缄口不语。

灯熄了之后，听见画家在黑暗中说：我很卑鄙。

故事到了这里，其实已经完了。但作为带有疗养性质的旅游，这才刚刚开始。作家是个对旅游总提不起精神的家伙，曾在一篇小说里把旅游视作"花大把的钱去过颠沛流离的生活"。然而这次有所不同，三亚的风光让人流连忘返，在雨天也不例外。同时作为画家为数不多的朋友之一，他觉得有责任去陪伴这个人顺利度过阴冷的日子。第二天是个极好的天气，他们准备去天涯海角。在路上，他们再次同一辆宝马车相遇。

"东北老乡"的老总王超将车停到路边，说是到三亚来接一位朋友。南洋似乎不习惯站在路边交谈，就说：你忙吧。意思是各走各的路。王超递给两人香烟，然后对南洋说：你犯了一个错误。南洋有点吃惊，就问：什么错误？王超说，不应该让女人自己挣钱自己花。王超又补充一句说：上帝造人是有分工的，男人挣钱，女人花钱。

南洋好像还没有听明白，而且对王超居高临下的语气有些反感。他往前走了两步，看了那辆宝马车一眼，再次想起了发生在去年的那次事故。如果当时王超真的把他撞坏了甚至撞死了，一切都会是另一个样子。他实在不喜欢这辆高级车，不是出于嫉妒。他觉得自从被这辆车碰上后，霉气就上身了。

王超走近南洋，看看天空说：你该知足了。世界上极少有男人在双重地占有一个女人的，你是，而且至少是两次。

这话一说，画家突然就想起了那个叫白果的女孩来。他问王超：你和白果很熟？

王超就笑了笑。

南洋又问：她多大了？

王超说：我也不清楚。

南洋问：她现在在哪？

王超说：在美国，普林斯顿大学读书。是我帮她办的，我得兑现诺言。

南洋说：你这家伙原来杀人不眨眼。

……

黄昏时分，他们返回住宿地的路上，再次谈起关于鹿回头的传说。作家问：如果那头鹿不是母的呢？画家说：我一定会把所有的箭全射出去。

画家在这个片刻很奇怪地想到那个黄昏，一个叫白果的女人带走了那幅画。那画裹着白布，很像一具被汽车压扁了的尸体。那就是我吧，他现在才知道。白果最后深情的一瞥没有让画家心颤，因为那双眼睛多了一层眼皮。他妈的好玩，画家现在说，单眼皮变成了双眼皮，一个家变成了两个家。

这他妈与眼皮有什么关系？作家说。

身后传来了汽车喇叭声。那辆宝马车自两人身边开过去了，丝毫没有减速。但南洋还是发现了一个熟悉的身影——那是个女人，她的背影很像大提琴。

1996 年 9 月　郑州

（原载《山花》1997 年第 4 期）

对门·对面

1

　　法院裁定离婚的第三天一早，A 的妻子（实际已是前妻）带人来搬东西。那时 A 在马桶上读一篇关于世界杯预选赛的述评。外面乒乓响着，A 感到大便很不流畅。所以搬东西的整个过程 A 没有见到。等他提着裤子出来，觉得客厅一下显大了。A 靠墙穿好裤子，想去洗脸。这时前妻把一串钥匙交给他：

　　你最好还是换把锁。

　　A 就笑了一下。钥匙上还散发着香水味——是法国的一种不太响的牌子。A 还记得，他最后一次出车挣的几张钱就换了那么一小瓶香水。那东西怎么这样贵？前妻然后就走了。这是个漂亮的女人，她的背影也一样漂亮。这样的女人嫁一个出租司机是有点亏。凡事都是买卖，是买卖就得公平。A 突然想起少时看的一部外国影片，黑白的，叫《废品的报复》。A 现在觉得自己就是一种废品，至少是次品，退回来是很自然的事。

　　这年 A 三十岁，身高一米八，长相算得上英俊，体格也健美，不抽烟不喝酒不打麻将，但还是成了废品。

　　A 这个上午没有出车。他点了一下钱包，还有 307 元。A 替别人开一辆夏利出租，每天给雇主交 120 元，其他费用自理。A 已经开了一年，每天大约工作 14 个小时，月收入平均两千出点头。现在 A 想喘口气。他计划以后每天工作六小时，刨掉杂七杂八，日收入 30 元不成问题。盒饭不贵，一天两餐只需十元，零花十元也够了，那么还可以余下十元，以防应急，比如交通违章罚款之类。

A没有朋友,他的亲戚也不在这个城市。

中午,A下楼去街上买盒饭。刚出院门,右侧那个卖报刊兼营公共电话的老太太就对他比划着。老太太是个天生的哑巴,A不懂手语,但基本的意思他明白:离婚了?我看见大卡车把东西全拖走了。你这孩子命可真苦……哑巴老太眼泪在眶里打转,A不断点头,最后又买了她两本关于足球和兵器的刊物。

拐过弯,A看见一辆银灰色的本田雅阁2.0型轿车徐徐驶过来。这是九三款。这车提速快,又省油,百公里只要八升。A认真地看着车,开车的是个体态略显臃肿的中年男子,脸上总是十分的红润。这是B。边上那位气质优雅的女人是他的太太C。他们大概不是原配,A每回见到他们都这么想,看来全世界的人都会离婚的。A闪到路边,让轿车过去。轿车驶进一个圆形的门,那是个崭新的小区,高级公寓楼,与A住的这边一墙之隔。

2

对面那个男人像是离婚了。

哪个男人?

就是中午进门时碰见的那个高个儿。

他住在对面?

我常看见他站在窗台上擦排油烟机。

你能看出他离婚了?

他客厅里就剩了台彩电。

你还看见什么了?

你……你这人怎么这么没劲?

C离开了晾台,把吃剩的零嘴扔到垃圾桶里。显然她有些不悦了。B依旧调着咖啡,像每次一样,他先递给年轻的太太。

生气了?我不过是开个玩笑。

你总开这种玩笑。

这咖啡调得怎么样?

C没接话,去鞋架上找出一双酒红色的鞋,用缎子掸着。外面的天色已转暗了，好像还有一点细雨。B觉得女人擦鞋的动作也很优雅，他用欣赏的目光看着她把鞋弄好，穿到脚上。然后他又把刚才那杯咖啡递到女人手上：还得出去？

不是有个外地的同学来了吗？

明天看不行吗？

你是不是想跟我一起去？见证一下？

你太敏感了。

谁太敏感？我还是你？

好好，我不说了。其实我不过是……你带上伞，天变了。回头我去接你。老李说九点以前车还过来。

不用了。同学聚会谁知道要闹到几点。有我的电话记一下，有事呼我。

说完，C换上衣，把头发理了理，就出门了。她没有带伞。

这时候A正在路边用自来水管洗车。他看看天，雨实在是太细了。他想还是冲一冲好，免得明天麻烦。刚洗好车，那个优雅的女人自圆门里出来了。

这车走吗，师傅？

不走。

我有点急事，麻烦你……

你不是有车吗？

让人借走了。我真是有点急事。

A不好再说。他放好卸下的顶灯，坐到位子上。C坐在后面。A一边开车一边通过倒车镜观察着C。女人一直是在对着小方镜修妆。她肯定不到三十，A想，至少比那男人小二十岁。可是那家伙有钱。钱能把一切摆平。钱绝对是个好东西。

请往右拐，就下个路口。

A推上方向灯。穿过乱糟糟的街区，车走上了一条新修的支路，它的尽头是一个叫做"世外桃源"的别墅区。A弄不清为什么是"源"而不是"园"。他想肯定不是写错了。

停。就这儿停。

女人下车，拿出一张伍拾圆的给A：不用找了，谢谢你。

A有点奇怪。这儿离别墅区还有一华里的样子，女人却叫了停。他开始调头，等他把车倒好，女人的身影已完全从倒车镜里消失了。A努力回想刚才女人嵌于镜中的样子，觉得实在就是一幅挂历。这样的女人是给人看的。A不禁这么叹了一句。

　　A在街边的小棚子里破例要了杯啤酒。现在他想的是白天前妻来搬东西的事。那都是些新东西。结婚刚过一年多点，就离了。这也好，日子久了反倒要多挂记。现在他只记得她是个处女。这很重要。A想自己这辈子不会再碰上第二个处女了。对于处女，凡事得让着点，包括有朝一日她要同你离婚。

　　A没有喝完啤酒就重新上路了。他把收音机开得很响，里面正放着一支刚流行开的歌《心太软》。这歌很破，A这么想。

3

　　师傅，你刚才送我太太去哪了？

　　B从那堵墙的阴影里走了出来，递给A一支烟。A说，我不抽烟。这个瞬间A想起女人中途叫停的事，好像明白了什么。他问：你打算去接她？我不想再动了。

　　不，我是……B自己点上烟，我是担心……

　　我的车爆胎了，她换了一辆。

　　换了？那你看见……算了，谢谢你。

　　A望着B沮丧的背影在黑暗中笑了笑。他没有多想，8点40还有场足球。A走进自己这边的院门，看见哑巴老太守着那台14吋的黑白电视机看广告。一个年轻的女子正在打电话，面很生。A后来知道她是D。

　　这个晚上A感到很疲倦。客厅里沙发没有了，原来放在低柜上的电视机现在搁到两只拼拢的方凳上。A就坐在地板上。地板太硬，他在屁股下垫了只枕头。地板也很新，是A自己学着铺的。那些日子A为这事费了大劲。如果知道到头来这些地板只是为了安放一只屁股，A肯定不会那么卖命。地板铺好，妻子很喜欢。当天他们就在地板上来了一下。A觉得在地板上做这种事比床上好，稳定而没有声响。那一次A流了许多汗，额上的汗滴到妻子眉毛上，把画上去的部分都润开了。那一次最好。

　　A打开电视机，离足球赛直播还有几分钟。A从头搜索着频道，他希望在这几分钟里能有个女人跳出来为他唱支歌。可是没有，只有一队学生在合唱，边上一个女人在作钢琴伴奏。这个女人……频道跑过去了，A又拨回来，这不是刚才坐他车的那个女人吗？A直了直腰。镜头在女人手上停住，再慢慢移到脸上。女人的身体微微有些摆动，还舔了一下嘴唇。A很喜欢。A觉得有些事颠倒过来做特别有意思，比如说一个很小的孩子大人似的支起二郎腿。A喝了口水。等他抬头，镜头又甩到那队孩子身上去了。

　　这时有敲门声。

　　是打电话的陌生女人D。A有些意外。

　　先生，我想借拖把用一下。我在对门，刚搬来。

　　拖把在卫生间，自己拿吧。

　　明天还你可以吗？

　　你用就是。

　　D拿着拖把走了，带上门。A重新坐到枕头上。合唱已经结束，正放关于牙刷的广告。A把音量减弱，回到足球直播的频道上，也还是广告，一个美女在吃方便面，说味道怎么怎么好。A讨厌方便面。对门的女人在唱着歌。对门的房子空很久了，据说是因为另一个女人吊死的缘故，一直租不出去。房子至少空了一年甚至更多的时间。A没注意对门会有人，从未注意。A生性孤僻，从小就爱一个人玩。这个晚上对门的女人一直在唱歌，时高时低。女人肯定是外地来的，A想。现在这个时代只要有钱有身份证就可以随便跑。A想等自己有了钱也换个地方，他对这个城市反感了十年。A又想起刚才对门的女人叫他先生。A第一回听见别人这么称呼自己。A不禁又笑了。他觉得自己怎么看都不像是先生。先生能坐在地板上看电视吗？A伸了个懒腰，现在，足球赛开始了。

　　第二天，A出门时看见拖把靠在门边上。等A出车回来时，在楼梯上又碰见了D。D手里拿着汉显的呼机，匆匆下楼去回电话。D只对A笑了一下。A发现D有一对浅浅的酒窝。这时A自己的呼机也响了。他没有看，知道是天气预报或者股市行情。A觉得这个呼机现在可以卖了。以前别着它，是因为家中有人，好掌握他的行踪。

于是当天下午 A 就把呼机卖了，卖得十分便宜。A 回来时又碰见了 D，她还是匆匆下楼去回呼机。人和人不一样，A 这么想。

以后 A 差不多每天都见到 D。A 觉得这个女人好像不怎么出门，好像全部的生活内容就是回呼机。

后来 A 才知道，对门的女人只是白天不出门。女人一般是天黑后走，晚上回来很迟。自从借拖把之后，女人就没有再敲过他的门。A 觉得这也很怪。

4

A 这个白天没有出车。明天有个长途，A 把车送进修理厂保养一下，再加一些电池补充液。这车的灯光很差。像每天一样，A 有早起的习惯。上过马桶，A 要做 50 个俯卧撑。A 不吃早饭，但要喝一杯新沏的茶。对昨天的茶叶，A 总是把它拨到晾台上的花盆里。A 不知从哪张报纸上读到过，泡过的茶叶养花很好。A 养花很用心。这些花都不名贵，不过 A 以为，花只要好看就行了。好看是因人而异的，A 自己觉得好看那就是好看。A 小心用茶叶喂着花，这时下意识地朝隔壁的晾台上看了看。晾台收拾得很干净，晾着 D 的衣服。A 看见 D 的胸罩衬在一件上衣里面。

A 住的这幢楼很旧，谈不上什么设计。两边的晾台紧接着，如果没有防盗网，可以随便爬。A 从晾台的一角最大限度能看到隔壁的客厅、过道以及卧室的门——这门开着，D 的两条腿叠在一起，就两条腿，小腿，但是很白。

到了中午，A 又去了晾台。D 的两条小腿还是叠着。A 想这女人肯定累了，五个钟头都是同一个睡姿。

下午，A 出车回来捎了一面穿衣镜。A 把镜子搁到晾台的角上。镜子反映出来的效果似乎更好。A 在镜子前面晾上了一件旧风衣，A 需要看时就把风衣拨开。

D 出现在镜中。D 穿着一套碎花的睡衣在厅里走来走去。过了一会儿，A 发现 D 朝晾台这边走来了，就把风衣放好，然后喝茶。

你今天没出车？

明天出长途，车送去保养了。

开出租很来钱吧?

也没多少钱,还累。

是呀,谁都想不累又挣钱。这地方不错,很静。你是当地人?

不是。我在这个城市住了十年。

十年?一个城市住十年?你这人耐性肯定好。我这三年就跑了五个城市。

你做生意?

打工呗。哪儿有钱上哪。

你做夜班?

夜班?对,我是夜班。

然后D就回屋了。A撩开风衣,镜中的D在卧室里换衣服。A能看见D的半截身影,是下半截。于是A用脚背把镜子顶高一些,就看见了上半截。但是D已经穿好了衣服,正把头发挑出来。D的呼机又响了,她看了看,然后拿起包就从镜中消失了。没多会儿,A听见了D的关门声。

A找到两块砖,把镜子垫到合适的位置上。做完这些,A感到有些饿了。这时A问自己:我这样做卑鄙吗?回答是肯定的。不过A这个阶段需要卑鄙。A甚至想,迟早会有一天,他要把D搬到床上或者按在地板上。

A很懒散地下了楼。卖报刊的哑巴老太热情地把一份影视杂志递给他。老太太以前不这样。A拿过来看看,封面和封底都是美女。A想,这老哑巴还真他妈的会做生意,知道我离婚了就把这种杂志递上来。A亲了一下封面,老太太就乐了跷起大拇指。A正掏钱时,一个女人近了,是那个画一样的C。C对A点点头,然后向老太太比划着,老太太递了她一份《世界服饰》。C很仔细地翻看,又要了一份当天的晚报,就走了。A望着C的背影,觉得某个地方同前妻有点像。她会弹钢琴。可是A从来没有听见这附近有钢琴声。哑巴老太凑过来,对A很诡秘地比划着。A知道她是在发表对C的评价,但不知道是怎样的评价。一年后,A在一个特殊的场合又见到过类似的手语,经人翻译,A才明白意思:这样的女人是克夫相,任何男人都会栽在她手上。A在那个寒冷的下午长吁了一口气,打内心敬佩老哑巴的先见之明。

5

　　第二天一早A就去了修理厂提车，然后又去加油站加满了油。这时不过六点的光景，城里的车很稀疏。A很快就出了城，他要去县里接一个进城做胃切除手术的病人。天有雾，晨露透着几分寒气。其实还在九月，城里中午仍是很热。昨天后半夜落了场雨，柏油路极干净。A以60迈的时速行驶，始终挂在三挡上。这条路基本上见不到人和车，A还是小心驾驶，因为路面过于单调，很容易造成视觉上的麻木，况且雾也没散开。

　　不久，A发现前方弯道处有辆车翻了。车肯定打了个滚，然后侧立着像墙一样，两个轮子悬在半空。A减速，发现这也是辆银灰色的本田雅阁。于是A就下了车。

　　凑近一看，A吓了一跳。正是常见的那辆本田，B像包裹似的堆在一角，有小半个脑袋嵌在玻璃里，血还在流。引擎盖还在热着，可能是刚翻。A想把B弄出来，但车门打不开。A用手背放在B的鼻下，觉得有暖气儿。A左右看看，发现B的皮包甩在一棵树下，便拾起来。皮包很沉，A想B的手机一定在里面，就弄开了它，然后A愣了——整整十万元现金。A看看四周，雾还是没散。A把钱取出来用衣服包好，扔进了自己的行李箱，上面还压了只备用胎。A把皮包重新放回树下，又想了想，拿出手机试了试，居然没摔坏。A拨通了110：月石公路13至14公里之间出了车祸，人还有气儿，快来救一把。对方让A重复一遍，A重复了。对方又说：请报您的姓名单位。A把手机关了，塞回皮包。A很快就赶路去了。

　　C得知丈夫出事是在中午。她刚从外面吃饭回来，看见有两名警官蹲在她门边抽烟，C便有了一种不祥之感。C疑心丈夫在生意往来中出了什么纰漏。所以当听见车祸时她是意外的，但神情还比较镇静。

　　伤在哪？

　　外伤在头上腿上，内伤正查着。

　　这样C就随警方去了医院。那时B刚做完抢救手术，处于昏迷状态。B的头肿得很大，缠着许多绷带。C就流泪了：怎么会是这样，怎么……他一向开车很好的。C有些泣不成声了。

然后警方带C去了医院的会客室，那里已有两名市局的警官在。他们开始公事公办地了解情况。他们问，C答。

B是什么时候开车离家的？

前天下午。

请讲具体一点。

下午三点多吧，午睡起来就走了。

你知道他去×地的事由吗？

催款。有家公司欠他钱。

哪家公司？欠他多少钱？

盛昌贸易公司吧，欠多少钱我不知道。我从不过细打听他生意上的事。

B动身前给你打电话了吗？

没有。他不这么做。

就是说你也不知道他今天会回来？

对，不知道。

你和B结婚多久了？

两年多。这个重要吗？

我们只是了解一下，请别误会。今天我们就谈到这里。可能还会找你的。这段时间，希望你不要离开市区。

我能离开吗？

别生气，我们是按程序办事，相信你会配合的。

C极不习惯这样的谈话，她觉得这不是什么谈话而是审讯。她有些气愤，不明白一起车祸怎么会如此这般的发挥。C回到病房，侧面坐在床边，不时看一下点滴。C不敢正视那颗缠满纱布的硕大头颅，她很难相信这就是B。C的泪水淌了很长时间。值班的医生进来，建议C回去休息，该干什么干什么。医生说，B撞成了严重的脑震荡，神智一时难以恢复。而且，B的两条腿都是粉碎性骨折，目前正努力复位，效果如何暂时还不好预测。

你不妨先备一辆轮椅吧，医生这样说道。

6

　　A 是临近黄昏时返回的。

　　离住地还有一截路，A 看见了 C 的背影。C 低着头，走得很慢。A 也放慢车速，以为 C 会叫停，可是 C 没有。A 猜想 C 一定是从医院回来，就是说，B 的命是保住了。否则这么长的路 C 是走不回来的。A 把车停到街边，丢给人两块钱借水管洗车。A 一边洗车一边等 C 走近。C 的表情很苦，也好像一下子见老了。C 进了那边的圆门，今天她不会过这边来买晚报了。没准儿晚报上就登了她先生的事呢。

　　A 洗好车天已转暗了。A 打开行李箱，拿出那包东西，很随便地从行人面前走过。他走进院子，见到对门的 D 又倚在那里打电话。A 回到家里，把卧室的窗帘拉上，只开了台灯。然后他把衣服抖开，钱铺了半床。A 把钱放整齐，一共 12 捆，面值佰元的八捆，伍拾的四捆，正好十万。这时 A 才有些激动。他用拇指和食指反复搓着一张佰元的钞票。这是真的。绝对是他妈的真的！A 欣赏着这些钞票，甚至认真在读加盖在捆条上的银行验款人员的名戳。A 也想到刚才碰面的 C，没有什么不安。对于有钱人，十万块钱根本算不了什么，不会伤筋动骨家破人亡。再说他并没有偷，这钱是从树旁边拾来的。如果不是他及时报案，B 兴许就完了，这十万块救下一条大款的命，也说得过去。至于那女人的苦，不是钱造成的。只能说她命不好。或者只能说也该轮到她受罪了。

　　A 把钱放到一个旧纸箱里，盖上几张旧报纸，用脚推到床下。他留下了一捆伍拾的，当即拆散，先往钱包里填了一叠，余下的就顺手放入床头柜的抽屉。然后 A 就去洗澡了，这才觉得有些乏。洗好澡，A 光着身子上了床，他不想睡，想靠一下。这个屋子的结构很不好，面积也紧，只有两间。朝南的那间大的做了客厅，朝北这间是卧室，一张双人床落下就没有多少地方了。这种房子可能就是专给单身汉住的，可 A 用它来结婚。A 挪了挪身体。他想今天这钱实在来得太迟了，如果早来半年，老婆兴许就不会走。他会加上几万买间新格局的两室一厅，他还会给女人多买一些时装和首饰。A 抚摸着生殖器，把它弄得很挺拔，再看着它一点一点小下去。

这个晚上对门的D没有出去。A听到隔壁的歌声，就走到晾台上喝茶。A撩开风衣，看见镜子里的D正在厅里叠衣服，头发还湿着，很奇怪地堆在顶上。过了会儿，D去上马桶了，出来时一根红绳子挂在颈上。D用这红绳当裤带。A立刻明白今年是D的本命年，就是说D只有24岁，实际是23岁，本命年是过虚不过实。D系好裤子，左右摆动了一下。这女人的屁股长得很不错，圆圆的，微微上翘，显得饱满而结实。A想她的乳房也应该如此，按比例缩小罢了。这时，D的呼机又响了。

第二天，A去电信局申请装电话。而且是办加急的，多交了一千元。

一周后，电话装好了。A的号码是2648518。为了这个吉利的号码，A给关系人送了几条烟。这天，A很早就收了工。吃过盒饭，他就到哑巴老太那里翻杂志。老哑巴又对他比划：你有人了吗？你得尽早找个人呀小子。A把一天里乘客给他的香烟都给了老哑巴。然后，他开始拨2648518。每拨一回，A都要等忙音出现才挂机。A在这个黄昏至少拨了十回。A想，对门的那位应该可以听见铃声了。

天黑后便下雨了。这很好，A看看天，这场雨确实很好，不妨一连下他个把月。A回到家里，用毛巾擦了擦头发上的雨水，就坐到了沙发上——现在他已有沙发和必要的家私了。A依旧是看电视，频道来回倒着。没多会儿，D就在外面喊门了。

我能用一下你的电话吗？雨太大了……

用吧。

在哪？

在睡觉那屋。

谢谢，我不是长途……

没事，你用吧。

7

你还记得你丈夫离家时的情况吗？比如说他是不是有些什么异常……

没有。他很正常。

他是几点出门的。

下午三点多。这我已经说过了。

有一个问题还望你能如实回答。你们婚后感情怎么样？

这是什么意思？

请坐下。我们需要掌握这方面的情况。

如果不怎么样呢？能说明什么？

这个我们暂时不便多说。

可你们却要我说！

对！你必须说。这对大家都有好处。你们婚后感情怎么样？请回答。

一般。

就是说很平淡，可以这样解释吗？

是的，很平淡。我们之间没什么话说。

仅仅是没有话说？

那还能怎样？他是我丈夫……

你冷静一下。有些事我们不妨告诉你。可以肯定，这不是一起普通的车祸。我们调查了那个盛昌贸易公司，B出事前一天提走了十万元现金，但是事故现场没有见到。这至少可以说明，涉及此案的还有一个人……

你们怀疑是我？

不，不是你。案件发生的那天早晨，你在跑步，取牛奶的哑巴老太太可以证明这一点。

那么……那个人是谁？

这正是我们要找的。

C在这个傍晚陷入到莫名的恐惧之中。警方的判断不无道理，证据有力。警方显然是故意抛出十万元的事实起暗示作用。那么那个人究竟是谁呢？是B的对头？车匪路霸？谋财害命或者……C不寒而栗。她这才意识到警方是向自己暗示另一层更可怕的意思。

C隔着玻璃看着病床上的B。他的头已小了一些，可神志仍不清醒。C现在盼着的就是B能睁开眼，能说几句话，把问题弄清楚。她实在受不了警方锐利的目光和冷峻的语气。为什么一些犯罪嫌疑人会在所谓的"心理攻势"下崩溃，C这回明白了。她还没犯罪，警方也没怎么攻，但她自觉已经崩溃了。

C从医院出来，已是华灯初上。街上的人行色匆匆，雨使这个城市变得朦胧。C立在路边，这时A的出租车来了。C上了车，这次她坐在前面。

回家吗？

不，我还是去上回……

知道了。

A从前面的十字路口往左拐，把刮雨器调到低速。

你先生怎么样了？还昏着？

对。

没事，会好的。

但愿是这样……我想打个盹，到了喊我。

还在那路上停吗？

对。

你最好系上保险带，万一我急刹……

好，我系。师傅，我想问你，车翻了能把人摔成那样吗？

这要看是怎么个翻法，说不好。

他……太惨了……

C又抽泣起来。C从小包里拿出纸巾擦着眼泪，同时又施了点粉。她确实很倦，但不再想打盹了。她茫然地看着窗外的雨。这个女人算是倒霉了，A这么想着，没准儿后半辈子会全垫进去。国家好像不许同一个傻子离婚，A记得有类似这样的条文。眼下这条路女人会常跑……A停住车，又问：雨不小，再往前开点？女人摇摇头。女人说如果方便，九点来这儿接她。A说可以。

A后来就去了一家录像厅。看录像的只有七八个人，却充满着臭脚味。录像是转着放，不清场，想看个通宵都行。录像是香港的一部搞笑的片子，A一点也不觉得哪里好笑。于是A就半闭着眼，他不想这个时刻女人在别墅里干什么。不至于上床，极有可能是扑在一个男人怀里诉苦，男人会像哄孩子那样轻轻拍着女人：不要紧，都会过去的，一切都会慢慢好起来的。A在黑暗中笑了，他觉得自己想象出来的也是一部录像，而剧中那个男人就是他。

八点三刻，A就到了别墅面前。雨这时已经小了。A把车的方向刚调过来，C便从路边的一棵树后面走出。她来得更早，衣服差不多湿透了。C一上车就说：快走，回家。

然后她哭出了声。A给弄糊涂了。

8

一个月后，关于B发生的车祸大家不再议论了，连哑巴老太也懒得比划。人的好奇心越来越受到时间的限制。A依旧像平时那样每天出车六小时，夜晚也还是看电视。对门的D已是常客，除了用电话，D有时也陪A看一会儿电视。D喜欢看港台的电视剧。他们的相处很随便，D有一次甚至没有戴胸罩。

当时A躺在床上看报纸，D来用电话，就坐在床沿上。于是A透过衬衣看见了D的乳房，完全符合他的想象。D这次的电话说得不短，差不多就是聊天了。A不心痛电话费，但听着听着就觉得电话那边应该是个男人。A就侧了侧身，把原先给D支腰的那条腿放平，D晃了一下，笑哈哈地放了电话，就想离开了。

把门给我带上。

没准儿待会我又得来，省得你起来开门。

我得睡了，明天一早……

你骗我……

孙子骗你！

D走后，A在床上愣了许久。他想自己还是太笨了，早该想到女人的电话通常都是打给男人的。A煞费苦心用电话将女人勾到了床边，可这个女人却用他的电话同别的男人调情。这事真他妈的窝囊。

这天A下楼来买报纸，远远就看见D在同哑巴老太"聊天"，两人都比划着像做什么游戏似的。A走过来，D便笑了笑，两只浅酒窝很明显地跳出来。乐什么呢？A问道。D笑而不答，把手中的葵花子匀一点给A，就走了。她的屁股还是很不错地藏在牛仔裤下。哑巴老太用胳膊碰了A，又指指D的背影：这姑娘怎么样？我看就她了。这可是送上门的缘分哪！A看见老哑巴把两个拇指拼到一起，心里还真暖了一下。

这时候C出现了，她还是来买《世界服饰》。A觉得很久没有见到C

了，看起来 C 还不错，只是气色一般。这个女人怎么看都是一幅画。

你先生出院了？

没呢。

你每天还是……

我习惯了。

A 把自己的电话写在纸条上递给 C。A 说你需要用车时拨过来，我一般晚上都在。C 微笑着点点头。A 突然有些局促，他想起了那笔钱。当然 A 始终认为，女人的不幸与那笔钱毫无关系。C 短暂的笑容却在 A 心里划出了很深的痕迹。如果我住在别墅，这女人至少会坐在我的腿上。A 不知怎么这样想了。那个雨夜的情景重现在 A 的眼前。女人的衣服淋透了，女人一直在路边那棵树下等他的车，女人一上车就哭了……

你会弹钢琴？

你怎么知道？

从电视里看到的……

我好久不弹了……再见。

这天黄昏，A 又站在晾台上那面镜子前喝茶。D 在镜中时隐时现，穿着一条大摆的花裙。后来 D 将腿弓起来往趾甲上涂蔻丹，裙子便滑到了大腿的根部。D 的皮肤很白，A 能想象出这样的皮肤夏天一定很凉。D 的短裤也是花的。A 慢条斯理地喝着茶，那件悬挂的旧风衣在他背后轻轻摆动着。A 又想到才见过不久的 C。如果对门的女人不是 D 而是 C，A 可能不会甚至不敢在晾台上支起这面镜子。这很奇怪，A 喝了口茶，同样是女人，A 从来没有对 C 产生过什么非分之想。当然，C 之所以是 C，就注定她不会住到他的对门来。C 在墙的那边。那边和这边是大不一样的。

D 又来用电话了。A 没有迎过去，仍然站在晾台上，把风衣挂好。D 这回的电话不长，没多会儿工夫就离开了。A 坐到沙发上穿好袜子，该出去吃盒饭。于是 A 去卧室拿钱包，刚拉开抽屉，A 一眼就发现钱少了几张，钱包里也少了点。不用说，是 D 拿了，就刚才那会儿。A 粗略估计了一下，D 拿走了四百元左右。A 从床底下拖出那只纸箱，拿出一捆伍拾元面值的，从中抽出九张，七张放回抽屉，两张塞进了钱包。

9

　　四天后的傍晚，A发现钱又少了。这回是准确的数目，3700减去500等于3200。抽屉里少了八张，钱包里少了两张。A还是补齐了。晚上，D来陪A看电视，一边嗑瓜子。D说最近有个台湾的歌星来开音乐会，问A想不想看，她可以弄到票。A没吱声，喝着茶。这女人真一副好胆，A清清嗓子，把一口痰从晾台上喷下去，喷得好响亮。

　　你这人怎么这样不文明？D说，你要是吐到人脸上怎么办？

　　我下去替他擦，罚款也行。A说完用茶清清喉咙，又喷了下去。

　　D看看A，很不高兴地离开了。

　　到了第七天中午，A刚出车回来想洗个澡，D又敲门了，自然是回电话。

　　我洗澡，A说，待会记着把门带上。说完就进了卫生间，把热水器打开。水哗哗响着，A站到马桶上透过很高的小侧窗往卧室里看。D背对着门，一边打电话一边拉开抽屉。D突然有些犹豫，她大概是惊讶这些钱的取之不尽总不见少，所以拿钱的手一直悬着。

　　于是A从后面将D搂住了。D一点也不害怕，侧过脸看了看一脸是水渍的A，然后就开始解上衣的扣子。A拉上窗帘，看着D把衣服一件件脱下，他觉得D也算得上是一个美人。D自己脱好，又帮A脱去内裤，这才说：看不出你这人还很卑鄙。A笑了笑，很温柔地把D放倒了。

　　电话突然响了。A拿起话筒：喂？

　　没有声音。A以为是电话闹了毛病，就放下了。A过后便把脸埋到D的两乳之间，手正往下探，电话又响了。A这回坐直了，等电话响过三声，他才提起话筒。A没吱声，电话里也没有声音。A觉得有些怪，一直这么提着。大概过了两分钟，A听见了对方挂电话的声响，然后是一串忙音。A这下是真的吃惊了。

　　D已穿好衣服，再把A的内裤扔到他腿上。清账了，D说，这电话惹的麻烦事也真多。D说完就过自己那边去了。A缓过劲，不禁骂了句：操！

　　不过A很快就想明白了。

A 在这个下午后来多少有点心花怒放。他目睹了一具姣好的女人胴体，而另一个女人也目睹了他的上半身。A 挑了一件牌子过得去的 T 恤，走进了墙那边的圆门。A 还是第一次接近这幢高级的公寓楼，他认为该是第二单元，四楼或者五楼，左侧，这个方位不会有错。A 在四楼停住了，他发现左侧的门口有两只装高级妇女用品的漂亮盒子和一双布满灰尘的男人软底拖鞋。于是揿了门铃。

门只打开了一点，C 平静地看着 A，没有想请他进来的意思。

找我有事？

没事。

我在看书……

那我打扰了。我不过是也想看看你……

A 笑了笑，转身想下楼，他知道 C 的目光还在自己背上，就又说了一句：

我只给过一个人的电话号码。

门"砰"地关上了。

10

你丈夫有什么同他过不去的人吗？

他人缘很好。

有没有过匿名电话？

打错的有。

常有吗？

偶尔有一两个。

男人还是女人？

有男有女。

那天他是下午三点左右离家的？

是的，你们是第三次问这……算了，你们问吧。

他是不是也欠别人的钱？

不知道。我说过我不问他生意上的事，从不。

你们结婚不过两年，按理日子是不应该平淡的，20 年还差不多。

按什么理？感情这种东西本来就复杂……

没错，是复杂。

我没有别的意思……

我们也没有说你有别的意思。你说感情复杂，你是这么说的没错吧？

……

外面的天在临近六点的光景就开始暗了。街上已有零星的落叶。城市这一年的秋天比较纯正，C觉得好久没有见到这么明显的秋季了。C喜欢秋季，但是这个黄昏她十分悲凉。已经过去了两个多月，丈夫仍是处于半昏迷的状态，神志仍是不够清楚。他每天吃一点流质，难得睁开眼。他的眼神夹杂着稚气与狐疑，从不呻吟。这时候C就感到害怕，她审视着B那张表情与年龄极不和谐的脸。他会傻吗？医生说不会。医生说能够得到恢复。当然，医生又说，这还得有一个过程。医生最后又叮嘱：轮椅看来还得准备着。

C刚走下医院门前的台阶，A的车就到了。显然A一直是在等C。可是C没有上车，转身折进了边上的一条小街。A还是尾随着，有节奏地按着喇叭，街两旁的目光陆续打在C身上，C便停住，坐到了车后面。

那天怪我……

我累了。

去哪？

随便。你不想开的时候就停下来。

C说完就整个地躺下了。A不再吱声，吃力地从小街穿出来，拐上了另一条路。A有点气愤。A想如果现在躺在后面的是D，他会把车开到一片林子里，麻利地把她做了。女人和女人还是不一样。女人至少有两种吧，A想，一种给人看，另一种给人骑。突然A又觉得气顺了，他有生第一次感到这么骄傲。我拥有这两种女人。我有。渐渐，远处的别墅区向A逼近了。A此刻心里没什么不好受，他记住了路旁的那棵树，平缓地把车停下。C没有及时爬起来，只是低声问了句：到了？A说到了。

到哪了？

老地方。

C慢慢直起身，突然厉声道：谁让你往这开的？

我以为……

你以为什么？

没什么。你不是说可以随便开吗？

我真怕同你们男人说话。我说不过你们……你干吗不打表？

我也想兜兜风……

打表，送我回家。

于是A两把就将车调过头，利索得如同表演。C直晃荡，C说你这人疯了，你是不是也想把车掀翻让我也睡到那该死的病床上？C说你停车，你停不停？A没停。A顺手打开收音机，调频音乐台正放着一首古典的民乐，优美而舒缓。A随着这旋律同样舒缓地开着车，他觉得这会儿车不是跑在路上而是在玻璃上……

夏利车在圆门对面停下来。那时候D正在报亭让哑巴老太看手相。D好像是在等待A的归来，眼光流露出急切。D看见C气呼呼地下了车，把一佰圆钱扔进了驾驶室。

这个晚上后来D与A寸步不离。D说她才知道自己的屋子里曾经吊死过人，她怕。D坐到A的腿上，她能感到A的那件东西正顶着自己，但她却问：你刚才是不是把那女人在车里干了？A笑了笑，A说我不会干她，我只干你。说着就伸手把D的裙子从后面扯了下来。D说你狗日的真是他妈的有艳福。A说，你也有福，过会儿你就知道了。

这时电话又响了，A没去接。

11

对于C来说，这一年从夏至秋的经历永生难忘。夏季开始的时候，C便对婚后的生活颇感沮丧。那时中年的B正埋头于他繁杂的商务。这是个奇怪的男人，对比他小21岁的妻子倍加宠爱却无力照料，由最初偷情时的早泄转为婚后阶段性的阳痿。每回在床上，面对B的心有余而力不足，C总想到馋嘴的老太太而没有一副好牙。C甚至这么对B说：你好比一位踢足球的，盘带有功夫但就是没有临门一脚。B就解释，B说我这些日子确实累了，等忙完了这阵，我会好起来的。C说，那时我也该老了。这时的C自然有些懊悔，她自责当初考虑过于简单，其实，B

不就是有钱吗？除了钱他能有什么？他连对面那个擦排油机的男人也比不上。不久，在一次同学聚会上，C的视线被另一位很有风度的男人牵走了。那个人也是老板，住在别墅。那个人也真诚。但是那个人胆小。当警方第二次向C询问后，C去别墅向男人寻求解答。这是什么意思呢？C在男人怀里委屈地说，难道怀疑我伙同什么人谋害亲夫？那个男人当时就沉默了，接着手也沉默了，从女人的胸部缓缓移开。这是个事儿，男人说，这绝对是个事儿。男人说不能认为警方的询问没有道理。女人从床上爬起来：可是我们能干那种伤天害理的事吗？男人扶扶眼镜：我们？怎么是我们呢？我这些日子一早就去了建筑工地，我的同事完全可以为我作证，我甚至上厕所都有人陪着……再说为区区十万块钱我犯得着……

那个晚上男人只说"我"。

C叹了口气。在这个秋阳炫目的下午，女人感到浑身无力，仿佛所有的关节都松动了。女人再次走到晾台上，想起那次同丈夫为安装防盗网发生的争执。丈夫坚持要安，她坚决不同意。我不想这个家成为一个笼子，她几乎是在抗议了。丈夫最后妥协了，但还是皮笑肉不笑地说了句：一张防盗网也挡不住你的视线嘛！她气坏了，将手中的咖啡全倒在地毯上。后来丈夫走了，要去县里催款。她这才把皮鞋放到男人面前。她想这个男人也不容易。可是没想到这一走就发生了那么多的事……

对面的窗户开了半扇。那个男人出车了。那是个很不错的男人，善解人意，但脾气看来有点倔。那个男人实在有些可惜。如果他多读几年书，或者他的运气好，哪天被某个电影导演看中，他的一切兴许就会改变了。太阳渐渐偏西，过不了多久男人就会回来。自打离婚后，他一度显得很懒散，可是这些日子又来劲了。他对门住了个女人，后来这女人还上了他的床。这个看上去很不正经的外乡丫头居然有那么大的魅力？C冷笑着，她想那个男人已是饥不择食了。

外乡女人的歌声飘过来，断断续续，不过听起来也还顺耳。她的声带条件不错，只是她无法唱出任何一首歌的感觉。她懂得感觉吗？C的目光追随着外乡女人的活动。D今天穿了一条大花裙裤，在裙裤上居然别着呼机。D好像刚起床不久，头发杂乱地盘着。D进厨房，从冰箱里拿了罐什么饮料，又从碗柜里拿了几瓣蒜，然后坐到客厅里新添的沙发上，一边吃蒜一边欣赏着脚趾甲。过了会儿，D又进了卧室，她把床单揭下来很响地抖了几下，再铺铺好。那床单该有多皱多脏！那女人收拾好床，又打开床头柜的抽屉，从里面拿了些钱，轻巧地放到袜子里。C很是吃惊。C想这不是随便地拿钱，拿的钱是不会往袜子里放的！

这个晚上C一直在想这个场面，她想对面那个男人实在是太窝囊了，竟把家交给了一个贼。

几天后的一个上午，C在菜市上碰见了D。她们互相看了一眼，就像以前在哑巴老太报亭前碰见那样。C戴着墨镜，优雅的身影使小贩们手忙脚乱。C注意着D，看见她从一个胖妇人侧面挤过去。一会儿胖妇人就惊叫起来：我的钱包！我的钱包不见了！C再也无法见到D了，她像烟一样消失得自然而无踪迹。菜市上乱起来，胖妇人扑通坐到地上一声高过一声地哭喊着，C安静地注视着这一切，她现在觉得是该做点什么了。后来，她就拨了一个电话。

12

小区派出所的人是黄昏来找D的。那个时候，D正兴致勃勃地给A做一道家乡的粉蒸排骨。调料配好，刚蒸上，门就响了。D以为是A，打开门后才明白是怎么回事。她差点想哭，她觉得A实在是太狠了，睡够了便把她交给了警察。

你不是会跑吗？警察说，你以为我们找不到你？可群众的眼睛是雪亮的。

于是警方开始搜查，D说：这不是我的家，我住对门。

那你怎么进来的？

他把钥匙给了我。我们……算了，我不想说了，跟你们走。

警方还是把两边都搜了。警方在A的房子里没有发现那个装有巨款的旧纸箱，在D第二次从抽屉里拿钱后，A就把纸箱重新放回了车里。D收拾好，又在锅里添了瓢水，就随警方下楼。她希望警方不要铐她，警方没同意，只是在她两手间搭了件衣服。

在楼梯上，D碰见了A。A最先看到的是一个年轻的警察，正迟疑着，D就出现了。A似乎有话要说，可是D的一口唾沫已啐到了他脸上：

你这没良心的!

　　A 一下傻了。A 后来才知道，D 是一个惯窃，不过每回都不敢做大动作。这个晚上 A 心烦意乱，他觉得 D 太糊涂，手不该向外伸。D 可以偷他身上任何一件东西。粉蒸排骨的香味弥漫开，A 的眼睛有些湿了。毕竟，他睡了 D，睡过了就是他的女人。他低头坐在沙发上，寻思着这件事是怎么挑起的……

　　电话响了。A 去了卧室，没有开灯。他看见对面的窗口很明亮，隔着薄纱，C 拿电话的身影也还是十分优雅。

　　你那边出事了？

　　对，出了点小事……

　　你觉得是小事？

　　本来就是小事，其实……你好吗？

　　我没什么，又没有人敢开我的抽屉……

　　你是说……

　　我不想再说这事了，它让我恶心!

　　A 这才明白，他挂上电话，连外衣也没穿就奔墙那边去了。A 一气登上四楼，还是平静地揿了门铃。A 说是我，我有话说。C 刚打开门 A 便一步跨了进去，将门关上，然后把 C 按到了很厚的绣花地毯上。

　　你想干什么？

　　干你!

　　你这流氓，我要喊人了!

　　你喊吧，你还可以报警……

　　放开我! 放开! 放……

　　后来一切都安静了，灯也关了。这是个有半片月亮的夜晚，月亮透过窗纱射进室内，A 的身体一半在月光里一半在女人怀里。女人用手指梳理着男人汗涔涔的头发，女人说：你知道吗，我可以告你强奸。男人闭着眼说：你干吗不告？要不要我替你把电话拿过来？女人拍了拍男人额头：你这人太野了。你是在报复。男人说，现在不是。现在是爱情。女人就问：你和她在一起又算怎么回事？男人说：那也是爱情。女人生气了。

　　爱情？你不觉得和一个小偷睡觉很肮脏吗？

肮脏的也是爱情。不是爱情又是什么呢?

滚!

于是男人就滚了。那时月光散发着寒意,A只穿着件短袖T恤,感到膀子有点凉。A从报亭走过,看见哑巴老太正用异样的眼神打量着他和他身后的那个圆门。A想这老哑巴心真跟明镜似的。

天确实凉了。树上的叶子落去了不少。A在这个秋夜翻来覆去,看着对面那个熟悉的窗口,没有再见到灯光。A有点后悔,刚才做那件事时不应该关灯,应该看着女人那张与众不同的脸如何变化。现在他一点也不觉得自己睡了她,压在身下的好像还是D。除了地板变成了地毯,A没意识到区别在哪。所以在A看来,做那事的人是别人而不是自己,或者说,自己只是在想象中做了那件事。A想这感觉真他妈的奇怪。接着,A觉得有些饿了,就去了厨房。粉蒸排骨的香味还残存着,A揭开锅盖,不禁叹了口气。A想,过两天该去给D送几件厚的衣服了。

13

请坐,我们还想了解一点情况。

说吧。

你说你和你丈夫婚后生活很平淡⋯⋯

那不是我说的,是你们说的。

可你承认了对吗?平淡可不可以解释为夫妇间缺少应有的感情?也就是说⋯⋯

是的,我们缺少感情,缺少信任,甚至缺少性生活,这样回答你们满意吗?

谢谢你的坦率。那么,恕我直言,你们之间有没有哪一方,或者双方,和别的人有过感情上的纠葛?

宪法保护每一个公民的隐私权。

这我们懂。我们对你个人的隐私不感兴趣,我们要的是线索。希望你能够理解,你难道不希望这个案子尽早了结吗?所以我们的出发点是一致的。你回去冷静考虑一下,改日就这个问题我们再谈。

还得谈!简直没完没了无休无止除非⋯⋯C看了一眼病床上的B,

他又睡了。除非你清醒过来，把一切说清楚，否则我一辈子摆脱不了嫌疑！C流泪了。

医生把C叫走。医生正式通知她，B的双腿都将面临着截肢。我们已经尽了最大的努力，医生说，但必须实施手术。C像个木头人似的靠墙站着，觉得失去双腿的不是丈夫而是自己。医生又说，手术成功后再安上假肢，经过锻炼，一般的行走可以完成，不会整天依赖轮椅。

差不多也是这个时候，A开车去了拘留所，给D捎去两套衣服和一件羊毛衫，还有些吃的东西。之前A托人找了所长，否则不可以在拘留期间进行探视。A跟着一名警官走过了三道门，又经过很长一道走廊，进了一间空房子，里面就一张长条桌和两把旧椅子。警官让A登记，在"与被探视人关系"一栏里，A小心地写下了：男友。警官说："男友"很含糊，A就改成了未婚夫。警官就笑了，说现在还有未婚夫这一说吗？但也没有再为难A。不一会儿，D被带来了。A把东西放到桌上，推给D，问：还好吗？D苦笑了一下，说：我冤枉你了。我后来知道不是你出卖我。A说这事过去了。D说不，D说：没过去。A说你别再生事了懂吗？

两人沉默了一会儿。A问道：会判你刑吗？D说这事属于推一推拉一拉，可大可小。A就问怎个拉法？D说花钱呗。公家私家都得花钱。A想了想，说：钱不难。我会想法子。不过你得表个态，出去后立刻洗手，可以吗？D这时就落泪了。D说你这样待我我能不洗吗？D抽泣着，D说我知道你喜欢我，我知道你在晾台上放了面镜子⋯⋯

当天下午，A又去找了所长，提出保释D的要求。所长还算热情，说你这人还真像条汉子，其实D不算你什么人。就是你们有一腿也没什么，况且她还偷过你的钱。A说不是偷，是拿，背着我拿了点吧。所长就笑了，说这回可不是千儿八百，得几万，你得费点劲了。A说，钱我带来了。所长的笑容慢慢收起来，说：你先去办手续交钱，放人至少要到15天以后，这是政策。A说行行，怎么说也比判个一年两年好。说着从包里拿出了两条烟和两瓶酒，都是中国最高级的。所长说，这点东西我本可以收下，不过我一收下你就会小瞧我了。A说我这是表示一点心意而已。所长把手摆摆，说你帮我教育了人就是感谢了，这样吧，等你们日后结婚了，我去喝喜酒。

办完这件事，A 觉得像刚洗过澡似的轻松。他把车开进了洗车场。车被吊起来冲洗，A 就躺在车上，听着音乐。那是一支小号独奏曲，好像是在清晨的草原上吹响，嘹亮而悠扬。A 在这一天里不停地忙碌，现在他只想埋头睡上一觉。

A 在街上吃过饭，回到家已是近九点的光景。刚拉开灯，电话就响了，自然是 C 的。看来 C 一直在等他回来。

你能过来一下吗？

有事？

我心里很闷。我都快死了。

我洗完澡就过去。

洗澡的时候 A 又想到那笔钱，已花去一半了。如果有一天 C 知道是我拿了她老公的钱，会怎样呢？

14

A 一天都没出门。他从床上移到沙发上，又从沙发回到床上，怎么躺都觉得不舒服。

昨夜的事让他不安。

A 去了对面，还是进门就将 C 抱住。C 说你别吻我，我不想从你嘴里嗅到人家的大蒜味。A 就笑着抱 C 上了床，说你这样的女人不该吃醋，说着把一枚钻戒套在女人手指上。女人说我不稀罕这种东西，我只看重我们之间的那种状态。男人说，我不懂什么叫状态，但我想我能使你快乐。女人问：你快乐吗？男人说我当然快乐，其实我只要每天见到你，就很快乐了。女人说我懂你的意思。我和别人在一起没有这个样子，你真的很出色。男人问：那你能嫁我吗？肯定不会。你我没有夫妻的缘分，就是你不后悔，我也后悔。我不想让外面人指我的背，说这小子居然还讨了一个会弹钢琴的老婆，又那么漂亮。

女人叹息道：我现在只想要一个健康的丈夫。可是就连这点要求都成不了现实。你知道吗？他会马上截肢，以后就坐着轮椅了……我才29岁……

C 在 A 怀里哭得像个孩子。A 搂紧 C，A 说以后我可以常来陪你。C

说，这样也不是事，你总归是要成家的。A说我可以不成家。C说你不用安慰我，下午我去公安局取我丈夫的皮包和手机，我看见你的车停在拘留所外面，你肯定去看她了。A说我只是想把她弄出来，没想同她结婚。我……

你别解释了。你这人不坏。C下床拿香烟，感叹道：这事越拖越复杂了。警方问了我几次，一步一步把话题往命案上引……

命案？不是车祸吗？

现场还有一个男人，拿走了十万块钱，目击者报了案，吓得不敢留姓名。警方怀疑这个拿钱的男人与我有关系，好像是场阴谋……

车祸和命案现场能看出来。

可是钱呢？怎么解释？

也许是路人拾走了。

有这么简单吗？

也许就这么简单。

A后来就有些分神了，听不清C又说了些什么。那时候月亮正从一簇很厚的云层中通过，屋子里一下变暗了。A开始穿衣服，准备离开。C说，你今晚就住这吧。A正迟疑，C又说：算了，你走吧。万一明天警察上门来，还真说不清。于是A就走了。报亭的老哑巴正收摊子，A不好再躲过去，便主动打了个招呼。老哑巴停了手里的活，把A拉到报亭里进行了一番教导：你真糊涂！你忘记了我说过的那女人克夫吗？她男人不是倒霉了？你是不是想再跟着倒霉？你说是不是？A摇摇头。A"说"她家水龙头坏了，我去帮她修理。老哑巴鼻子响亮地哼了哼，接着忙自己的去了。

现在A又回到了沙发上。他想就算以后警方知道了他与这件事有关，也不能当谋财害命来定。他只谋了财，没有害命。当然这钱拿回来不怎么体面，但他毕竟没犯法。怕就怕自己说的人家不信。如果真的不信，这事就麻烦了。警方完全可以假设他早就盯上了那辆本田车，而且潜伏在路边，装作熟人搭便车时趁机下手……A确实犯愁了。那笔钱已花去了一半，A想，得抓紧挣回来，然后主动交给警方或者匿名寄过去，这事就算摆平了。至少他心里平了，还能怎样？他想事实就是事实，白的就是白的，警方不会把它说成黑的。他想不会。

翌日一早，A 就出车了。他想大不了拼命干上半年，像离婚前那样早出晚归，凑齐那笔钱不算太难。可是如果这段时间警方查到了呢？这就没辙了。你把人家的钱花了，怎么说也是理亏。我真得抓紧才是，A 想。

A 连续干了三天，每天工作 15 小时。突然这么调整，A 感到确实有些吃不消，好像一根皮条，已经拉松了，再使它紧起来就不容易。到了第四天，一位鹤发童颜的斯文老者坐了他的车，给 A 带来了意外的好运气。老者是美术学院的教授，一上车就打量 A。老者问：你身高多少？体重多少？A 一一作答，但不知老者因何而问。下了车，老者又仔细将 A 审视了一番，然后问：你可以替美院做模特儿吗？A 一开始以为是时装模特，就说可以。后来才知道是人体模特儿，便笑了笑：大老爷们儿哪能干那号事。老者仍执著地说服，说其实也没什么，就像男人去当助产士一样，是艺术，是科学。如果你同意，老者说，价钱好商量。我们教研室有香港企业家资助，会开出很好的价的。你的条件非常之好。A 就问：你们出什么价？老者说，按每小时 150 元计，每晚三小时，白天你照样可以开车。A 想了片刻，又问：

我可以戴上一副墨镜么？

15

事情远比 A 想象的要困难，不是一副墨镜可以解决的。当 A 在更衣室脱衣时，他的浑身便开始抖了。A 想起从前和老婆的一次谈笑，老婆问，什么事让你最不好意思？是不是在大街上叫错了人？A 说不是，A 说是在澡堂子里碰见熟人尤其是碰见老师。老婆觉得奇怪，问：为什么？A 说不知道，就是不好意思，没法躲。约定的时间已到，A 还是感到紧张。那位教授走过来，递过一瓶冰镇的可乐。没关系没关系，教授说，你大可不必这么紧张……当然，第一次也难免。A 觉得教授的这些话仿佛是在安慰一位将入洞房的新娘。A 擦了擦汗，心想这事答应得太草率了。可是这事来钱，一晚下来可以挣小五百，十晚便是五千。钱。转悠一辈子还是为了钱。挣点钱也真他妈的不容易。A 喝完可乐，教授便问：可以进行了吗？A 舔舔嘴唇，然后把短裤脱了，戴上墨镜，披着一件过膝的睡衣，随教授走进了画室。

　　画室里至少有十个学生，其中有三个是女的。他们似乎摩拳擦掌多时了，当Ａ一出现，室内刹时静了下来。教授把Ａ安置在一座小台子上，打开效果灯光，又让Ａ摆好一个姿势，让Ａ的视线固定在左前方的某个点上，这才请Ａ拿掉睡衣：半个小时休息一次。

　　后来Ａ就只听见沙沙的铅笔声了，像割草那样。Ａ使劲盯住左前方那个点，不久眼前就有些模糊了，他只能看见一个女生的红衬衫。

　　这个晚上Ａ喝光了两瓶啤酒，躺到了地板上。不久他听见了电话响，但实在是爬不起来。如果那个穿红衬衫的女生是Ｃ，情况会怎么样呢？Ａ弄不清为什么要这么去想。

　　电话重新响起是在翌日上午。Ａ在地板上睡到后半夜，冻醒了，便草草用热水洗了个澡，爬到了床上。没睡多长时间，Ｃ的电话就拨了过来。

　　你总算愿意接我的电话了。昨晚你上哪了？

　　开车。

　　一天都见不到你的人影！

　　我接了一个长途，累坏了……

　　你怎么突然勤快起来了？你不是过得优哉游哉吗？我根本不相信……

　　除了开车，我还能干吗？

　　你过来，我有话跟你说！

　　电话随后便挂断了。Ａ很不情愿地爬起来，去马桶撒尿。Ａ想女人就这么个东西，同你有一腿了便可遇事不讲理。有什么话可说呢？无非是再出一场汗。Ａ看看窗外，天十分晴朗。这真是个极好的天气，Ａ想Ｃ的皮肤在日光里肯定与月光里有所不同。Ｃ的床是镀铜的，床头有五根支柱，其中有两根较粗，一拳握上去正合适，那是Ａ的两个支点。Ａ当然还有一个支点。今天我会看清她的表情变化，我必须看清楚。

　　Ａ到的时候Ｃ正在厨房里熬粥，准备中午往医院送。Ｃ穿了件很雅致的睡袍，头发凌乱地用一条手绢束着。Ａ倚在门框上看着Ｃ活动，觉得这个女人怎么打扮都让人看不够。Ａ觉得很自豪，但是这个瞬间他又想到女人所说的命案。怎么会成命案呢？Ａ以为确实有些荒唐。如果Ａ

在那个比较遥远的雾蒙蒙的早晨不拿走十万块钱，一切就简单了。可是拿了钱车祸就成命案了？A没法想通。

你老公好了？

只能说有所好转吧，脑子还不太清楚。

会好的。

但愿吧。再不好我可真撑不住了。我现在一见警察就发怵……

你怕什么，你又没有做什么。

可脑子是人家的。人家不这么想，人家压根儿就认为这事没那么简单。

这事本来就是简单。

你别跟我谈这个。你说，昨晚上哪了？

开车呀，我除了开车……

那为什么不接我的电话？是不是在外面做了什么亏心事不敢接？

怎么会呢？

A说完就将C抱上了床。他利利索索地替C脱去睡袍，觉得C的皮肤与想象中有距离，而且没有脸上白。A没有作过多的铺垫就压了上去，但是却失去了一个支点。

你怎么了？

我……这他妈的怎么回事……

你说，昨天晚上到底干什么了？

我……

别碰我！

16

你考虑好了吗？

考虑什么？

上回我们不是谈好了吗？我们希望你不要回避那个问题。我们这样问也没有其他意思，完全是为了工作。情感纠葛我们能够理解，毕竟你和你丈夫年龄上有较大的悬殊，我们只想从中……

我拒绝回答。

当然，你有权对此保持沉默。不过……

我想你们已经知道，今天是我丈夫截肢的日子！两条腿！

谈话就这么结束了。C独自坐在医院会客室里，想象着那个警官最后的目光。那个冷得像刀锋而又意味深长的目光。后果？后果就是自己将守候着一个截去双腿的男人打发残生。这是报应。C想着，现在一切都晚了。这个时候，C就特别想念A。可是这个男人也似乎在变。C多少有点后悔，觉得把自己交给那个男人确实显得过早了。

一连几日，C没有再拨电话过去。晚上，C将客厅里的灯熄了，就坐在沙发上，隔着窗纱有意无意地看着对面。A差不多都是十点半回来，然后就是洗澡、看电视。他的背影很厚实很宽阔，这么好的体魄怎么会不行呢？兴许这男人就是累了。C这么想下来，觉得那个白天自己的言行对A有些重，男人都一样，那个方面最脆，不能轻易去碰。于是C又拿起了电话，想想还是放下了。她想自己应该过去一次，给男人一个台阶。

C从报亭经过，没有注意那个哑巴老太。她没想到老哑巴充满敌意的目光一直追随她进入那个昏暗的门洞。在不久的日子里，C这个晚上的行动由老哑巴用手语复制得淋漓尽致，给女人带来了意想不到的麻烦。

C的突然来访，令A有些难堪。C穿了一件带圆点的红衬衫，外面套了件羊毛马夹。在A迷乱的视线里，C和那位写生的女孩融为一体，A居然有些不知所措了。

你来了……

你不过去，我只好过来了。我是不是很贱？

怎么这么讲。你来看我，我真高兴。

真的？

当然……你坐，我给你倒水……

你别忙，我就坐会儿。那天是我不好，我太任性了，伤了你。我向你道歉。

不不，怪我……

然后他们就去了卧室。A拉上窗帘，同时又拿出一条新床单，认真地铺好。男人第一次吻了女人。他觉得女人像糖似的慢慢在自己怀里化开了。但他却仍然无法使自己的力量凝聚到那一点上。这回女人没有说话，而是细心地照料着，结果无济于事。男人翻到一边，重重叹了口气：

我完了。

女人侧过脸看着男人。她感到吃惊，那是她生平所见最为沮丧的男人脸孔。她抚摸着他，轻声问道：你是不是有事瞒着我？

男人沉默了很久，终于把一切从头说了。女人听完这些，颤抖着坐起来，紧紧抱住一个枕头：我的天……原来是你……

我只拿了钱。我还报了案……我没杀人。你信吗？

我信有用吗？

事情就是这样，我只拿了钱，我还。

没这么简单……

本来就是简单的，我只拿了钱，我没杀人！

你别对我吼，我怕……这下真让警察说对了，怎么偏偏是你呢？你赶快去自首。

我没犯法，怎个自首？

那你打算怎么办？就这么瞒下去？

我还钱就是。我肯定还。

C抖抖嗦嗦地穿好衣服，嘴唇的颜色变得和脸色差不多。C说，你别再找我了。就算我们没见过面，不认识。临出门时，C没忘记取下那枚钻戒，把它放到了茶几上。清脆的一响让A觉得像是听见了枪声，自己被打中了。

17

从那时起，C便像被噩梦追逐似的终日魂不守舍。连日的失眠使她的容颜变得异常憔悴。她看见A还是早出晚归，好像什么都没发生一样。她不知道这个男人将怎样来收拾这个烂摊子。男人很倔，认准这事简单，其实简单的是他自己。C在恍惚中度过每一分钟，她觉得这一连串发生的事仿佛命中注定，最终还是把自己牵扯进去了，躲也躲不过。

C在这个下午后来开始擦拭她的钢琴。这是B送给她26岁生日的礼物，但自从这架琴搬进这座公寓，她就没怎么弹过。她觉得至少有两个半音键不准，原打算很快请调音师上门，不知怎的总是把这事给忘了。

再以后C就索性不碰它了，那些散发出忧郁的日子，C常常觉得自己也成了一架失去音准的钢琴。

C的身影在净亮的琴面上晃动。女人不禁审视着自己的体态与面容，感到很悲凉。这时，门铃响了。C以为是送轮椅来的搬运工，打开门，她便心里一紧：两名警官略含微笑地注视着她。C想起丈夫出事的那天，就是这两名警官蹲在她的门口抽烟。那是开始，现在该是结束了。

可以进来吗？

请吧。我知道你们会上门的，我知道。

你知道？

你们无非是怀疑我同对面那个男人有不寻常的关系，是的，我们好过，但这是在我丈夫出事之后。这不是阴谋。而且他只是拿了钱，还报了案……

两名警官互相看了一眼。其中一个年纪稍长的走到晾台上，向对面窗口看了看，回头问C：怎么会这么巧呢？你说他只拿了钱是吗？

对。他还报了案，他没杀人。

何以见得？

我……我可以拿我的人格担保……

人格能替法律担保吗？

……

不过你能主动把这些说出来，还是很好的。对面那男人在吗？

他出车了。

他有呼机吗？

他……他刚买了一只。

警官把电话拿到C面前：呼他，让他回来，说有急事面谈，不，就说你被开水烫了，就说这些。

C有些沉重地拨了电话。没多久，A的电话来了，C按警官的要求说了。A说立即赶过来。放下电话，C便哭了：他真的没杀人，他……C说不下去，跑进了卧室，掩上了门。

两名警官同时舒了口气，又同时露出了无比得意的笑容。他们不能不得意，因为他们本来是想请这个女人为"警民联欢会"作钢琴伴奏的，没想到却把市局久攻不下的案子给破了。两名警官很有滋味地抽完了一支烟，等第二支烟刚掏出来，门铃就响了。

　　警官打开门时，A 还在像马一样大口喘着气。A 什么也没说，就跟他们走了。A 挺拔的身影被夕阳拉得很长，A 踩着自己的影子，觉得那影子很像一条沟。刚出圆门，A 就看见了一个熟悉的体态从报亭里迈出，那是 D，她出来了，手里除了一只旅行袋还有两条鲫鱼。

　　你这是……

　　我没犯法。这是门钥匙，在家等我。

　　我等你。

　　D 目送男人上了那辆带挂斗的蓝白摩托，正踌躇着，哑巴老太追过来开始对她比划。D 从老哑巴近乎迷乱的手势里却得到了最为清晰的判断，她向右挪了几步，看了看那个公寓楼的窗口。然后 D 把鱼送给了老哑巴。

　　第二天，D 又去了菜市。她始终立在出口的一根方柱后面，没多久，C 出来了。C 今天还是戴着墨镜，脖子上松散地系了一条图案优美的纱巾。D 跟着 C 走过这条小街，等到了一片空场时，D 叫住了 C。

　　我们谈谈。

　　我不同小偷谈。

　　我是小偷，你又是什么？

　　C 愤然离去。D 对着那个矜持的背影喊了一句：

　　记住，我还会找你的！

18

　　这一年的秋天似乎持续很长，已经是 12 月了，树上的叶子还没有落尽。A 进看守所有些日子了。每次提审，A 总是一句话：我只拿了钱，我没杀人。警方没收了 A 的余款 53000 元，又变卖了 A 的一些值钱的家当。警方没有查清 A 作案的前因后果，倒是把 A 同两个女人的交往弄得水落石出。他们不禁摇头叹息，没想到就这么个开出租的把两个女人都给泡了。A 如何发落已成了棘手的问题，似乎种种处理方案都不合适。

　　然而几天后事情出现了转机。

　　B 在那个有霜的清晨恢复了神志，记忆中最先出现的是妻子 C，接着就是那笔钱。当 B 意识到两条腿猝然变短了时，自然痛哭不已。哭声惊动了值班医生，他们给了 B 普通的安慰，然后再内部分享由此带来的特殊欢乐，因为他们是成功者，这个病例将使这座医院的声誉变得名副其实。

警方是上午赶来的。B 向警方哭诉，说都是自己太大意了，弄得自食其果。警方就不打算再问什么了，通知 B 适当的时候去局里取那笔钱。

不，B 说，那钱我不要了，奖给那位报案人吧。没有他，我恐怕早成骨灰了。

警方没有表态。

第三天，A 放出来了。

A 首先想到的是给家中的 D 打个电话，可是没人接。A 就匆匆上路了。A 身上没有一分钱，没走多远，感到有些饿，就找一个摆茶摊的小贩要了杯水喝。A 听见水落到胃里的声音很空洞，他想得尽快走，晚上让 D 再做一顿粉蒸排骨。这时，一辆出租在 A 边上停下来。接着是 C 的声音：快上来。

A 就上去了。C 捉住 A 的手，两人都没说话。一刻钟后，车在公寓圆门边停下了。C 说：

去我那儿吧，我有事同你说。

就这儿说吧。

我是真的有事！

A 就随 C 去了。C 一进门就将 A 紧紧抱住，然后抽泣起来。A 就问：你哭什么？我并没有怪你。我说过这是个简单的事。

C 拭去眼泪：你知道吗，我怀孕了！

A 这下有些惊讶了，A 问：几个月了？

C 说刚三个月。C 说我很想要这个孩子，真的很想，我都快 30 岁了……

A 说：那就要吧。我也想要。

可是，C 说，我能要吗？他马上就出院了，我怎么能……

A 说：没事，大不了我再进去一回吧。这不是问题。问题是我们……

我们怎么了？

我们怎么看都不像夫妻。问题是这。

卧室的门便在此时打开了。B 像尊塑像似的坐在轮椅上，由 D 推着来到客厅。D冲着C一笑：我说过，我会再找你的。

C咬牙切齿地骂了一句：流氓！

D点点头：没错。你又是什么？

B摆摆大手：事到如今，大家都别再说什么了。你们都是健康的人，让我这个残废讲几句吧。

B拨动着轮椅接近A：是你报的案？

A点点头。

也是你占了我老婆？

A又点点头，然后蹲到B面前：你是不是想抽我俩嘴巴？你可以抽。

B没动手，又转到C边上：你怀了他的孩子？

C没吱声。

B又问：你还想嫁给他是吗？

C还是没吱声，背过身去拭眼泪。

B叹了口气：你能告诉我，我们婚后有几天真心的日子吗？一个月？十天？

C突然叫了起来：你为什么不问问你自己？你哪一天相信过我？哪一天没盯梢？

B摇摇头，叹道：你们真不该救我，真的不该……

然后B就将轮椅使劲转到了晾台，谁也没料到这个失去双腿的中年男人会那么敏捷地翻过围栏。A最先冲上前，但还是晚了一步。B像个麻包似的自四楼摔下，那个时候，报亭里的老哑巴正用心在看天上的一只飞鸟。

事情就这么发生了。

半小时后，警方呼啸而至。室内的三个关系人均被带走。现场的目击者只有那个卖报刊的哑巴老太太，在喝过一杯热糖水之后，老哑巴用极不连贯的手势向警方作了这样的解释：

我只看见A的手落在B的肩上，但我弄不清A是拉还是在推。

1997年12月25日　北京月坛之侧

（原载《花城》1998年第3期）

故事

故事背景与人物

  这个故事发生在 1997 年。故事开始的时候是那一年的年初，春节后，当时地上的残雪尚未融化。故事结尾则到了今年。

  故事发生的地点是城市。我们可以把它想象成中国的任何一座城市。我们业已生活多年的城市正在失去特色，连方言都不再纯粹了。所以这一点与构成故事几乎不存在联系。当然，故事结束的时候，城市已经不重要了。就像一台大型的诗剧，到了尾声，天幕上虚无缥缈，舞台上没有一道布景。

  进入这个故事中的人物主要是两个人。一男一女。我习惯以 A 表示男性，B 表示女性——这个字母总让我联想到一位丰满孕妇的侧面。另外还有两个男人也在这个故事中忽进忽出。其中一个叫李成，32 岁，是新亚公司的总经理。他是一个好脾气的男人，凡事都显得稳重，不喜欢跃跃欲试。另外一个男人我们不妨称他作老金。这一年，老金正值花甲。除了谢顶，他算得上一个保养良好的人。按现行的说法，老金属于华裔美国人。他在国内有投资，所以在我们故事开始的时候，这位金先生就出现了。

  现在我们再回过头来重新审视故事的主角 A 和 B。那年 A 也是 32 岁，未婚。这个年纪的未婚男人一般都是很聪明的，就是说，不想下一步死棋。A 当然也不例外。A 从 17 岁起生活中就不缺少女人，而且差不多都是美女。A 是一位职业摄影师，善于抓拍。但他从不拍彩色照片。我们是用肉眼去发现女人，A 却是用镜头。他的 300mm 长焦距镜头可以把百米开外的对象拉至眼下，伸手可触。这些女人在躺到他的放大机下不久，便陆续躺到了他的床上。A 当然要同她们做爱，过后就把放大好了的照片分发给她们。那些年 A 没有赚到钱但是赚到了幸福。据后来 A 说，他没有爱过那些同他做爱的女人。或者说，即使有爱的欲望，那也是几秒钟的事。倒是有几个女人在完事后认真地问过 A：你爱我吗？A 对此皆一笑付之。1998 年秋天，A 在朋友家的麻将桌上结识了作家潘军。后来他们就成了朋友。有一次 A 对作家说，他当时之所以不爱她们可能是因为两点。第一，A 开始于 17 岁的初恋令他大失所望。他为同班的一个女生与小流氓动了刀子，拘留半个月。等他放出来后，那个被他暗恋着的女生却同班主任通奸事发。第二，A 在 25 岁那年下乡采风，在河边看到了一双"干净的眼睛"——他认识了一个叫菊的姑娘。菊是位乡村教师，豆蔻年华。他们约好一个月后再见。可是，在第 27 天头上，菊姑娘下水捞猪草不幸遇难。事隔八年，A 谈及此事还是很难过。尽管那时的 A 已经过得很好了。

关于 B，我了解得很少。我首先不能准确地说出她的年龄，只能说她只有 20 多岁。我认识她时她也并没有怀孕。她说她可以怀孕，只是暂时不想怀，因为"某种原因"。B 谈不上有多美，但气质不俗。她身上散发着"角色"的光辉，怎么看都不像是生活中人。或许是这个原因，我们的交往总是保持着距离。其次，B 的经历我也不太清楚。她曾上过大学，但在三年级时心思就放到了股票上，于是就退学了。那个时期她尚未成为职业股民，她去了一家公司，做推销笔记本电脑的生意。B 在那家公司前后干了四个半月，便因为"一件不愉快的事"给辞退了。这之后，她才转为专业炒股。我们故事开始的阶段，B 已在一套月租金三千元人民币的高级公寓楼里操纵着股票机，其时她对股市的直觉判断可谓出神入化。不用说，年轻的 B 大发了，也算事业有成。"上帝造女人是让她们到这个世界上来花钱的。"这是 B 亲口对我说过的一句话。

故事开始

那么，我们的故事便开始了。作为故事的叙述者，我有责任使这个故事讲得高级一些。在作为一名小说家之前，我的理想是去当一名电影导演。我拥有良好的美术基础，对造型具有本能与职业性的双重敏感。

1997年早春季节，我去海南岛拍摄一部叫做《大陆人》的长篇电视剧，这是我执导的第一部影视作品。为了第一个镜头我苦思了整整一个冬天，终于找到了。那个镜头最初出现的是出租车内一个焦点很虚的小镜框，等焦点变实后，我们才看清框内人是邓小平——他刚逝世。这个镜头提示了时间和一件大事，提示中国的历史又过去了一个阶段。在这之前，我们在出租车里看到的只是毛泽东和周恩来。那时我不知道眼下的这个故事也发生在1997年2月，也将从一张照片开始，所不同的这个人不是个伟人。这个人出现在尼康F2相机的取景框内，是个女人，无疑就是B了。那是一个下午，城市陷在寒气与残雪中很安静。B穿着一件驼色的呢大衣从一家四星级的酒店出来。她围着酒红色的围巾，因此看上去她的气色比往日要红润一些。B刚从转门中转出，一辆白色的奔驰车就缓缓驶到了。这是来接B的，车很新。B打开车门坐了进去，对开车的男人笑了笑：你是不是埋伏在这儿？我刚出来你就到了。男人说是巧合，完全是巧合。我怎么能埋伏呢？B便不多说，她也觉得可能就是个巧合，这个叫李成的男人是不会编瞎话的，也不太会讨女人喜欢。这个下午B的心情一直很好。她同李成相识两个多月，也睡到了一张床上，现在她有点喜欢这个男人了。B当然不知道还有一个男人是真正的埋伏者，此人就是摄影师A。

  在那些日子里，摄影师实际从事的不是摄影行业。他所干的那种事在国外不算新鲜，而且也不丢人。"算是私家侦探吧，"一年后的今天A这样对我说，"从那个下午开始，我就盯梢她了，有人愿意出钱。"

  那天A骑着一辆中日合资的摩托，一直跟在白色奔驰车后面。后来B去了时装大厦，去了附近新开业的一家证券交易所，去了新华书店。那个叫李成的男人始终陪伴着，两人如同形影。暗处的A整整拍掉了两个胶卷。最后，李成送B回了她的寓所。在他们走进电梯的时刻，A也走进了寓所对面的那幢一模一样的公寓楼。A在楼梯拐角处支起了他的相机，这个角度固然不好但足以表现对面的窗户了。A看见李成不紧不慢地拉上了窗帘，在纵深处，B正摘下她那条酒红色的围巾。这是A所拍的最后一张照片，它预示着窗帘后面又将出现一个新的故事。其实那个黄昏的情况不是这样。相处两个多月，李成已熟知B的脾气习性——B从不在自己的床上同男人做爱，她甚至讨厌在这个月租三千元的空间里有男人的气味。B和李成的幽会是在那家四星级酒店，那儿有李成长包的套房。

然而这最后的一张照片却给A带来了好运气。正是根据这张照片，A肯定了那一男一女的关系。当天晚上，他走进暗室把照片一一冲洗加印，然后就给他的雇主打了电话，让他带钱来取照片。A说，事情已很清楚，那两个人就是那么回事了。A又说，他们不像是随便泡泡，倒像是正儿八经的恋爱。电话那边便有了一个停顿，接着那人说：我马上来。

那人走进A居住的这个杂院已是子夜时分。他是打的来的，同几天前一样，他没有让出租车拐进小巷，而是停在巷口。那人付完钱，把羽绒服的帽子戴好，就进了巷子。巷子很深，背阳一边的积雪还很厚。那人踩着雪碴往前走，经过一个卖馄饨的挑子时他迟疑了一下，似乎想坐下来喝上一碗。然而他还是走过去了。那人敲门时，A正坐在沙发上喝啤酒，把电视频道固定在世界杯外围赛的专题上。

A开门，让那人进来。屋内生着炉子，很暖和。那人摘下帽子，于是我们就一眼看见了他的谢顶。

故事发展

自称是金先生的男人在那个冬夜显得无比沮丧。他面对茶几上这一堆刚烘干的黑白照片一语不发。显然他承认了这个事实。A的照片证明了他的预感。金先生付给A五千元人民币。在A看来，这位华裔美国老头出手还算大方。生意就这么做成了。电视里的球赛专题仍在进行，A一直没有关掉电视机，不过是调低了音量。A这样做是不想久留这位金先生，既然钱货两清，这事就算一阵风吹过了。可是A没有料到故事不仅没有完，而且又往下发展了。

你能让他们分开吗？金先生临出门时突然向A提出了这个要求。他的一条腿就踏在门槛上，好像A不答应，他就不想迈出去。

这又何必呢？A喝了口啤酒说，我倒觉得他们很般配的，您别介意；

可我需要他们分开。金先生回过头对A说，如果你可以做，我就不用再找他人了。我当然要加钱的，两万怎么样？

A还未来得及做出反应，就听见金先生又对价格作了调整：那就三万吧。你不是想开一个影楼吗？金先生说完，便从口袋里拿出了支票，填写了一万元。他把这张支票压在烟缸下，说：我先预付你三分之一订金。

A 后来对作家说，当老金撕下那张一万元支票时，他觉得连电视机里的声音都消失了。他唯一能听见的，就是撕支票的咔咔声。这个声音不久又在他梦中反复出现过。A 接受了这桩新买卖。"我知道这很缺德，"A 回忆说，"但那张支票实在太漂亮了。"

1997 年 3 月，A 开始运作这桩买卖。他说他当时的状态很不错，十分兴奋。他觉得自己成了一名间谍和一名杀手，这都是他向往的职业。他认为这件事既不触犯法律又有一个刺激的过程，当然还有一笔数目可观的佣金，是值得一做的。A 以后甚至不为钱所吸引了，他为这个有趣的过程所支配。他像一名职业特工人员那样，分析目标，制订计划。在A 的屋子里，至今保留着一块白色的"黑板"，他每天要记下当日的行动安排和工作疑点。他还去旧货市场买了一台差劲的 386 电脑，把自己整理出的资料全输进去，储存起来。比如 1997 年 3 月 7 日，A 作了以下记录与分析：

今天随他们去逛街。在天桥上，一个小乞丐向他们要钱。男人没理，女人却给了十元。男人对女人说："这孩子是个小骗子。"女人有点不高兴，女人说是骗子我也给。（这说明女人很有同情心，心地善良。男人却有些小气。好女人应该是不喜欢小气的男人的，何况那家伙是个老板。）

再看 3 月 12 日——

下午有雨，他们在一家小馆子吃饭，吃的是小米稀饭和韭菜饺子、玉米饼。（他们吃惯了山珍海味，大概想换个口味吧）女人碰见了两个熟人，好像是大学同学什么的。女人没有向这两个男人介绍李成而是走到一边同他们说话，眉飞色舞。李成不乐，也没多说什么，只是埋头吃。我后来偷偷帮他们买了单，我想李成知道肯定会不高兴，这就对了。（千里江堤，毁于蚁穴，从一点一滴开始，不怕不成事。）

3月18日是这样写的——

　　他们从酒店出来,男人把车钥匙给了女人。我这才知道女人也会开车。上车前,男人发现引擎盖上有鸟粪,便用纸擦了。男人好像低声骂了一句脏话,脸都涨红了。(我想刚才他们在酒店高级套房里没有睡觉,要不男人的脾气不至于这么坏。他是在借鸟粪出气。当然他也心疼这车,像心疼女人一样。)

诸如此类乱七八糟的东西A记了不少。但是后来的事实证明,它们很有用。A据此制订出下一步的计划,这些计划的思路也确实对头。A现在抖落这些时仍不失几分激动,并以马克思主义文艺批评家的一句口头禅作了总结:一滴水也能反映出太阳的光辉。

　　到了这年四月,A的第二阶段行动又开始了。如果说第一阶段A主要是以观察分析为主,那么第二阶段便要以行动为主了。如同勾引一个女人一样,离间一个女人也是需要步步为营的。况且在A看来,后者难度似乎更大。A首先放弃了主攻女人的企图,改为佯攻男人,以此造成女人对男人彻底的失望。A认为,像B这样的女人一旦对与她做过爱的男人感到失望,便会毫不迟疑地将他赶下床去。于是A决定做三件事。

　　第一件事,A买通了一个小女孩,定期定时去给B送红玫瑰。每周末一次,时间在晚上十点。此时李成会送B回寓所(B从不在外面过夜)。第一次,李成与B刚刚走出电梯,那个小女孩就从柱子后面闪了出来,还上前对他们行了一个队礼,郑重地把花交给了B。小女孩没有忘记A的叮咛,说:是一个大个子叔叔让我送给您的。B自然感到意外:大个子?她把自己认识的大个子合排了一遍,还是不知所措。边上的李成对"大个子"有一种本能的畏惧,因为他是个矮子,穿上皮鞋才是一米七。这一次他们都没有往心里去,B只认为可能是一位出差来此地的同学或熟人,花也只表示礼节。第二个周末,小女孩又来了,手中的花由9朵变成了19朵,话仍是那么一句:是一个大个子叔叔让我送给您的。李成就问:还是上回那个?小女孩说还是。李成就看了看B。B笑了,说你看我干吗?你应该感到自豪才对。等进了屋,李成认真把花数了一遍,说:下个周末恐怕是29朵了。B说,想送就尽管送呗,他不怕麻烦我还怕什么。李成这时便问：他是谁？B眉毛一挑：你问我我问谁呀？李成淡笑了一下。B却严肃地说：李成，我生活里没有第二个男人，记住这句话。说完，B就进卫生间洗澡去了。等她洗完澡出来，李成已经离开了。这个晚上B有些纳闷，她怎么也弄不清从哪冒出来一个"大个子"。但她也没多想，她作息很正常，起居有规律，到了11点半，就是真有大个子坐在她的床沿，她也会睡去的。

第二件事没有规律性，但与第一件事是并行展开的。A出了十块钱，让一个小乞丐把"专治男性不育"的告示贴在那辆白色奔驰车上，好像十分有针对性。李成当然是生气了。那个小乞丐当时就在边上看着他。B倒是笑了，她也给了小乞丐十块钱，让他冲洗告示。小乞丐一进一出就挣了二十，来劲了。于是连续几天都自发地把"专治白癜风"、"专治脚癣"之类的告示偷偷往白色奔驰车上贴，结果弄巧成拙，让李成给逮住了，抽了他俩嘴巴。我操你妈！李成一下吼了起来，我剁了你！从后面赶来的B将李成拉开，小乞丐捂着脸逃走了。李成还在气头上，话越说越没谱。老子就是见不得这些小杂种就像希特勒见不得犹太人可你居然还给他们钱！B给弄怔住了。B说，你这人真没劲。李成涨红着脸质问：我怎么没劲？我有没有劲你难道不清楚？我他妈还需要"专治"吗？B调头就走了。

事隔数日，A亲自动手做第三件事。A注意到B每周必去一趟洗衣店，把换下的衣服送去，再取出洗净熨平的。关于这件事，A现在向我表述时将操作的过程与细节一并省略了，他只讲了结果。那是个星期天的下午，李成送B回寓所。途中，B去洗衣店取了衣服。这段日子他们小灾不断，两人的情绪时起时落。不过李成对B仍是在意的。李成无法摆脱"大个子"投下的阴影，也不便就此事多向B提出质询。在B高兴的时候，男人顶多以玩笑的口吻说上两句无关痛痒的话。"我看你别炒股了，不如开个花店。反正有人供货。"也就这程度。B回答说，要是他每天送一卡车花来，我肯定开。这个下午，李成随B去了寓所。原定两人晚上去听一场音乐会的，有个西欧的铜管乐团来城市作文化交流演出。为了表示对艺术的尊重，B需要从里到外都换换衣服。他们走进门，客厅里的红玫瑰十分夺目——这是昨晚那个小女孩送来的，已达39朵。李成对音乐完全是外行，但此刻是不敢扫B的兴的。B换衣的时候，男人便注意看着那束花,他很想把它扔出窗。要是将来结婚了,再发生类似的事,我一定……男人还没想好一定什么,就听见女人呀了一声。李成回过头,看见B从洗衣袋里拖出了一件带条的大衬衫,男式的。

这是怎么回事?B问道,又像是自语。

你问我我问谁呀?李成这样回答道。

肯定是洗衣店搞错了。B说。

这么巧……李成淡笑了一下。

那个时刻A就在对面的楼道上。他的眼睛紧贴着照相机。他看见B一下站了起来,对着李成扬起了一只手。"我愣了一下,"A回忆说,"接着感到左腮又热又痛,好像那一耳光抽在了我脸上。"

故事出现停顿

城市的那一年春天是在一夜间过去的。一场突如其来的大雨之后,天气明显转暖了。那个来自西欧某国的铜管乐团前两场的演出仍是西装革履,到了第三场,他们只好穿衬衫了,领带松散地系在脖子上,指挥也脱下了燕尾服。

那也是个令人烦躁的夜晚。

A约金先生去了一个叫做"午夜"的啤酒屋。他们畅快地喝着啤酒,谈论着香港回归。金先生兴致很高,说香港回归之后,香港的政治与经济如果像报上说的那样稳定繁荣,他有可能将自己公司的总部从洛杉矶迁至港九。我毕竟是炎黄子孙,金先生说,我的根在中国。金先生似乎真动了感情,越往后说声音就越颤抖,眼泪也跟着淌下了。于是A为他点了一支《我是中国人》。金先生说这歌好,真的很好。两人大约坐了两小时,A才结了账。这之后他们就沿环城马路散步,初夏的夜风不时掠过他们的手臂。这时候A拿出了一个很厚的牛皮纸信封,交到了老金手上。A说:那事我不想干了,这是那一万块钱,点点。

金先生自然感到意外,因为几天前他与A通电话,得到的回答是"事情进展顺利"。他很高兴,并在电话里暗示将对A作三万元佣金以外的奖励,但他要求必须见到"肯定的结果"。A说,我会让你见到的,很快就会。可是事情竟起了变化。现在A已经坐在路边的隔离桩上,点上了香烟。他在等待老金的答复。如果老金不作答复,他也准备烟抽完就走。

何必要半途而废呢?金先生沉默片刻后这么说,是觉得佣金不够?

不,A说,我只是不想干了。

就算是帮我一个忙吧。金先生仍在说服。

A站起来,问道:"你干吗要拆开他们?我总不能稀里糊涂地去帮这个忙吧?

金先生不自然地笑了笑,说:有些事情我暂时不便说,很抱歉。

A于是就离开了。刚走几步,他听见老金在他身后说:你该不是爱上她了吧?A停下来,老金便又走近。老金说,如果是这样的话,也算是成交。我只要那女人离开李成。

为什么?A回头再次问道。

老金没有回答。

故事至此出现了停顿。当然小说还得往下写。1997年5月4日,青年节这天,A离开了城市,乘夜行列车于翌日黎明抵达了一个叫清埠的地方。那是个衰败的旧码头,却拥有一面秀水。他想在这里住上一个时期,顺便拍上一些照片。几年前,A便是在这儿遇见那双"干净的眼睛"的。作为摄影师,A平生最大的遗憾是没有将这双眼睛记录在胶片上。"我随身带来的胶卷全拍完了,"A回忆说,"清埠又买不到。我同她约好,一个月以后再见。她同意了。她当时正撑着一条小船去给邻乡一个生病的孩子补课。"后来的事我们已经知道了。

这一次A来清埠,是在他那间暗室里决定的。A同老金分手后,回去就先洗了个澡。在洗澡的过程中,A把这些日子所干的事粗略回想了一遍,其中有些细节居然记不起来了。他觉得奇怪。好像这些事是别人干的,自己不过是个用照相机作记录的目击者。这天夜里A后来就进了暗室。他把从前同自己相处过的那些女人的负片全翻了出来,重新一一放大洗印。"那一夜我真是很无聊。"A回忆道。暗室里只有一台老式华生电扇,A光着膀子,干得大汗淋漓。"我不是想象在同她们做爱,我是想做一个游戏。"A这样对作家说。A要做的游戏其实也很简单。他把这些女人的面部全用纸贴上,只留出她们的眼睛。这些照片裁剪得整整齐齐,像一副扑克牌。于是A就像玩牌似的洗来洗去,抽出一张猜测,对了打"√",不对打"×",然后再抽出一张。"成功率如何?"作家这样问 A。他一下就笑了,说惭愧惭愧,一连猜五个全是错的,不及格,我这人真是有些卑鄙。第六张对了还是另有原因,那个女孩眉心有颗痣。A 喝了口茶,继续对作家说:

　　到了第七张,我突然吓住了。因为我面对的是一双"干净的眼睛",而这绝对是不可能的!我小心地将"她"面部的纸撕去,出现的竟是 B。我不知道 B 的照片怎么混进来了,我盯了她那么久,从来就没有发现她有这样的眼睛。

　　那时已是 1997 年 5 月 4 日的凌晨三点。A 又洗了个澡,然后进暗室把连日来偷拍的与 B 有关的照片逐一放大。相纸感光后放入显影液中,A 看见 B 在水中渐渐清晰了。"液体晃动着,"A 回忆说,"我好像觉得那双眼睛真的活起来了。"不久天已大亮,A 的工作结束了。他打开窗户,城市的清晨空气也散发着煤油味,使他在这一天里感到异常疲倦。

　　1997 年的夏季对 A 来说,是乏味而漫长的。他在清埠一家简陋的小旅店里消磨时光。小镇的古拙之风业已散去,连石板路也浇上了沥青。A 几乎找不出旧日的痕迹,只有在黄昏的时候,他去那条河里游泳,才觉出一点轻松来。他常去老街上拍照,想拍点明末清初遗下的老房子,可是现在当地人没有几年前那么热情了,也不围观,只要他付钱,否则他们就用草帽或蒲扇将他的镜头挡上。"我真是被弄得哭笑不得,"A 这样对作家说,"不过我又想,这也许是个报应。"一天夜里,有人敲门了,是一个打扮得像年画似的女人,丰满的身体仿佛在花露水里浸过。女人摇着团扇,问 A 要不要服务?A 不知所措,他的视线被女人左顾右盼的乳房所迷乱,但他看清了女人嘴里有一颗金牙。

　　A 在清埠住了两周,便像贼一样逃去了。

故事又有转机

　　"人生有许多事情确实不可思议。"1998 年秋天 A 向作家潘军谈及这段往事时这么感叹道。A 的语气似乎有些漫不经心,给人一种局外人的感觉。另一种感觉是,这段往事不是发生在一年前而是在十年前。A 大概注意到作家的表情反映,便宽厚地一笑,说:"从清埠回来后,有一天我刮胡子，觉得镜子里的那张脸不像是自己的。后来我干脆就把胡子留上了，留成了现在这个样子。"

1997年7月1日，中国政府对香港恢复行使主权。城市的那个夜晚热闹非凡，人们都从家里跑出来观看由市政府组织鸣放的焰火与礼花。在市中心的大型电视显示屏周围，簇拥着喝啤酒的男人和跳迪斯科的女人。人们狂欢之余，不经意中见到附近原先的那家皮鞋专卖店变成了装修一新的影楼。第二天，晚报的中缝里就出现了这座名为"黑白空间"影楼的广告。不久，生意好起来了。

影楼的落成标志着A过去那种"玩"的生活终结，至少是告一段落。这个男人足足玩了15年，是一只倦鸟，现在他需要找棵树落下来。已过30的他那时只有一个念头，就是多挣些钱，然后去过父母要求的那种"正常人的生活"。他开始以选择太太的眼光去留意身边的女人，包括他的某些顾客。但是女人们往往看重的是他对照片的优惠打折，过后就把他忘了。这让A很困惑，从前他玩的时候，摆平一个女人易于反掌；如今他不玩了，女人只不过把他视作一台尼康F2。他想这世界真是变了，变得自己连腿都不知往哪儿迈。

在这样的时候，A想到了B。他把B的负片全找了出来，挑出一些进行放大加工，做成不同的效果。他最喜欢的是B欲上白色奔驰车的那个瞬间：B在打开车门的同时下意识地朝镜头这边望了一下，她的头发飘动起来。A把这张照片制作成了高调，因此照片上最为突出的就是B的那双"干净的睛睛"。1998年秋季的一个傍晚，A让作家参观了他的暗室。不足六平方米的空间，B的照片镶在各式大小不一的镜框里占满四壁。后来作家也承认，作为男人，他也被那张照片打动了。

故事的转机是在一个雨夜。

那场雨下得真是时候，使城市挣脱了连日的炎热，临时抄袭了秋意。A当时正躺在沙发上欣赏一部盗版的VCD《齐瓦哥医生》，一边喝着啤酒。A记不得这个故事的来龙去脉，但被那些精湛的画面所吸引。那些画面实在是太美了，古堡、雪原、白桦林放射出动人的影调。一年后，A与作家潘军成了朋友。他从作家的书柜里发现了一部前苏联的小说《日瓦戈医生》，于是将这部书带回来看了一遍，然而感受却很不一样。A向作家继续谈论着那个雨夜，心情显得特别好。自从影楼开业以来，每天的营业额均在三千元左右，剔去成本开支，A估算一年下来可净挣十万。如果没有后来的事，A早就鸟枪换炮过起云上的日子了。后来的事开始在这个雨夜的十点。

A接到了一个电话，对方是女声。女人自称从晚报上看见了"黑白空间"的广告，想预约明天上午。可是A说，上午不行，上午的时间已被一家企业约定了，他们要拍灯箱广告。下午怎么样？

女人说下午她要飞深圳，机票都已订好了。女人说她在一个朋友家里见到过"黑白空间"的作品，认为不错，才拨打了这个电话。

A说，那就等你从深圳回来吧。

这时候电话有了个停顿，接着女人问道：你现在有空吗？

A本想谢绝，但客户的信任又让他不好意思开口。"她提到了'作品'，"A回忆说，"影楼里能出什么'作品'呢？可我还是有些得意。"于是A同意了，约好一小时后来"黑白空间"见面，不见不散。A放下电话，关掉VCD，然后就拿起头盔出门了。那时候雨已转小，雨丝在路灯下飞舞使城市的夜看上去朦胧而神秘。街上几乎没有行人，稀疏的车辆不时从A的摩托边驶过。出门时，A没有换鞋，就穿了件尼龙防雨衣。他想就一会儿的事吧，那个女人顶多拍两个胶卷。样片出来，哪些需要制作的，是女人从深圳回来以后的事。A从立交桥下拐出来，刚提速，就看见眼前大亮，然后他看见自己的一只拖鞋像蝙蝠一样飞起，以后就什么也不知道了。

A醒来是在第二天的傍晚，他躺在离影楼最近的一家医院里。"我的两条腿都上了夹板、打了石膏、吊起来了，"A回忆道，"我这才知道发生了什么事。我把手伸进裤裆，那件东西还在，还有感觉，也就放心了。"一小时后，两名交警坐到了他的床前，开始询问发生在18个小时之前的交通肇事逃逸案。警方提供的情况是：昨夜临近12点时，这个医院接收了他，是被两名看上去像外地民工一样的男人送来的，并且还留下了五千元的现金。但是，警方认为，民工是不会有高级轿车的，民工肯定是受车主所托，把A送到了医院。那么车主是谁？那是辆什么车？警方希望A尽可能回忆出点什么。A摇摇头。A说，我只看见了我的一只拖鞋在飞。

许多天以后，警方找到了那个肇事逃逸者，正是那个预约拍照的女人。那时她正努力帮 A 把轮椅推上一个斜坡，警方就来了，亮出了一只塑料袋，那里面装着两片白色的车漆。

这个女人是 B。

故事一波三折

1998 年秋天我从 A 的暗室走出来，外面的天色也转暗了。A 那时腿已恢复得很好，但似乎是习惯性地拄着一根黑色拐杖。他在我面前悠闲地走动着，形象如同一位失败的淘金者或者一个倒霉的艺术家。不过那一天里，他的情绪始终很好。他在向我叙述自己的那段往事时有着按捺不住的炫耀，甚至近乎夸夸其谈。以致使我后来常常把这件本来真实的事情看做了虚构。A 谈兴正浓，执意要留我吃晚饭。我本想推辞，打算去宾馆看望一位外地来组稿的编辑，这时，B 来了。我们是第一次见面，她显得有些局促，把随身带来的一个大西瓜交给 A，斯文地坐到边上的一把小椅子上。B 与照片上的那个女人判若两人，当时我的印象是，她至少已由作品成为素材。A 给我们作了介绍，就出去买凉菜去了。A 那时的背影倒真成了艺术形象。在我写这篇小说时，A 拄着拐杖走进暮色的姿态又浮现于眼前。

那天，我同 B 几乎没说什么。

几天后的一个下午，B 呼了我。电话里她从容得多了，她说想同我谈谈，想对她和 A 之间的某种事"作出解释"。显然，A 把什么都告诉她了。我欣然同意，所以这后来的故事我是从两个渠道听来的，虽然说的是同一件事。

先听 B 的——

我至今不知道那天晚上干吗要那么急着去拍照。我想以自己的照片制作一个台历，其实那时才七月。我真是有些奇怪。当然我这个人很任性，想做的事恨不得马上去做。放下电话，我立即找出了 12 套衣服，四季都有。我是不是有点自恋倾向？

李成半个月前去了深圳，谈一个房地产项目。香港回归了，他觉得南边会出现新的机会。他希望我过去一趟，我同意了。那些日子我们相处得有些冷淡，发生了那么多古怪的事，我虽然搞不清楚，但觉得该多给他一点安慰。他对我很好，就是不自信。我只要不在他身边，他就有点魂不守舍，电话里就问"出什么事了？"这也挺烦的。

那天夜里我开着的就是他那辆奔驰车。我历来开车是很谨慎的，特别是雨天。我刚从立交桥下来，车速很慢。等我提速时，手机响了，是李成从深圳打来的。我拿起电话，再抬头，就看见一辆摩托从桥底下钻了出来，想刹已来不及。我撞上了那摩托，看见那个人弹到了五米以外的地方。我吓得差点要晕过去，下车后浑身哆嗦得不行。我走近那人，听见他在自言自语地哼哼，地上又没有血，心下才踏实了一些。我想这人肯定是伤了。这时有两个外地民工路过，我给了他们两百元，请他们帮我把伤者送到了医院。我身上就五千多点现金，全交了。

第二天上午我又去了医院。在走廊上我听见有人对昨夜的事发表议论，说被撞的人虽然脱险了，但至少有一条腿可能保不住。我心里立刻又重了，没有勇气进那间病房，当然就更不敢自首了。我要做的只是通过邮局给医院住院部匿名寄了一万元钱。我在附言上注明是给二区五病房三床的——那会儿我还不知道他叫什么。做完这件事就到了中午。我赶回去收拾行李，把那12套服装又重新挂到衣柜，这时，李成又来电话了。李成说几小时后他去机场接我，又说这回再陪我去香港兜一圈，电话里他兴致好极了。我一语不发，听他说。他足足说了不下五分钟，突然问道："你怎么了？"我还是没吱声。李成便又问：是不是出什么事了？我一听这话就来了火，我说是，出事了！出大事了！我不飞了！说着我就把电话挂了，然后哇哇大哭。我大概哭了很久，李成的电话不断往这儿拨，铃声一串接一串，我不想再接。

我没有去深圳，李成也没有飞回来。后来他说他当时手头的事丢不开，而且他要在深圳等一个客户。那几天我思绪乱到了极点，所有的电话我都不接。每隔一天我去趟医院看看，大概是第五趟吧，我才看清了他的脸，也弄清了他就是那个影楼的摄影师和老板。我只是隔着玻璃看一眼两眼，那会儿他已经和同屋的病友又说又笑了，可还是躺在床上，吊着腿。我当时还是觉得愧疚，每回都想进门去坦白。如果不怕警察找麻烦，我自信他会原谅我的。我虽然隔着玻璃戴着墨镜，但我看清了这个男人脸上没有恶相。那时我就是这么想的。

再听A的——

我已经说过了，只要那件东西没弄坏，别的我都不含糊。大夫给我看了片子，说右腿是粉碎性骨折，完全恢复的可能性不太大。可我凭直觉判断，他们讲的是屁话。医生总是把自己的余地留得很大，就像中国足球一样，一失败教练就把责任推到球员身上。你看我现在恢复得不是很好吗？我那时最讨厌的是病房里的气味，天他妈的又热得厉害，所以石膏夹板一卸，我就嚷着要轮椅。我要活动。要四处看看。警察隔三差五地来找我，连个苹果也不带。他们关心的只是案件，我真不想理他们。听说那个肇事者偷偷给我寄了一万块钱，我就觉得那个人良心还不错。我对警察说，算了，找到那人也没多大意思，不告不发吧。警察似笑非笑地看着我，我想他们肯定弄误会了，以为我在怀疑他们的办案能力有限。以后他们也就懒得来了，我倒是轻松了许多。那时我也常想，撞我的是什么人？我确实认为应该是一个女人，女人总是胆小嘛。可我没想到就是她，万万没想到，不敢想。

我从没留意有个戴墨镜的女人常在窗外注意我。直到那天下午，有人帮我的轮椅爬坡，我才吓了一跳。当时她的脸离我顶多一尺，我的呼吸马上就短了。以前我多次看她就这么近，但那是在镜头里，我嗅不到她的气味。我说不出话，表情据她后来说像一块抹布。其实那一瞬间她的表情也很傻，她说你现在坐轮椅早了点，应该卧床。说着她的脸便红润了，躲开我的视线，装出若无其事的样子去看天色，说没准儿一会儿有雨。我们停在住院部的门厅里。我平静下来，对她道谢。她摆摆手，继续看天，又拿出汗巾纸擦了擦汗。我想一定是那个叫李成的男人也住院了，这么巧。这些日子我差不多把她忘记了，或者说我只把她当成一幅作品保留在记忆里，她的脸她的身体都是平面，她的表情凝固在某个瞬间。我忽然叹了口气。她似乎很敏感地转过脸。你怎么了？她问道，是不是腿疼得厉害？我说不是。我说我心里发闷，乱得很。她一脸狐疑：你心里也乱？

警察便是在这个时候出现的。这个我已经对你说过了。后来她就给带走了，那时我真的还没反应过来。这天黄昏，其中一个警察又来找我，说下午带走的那个女人什么都招了，事故现场找到的油漆同她的车漆又完全一样，案件算是告破。你赶快找个律师吧，警察一边剥橘子一边说，把谈索赔的单子列出来。说这话时警察又用似笑非笑的眼光看着我，那意思我明白：小子，因祸得福了吧？那女人是大款。我躺下来，违反院规点上香烟。我说，我不想告她。警察把橘子从嘴边拿开，问：不告？我点点头，接着我说事故的当夜我喝了酒，我也有责任。警察就问是啤酒吗？我说不是，是二锅头。警察一下就火了，说你他妈的干吗不早说？天这么热，让我们费了半天劲，你小子撞死活该！

故事以新的姿态在飞

1997年8月26日，B在经过15天刑事拘留后放了出来。这一天是个阴天，但对于B来说仍不失为一个好天气，她至今记得当时的感觉：天空像海一样壮阔，而且是波动的。

来接她的是李成。他是在B拘留的第四天头上回来的。有人在奔驰车维修部看见了李成的那辆车在换左大灯，遂拨打了他的手机。李成推测一定是B闯了祸，才取消了深圳之旅。男人的心悬了一个多月，这回放下了。在仔细询问车况之后，李成便飞回了城市。他在南边把该办的事全办好了，那个从香港过来的客户也见了面并很轻松地谈成了一笔生意。如果没有李成后来的周旋，B至少要拘留三个月。李成在这个城市还是玩得转的。在来拘留所之前，李成还去了那家医院，给A送去了一些进口的营养品。他由衷地感谢了这个男人的诚实，表示今后若有用得着的地方，没有二话。我们就算不打不成交吧，李成激动地对A说。后来的事情证明，李成是个说话算数的男人。不过在那时，A听了很不是滋味，"连骨头也尴尬了"。

李成还是开着那辆白色奔驰车。左大灯换了，引擎盖的一角也弄平整了，新喷的漆。可李成觉得还是很别扭，似乎开起来不顺手了。那会儿又正值汽车行驶的高峰期，一路都是红灯，都是堵。李成不禁有点骂骂咧咧，边上的B却一声不吭，茫然看着窗外。

这车他妈的怎么回事！李成自语道。

B说：保险公司只认了60%，余下的我给你补。

李成说，你别误会，我不是这个意思。

B说：我是这个意思。钱已转到你账上了。

李成把车停到路边，责备道：你干吗这样？我俩谁跟谁呀？啊？

B 说：你是你，我是我。

然后 B 就下车了。当夜，李成又去找 B 了。他这回也买了一束玫瑰，是 49 朵。B 刚洗完澡——这个下午她就一直浸在浴缸里。她在拘留所待了 15 天，与两个妓女一个小偷合住一室。她也没觉得有什么自尊不自尊的，只是忍受不住蚊虫的叮咬。B 在浴缸里粗略数了一下，身体上有 18 个红点点，这是暂时无法洗掉的。李成把花插到瓶里，从后面搂住了 B，接着就吻她的颈项。B 没动弹，说：想来就脱裤子吧。B 说这话时一点也没用劲，说得异常平静也异常平淡，可是李成却引起了更大的不安，他知道 B 是从不在这张床上同他来事的。李成的手随之就沉默了。两个人都坐下来，李成坐在沙发上，B 坐在床上，时间便从这两人之间穿了过去。那个时候，医院里的 A 正打开李成送来的营养品，一种苦甜参半的口服液，带有镇定安眠的作用。所以那个晚上 A 睡得很香。A 依稀记得自己做了一个梦，那只拖鞋变成了一只鸽子，停在了他的窗台上，注视着他的那间暗室。

第二天，B 出现在 A 的面前，穿着一件宽大的 T 恤，手里拿着一束黄白相间的花，A 叫不出这花的名字。A 已经在练习拄双拐了，他的左腿已接近恢复，右腿仍有些问题。A 傻笑着，口腔里又泛出了那种口服液的味道。A 问：你还好吧？B 点点头。A 说昨天李成来过了，送了许多东西。B 没吱声。A 颠了几步，说李成该想办法替你在里面挂一床帐子。他显得有些语无伦次。1999 年秋天，B 向作家提到了这个细节。B 说，这句话让她差点落了泪。"这个男人也注意我的身体，"B 说，"但没有忽视我身体上的红斑。"

这以后每隔一日 B 就来医院探视。他们一般是坐在树荫下聊天，话题全是海阔天空。但是 A 明显地注意到女人逐渐走进了阴郁，他猜想一定是她同李成之间出现了问题。于是他有意把话题牵到那个男人身上，他甚至问起他们将在何时举行婚礼，尽管那不过是个仪式。B 说，我从未想过要嫁给谁。真实的情况是，B 再也没有去过那个著名的酒店，她同李成的关系已经拉得很开。李成当然是不甘心的，他自觉没有做错什么。有一回他去找 B，焦躁之余又诚恳地问道：我做错什么了？B 说，你没错，是我错了。这令李成感到困顿，他又进入了习惯的思维轨道，他问：出什么事了？B 不禁看了男人一眼，叹道：还需要出什么事呢？

不过后来也的确出了一件事：B的股票几乎全线崩溃，彻底被套牢了。这无疑使女人如临深渊。1997年的夏季，国家风调雨顺没有天灾，但是这个女人的日子雪上加霜，她的心灵提前经历了冬天。

一个雨后的傍晚，B又在树下见到了A。这回是女人发现了男人的沮丧。"当时已经是七点多钟了，外面的天还是很亮。"B回忆道，"我远远地就看见他坐在石凳上，用拐杖机械地捣着地面。"B记得雨后的天空出现了奇异的云霞，一只浅黄色的蝴蝶从男人宽厚的肩头飞起。A在等待，兴许是等得有些不耐烦了。于是B在远处就喊了一声，她相信这一声男人是听见了，可他并没有回头。

你怎么了？B这么问道，并把路上买的饮料递给A一听。是不是片子结果不太好？

A叹了口气，说片子结果不错，过几日他便可以出院了。

那应该高兴才对呀！B说。

A用拐杖敲敲石凳，说：你坐下，我有话对你讲。这话压在我心里好久了，我必须讲，当面对你讲出来。

本已坐下的B又站了起来，她感到诧异，她断定男人会讲什么，而这是她根本不想听的。这些年有许多男人都讲过类似的话，她听够了，甚至感到害怕。B说：你别讲。

A说：不，我今天非讲不可！

B说：如果你讲，我现在就走。我不会再来看你了。

A还没有讲，B真的就走了。以后的几天B也就没有到医院来。1998年秋天，A在同作家谈到这一段时，忽然意识到他与女人在那个明亮的傍晚进行的短暂交谈，实际上导致了一场误会。"现在看来，她当时可能以为我要向她作爱情表白。她被这个弄怕了。"这样从容地总结道，"其实你知道我想说的，是另一件事。我从不对女人表白。"

一周后，A出院了。从医院回到自己的屋子，A还是心情愉快，虽然屋子里霉气很重。A在住院的日子把影楼委托给了一位朋友管理，但住宅一直没让人进来。他担心住进来的人会乱翻东西。天气很好，A把所有的窗户都打开，再把所有的电扇打开，一个上午他都在进行打扫。等收拾完暗室时，他已累得像一头卸了磨的驴。太阳开始西移，阳光软软地照在那些镜框上，产生出特殊的效果。"它们像作了压膜一样整体呈现出清洁。"A 这样说道。那一刻，男人体味到了真正的忧伤。男人后来就把身体放平在竹席上，他想该实实在在地睡上一觉，这是躲避一切烦恼的最好方式。为了保险起见，他把李成送的那种口服液余下的几支全喝了。这时他又想起一个久违的人，就是老金。他差不多已经忘记了老金的面目，浮动在眼前的只是一个谢顶。他弄不明白，那老家伙为何要花钱拆开那一对人儿。没多会儿，A 沉沉睡去。

雨是在天黑透之后下起的，伴有不小的风，使城市又拥有了一个舒服的晚上。风雨声拍击着门窗，A 便是在这杂声中醒来的。室内一片黑暗，因此闪电的光弧得到了强调，可是没有一声雷。A 单腿跳了几步，打开灯，接下去是急着跳进暗室，他担心这场急雨会弄坏他的放大机。这时候，他见到一件沮丧的事终于发生了——

暗室的四壁只剩下了那些空镜框。

故事进入冬季

1998 年秋天我同 B 的交谈是自由而松散的。谈话历经近三个钟头，地点是城市北面的公园。我们租了一只脚踏船，在那块不大的湖面上兜圈子，这与我对谈话的评价是一致的。B 并不是对某些问题难以启齿，而是很有策略地回避着。B 承认，最初对 A 这个人"充满感激"，这个男人以酒后行驶为由把车祸的责任揽过去了一半，她不能不感激。但后来的事让她惊讶不已大失所望。"那时我才知道，他帮我其实是为自己赎罪。"B 感叹道，"他不过是在帮他自己。"

B 是大雨来临之前找到 A 的住处的。这场雨造势已久，迟迟不肯落到地面。B 到达时，天气尚未转暗。这几天她每日都给医院去一个电话，担心 A 的腿会有反复。今天医院说，二区五病房三床已办理了出院手续。于是 B 上街买了一副铝合金拐杖，按图索骥地找来了。她先去了那个"黑白空间"影楼。打听到了 A 的住宅。"我本可以先打个电话的。"B 回忆说，"想想还是没打。我害怕他在电话里说些什么。我那时只想尽早把这件事了结干净。"

B 在窗口便发现了自己的照片。第一眼，她以为看错了，等她伏在窗口注意看时，她不寒而栗，一屋子的照片全是她的！"我简直不敢相信，我被这个男人盯梢了半年！"B仍有些气愤地回忆道，"那一刻我脑子里翻起了许多事。我甚至怀疑这起车祸有无背景，我感到莫名的恐惧。"

尽管这样，B还是进屋了。门虚掩着，A松弛地躺在竹席上，霉味还是较重。B没有叫醒A，她还处在无边的困惑与恐慌之中。她站在一边注视着这个睡得很沉的男人，她怎么也不能从那张敦厚的脸上看出卑鄙来。室内的光线越来越暗了，B进了暗室，把自己的照片一一卸下。当她决定离开时，她没忘记把那副尚未拆封的铝合金拐杖留下。

几天后，A拄着这副铝合金拐杖去了那座久违的公寓楼。门卫告诉他，B已于昨天搬走了。门卫说那个女人兴许要离开这座城市，因为她连钢琴也打折处理掉了。

"我没有再打听她，"A这样对作家说，"我那时的感觉，她像一只鸟似的飞了去。不是候鸟。"

不用说，男人在那些日子里沮丧而悲凉。1997年的秋季便是在这样的时刻裹挟这座城市的。可是没有人感觉到季节的变化，因为在他们看来，这个城市的秋季总是一晃而过，树上的叶子仿佛一夜间落光。商店从九月开始就出售新款的羽绒服和各式各样的帽子，川式火锅的生意也随之红火起来。人们淡忘了秋天，却对冬季作出超前的渴望。

坐落在市中心的"黑白空间"影楼照常营业。尽管秋天不屑光顾这座城市，但在这个小影楼里，虚假的秋色正作为真实的布景。顾客们发现，在落满枫叶的林间做出忧思的情状是十分开心的事，在秋雨潇潇的小巷打起一把黑伞也极富有情调，他们愿意出钱，把自己的照片制成挂历或者台历或者往昔纪念册。他们或许也想以这种方式追忆转瞬即逝的秋天。一些老顾客也常来光顾，他们最大的发现就是A又回来了并带回了一副铝合金拐杖，然后做出夸张的表情询问长短粗细，再羞答答地暗示出进一步的优惠打折。

那些日子，陪伴男人左右的，就是一副铝合金拐杖。

我们的故事便这样走进了冬季。如果没有后来的事情，这个故事实际上可以结束了。时间虽然过去了很长一段，却使故事出现了新的意外——我承认，这个故事有着无法回避的戏剧性，作为小说，它的文本意义和叙事策略都遭受到了不同程度的侵犯和抵制。

1997年的冬季我记忆犹新。那时我正躲在城市的一家宾馆里策划着一部电影。室内的暖气充足，我只需要穿上衬衣便可指手画脚。我的制片人过于精打细算，让我成天同他不厌其烦地讨论器材设备、财务支出这些枯燥的话题，而我只想得到一个有趣的故事。我的心情被弄得很糟糕，印象中那个冬天如同一篇生硬呆板的社论，索然无味。那时我还不知道，眼下我正写着的这篇小说与冬季有着密不可分的关系。

　　那是个无雪的冬天。从城市近半个世纪的历史来看，每年的初雪都降在12月份。权威人士很新潮地把这个也纳入厄尔尼诺现象加以观察，在报纸上发表文章。也有人认为这是张家口地震所导致，似乎变化从地壳移升到了天空。时代已逼近世纪末，人们也习惯了信口开河，况且又不违背法律。"没有雪，气候干燥，日子过得像压缩饼干。"这是A在1997年12月16日输入电脑的话。但是这一天发生的一件事，他没有记。

　　"黑白空间"影楼一般是在上午九点开门。这天，刚开门没多会儿，便来了一对顾客。那时候A正在把前一晚洗印的照片挨个装进纸袋，听收银员抱怨近期的生意涨跌。玻璃门映出顾客的身影，A抬起头，接着看见那个男人正对着他微笑，是李成。而他边上的女人，A从未见过。A自然有些意外，显得慌乱地跳出柜台，李成便伸出了手，顺带介绍了女人，说，这是我妻子。A就问：你结婚了？李成说刚登记，婚礼两天后举行。1218，李成说，又要儿子又要发。我今天来陪她照几张相，顺便给你送帖子。说着就从呢大衣袋里拿出了大红烫金的请柬。A自嘲一笑，说：我这副模样有煞风景吧？李成说，我可是特地来的，专程来的。A注意到李成的表情有些重了，似乎明白了另有一层意思，也就不再推辞。A于是吩咐化妆员替李成的妻子化妆更衣。趁这会儿工夫，两个男人去了里间。A知道李成有话要说。果然刚落座，李成就叹息了。李成说，B不辞而别，也不再同他联系了。李成又说，他和B在一起虽很愉快但总是紧张。他总怕失去她，又一直搔不到痒处，只好这样了。当然，突然决定和现在这女人结婚，也还有其他因素。李成还是有些伤感，没有再往下说。

　　后来出现在相机取景框内的李成又是另一副形象了。他显得几乎有点英姿勃发。他亲热地搂着漂亮的妻子，做出随意交谈的样子，以造成"抓拍"效果。A忽然想到，将近一年前他偷拍李成和B的照片中，也有类似的场面。A 连续拍了三张。"其实第一张就很好了，"A 回忆说，"我不知道干吗要拍下三张。"

1997 年 12 月 18 日夜八时，A 携带那副铝合金拐杖出席了李成的婚礼仪式，地点是那座著名四星级酒店的顶层旋转厅。为了以示郑重，A 临时买了一套藏青色的全毛西装，头发也破天荒地打了摩丝，以致不少人把他看做了一位手头阔绰的学者。那是个极有浪漫情调的冷餐会和鸡尾酒会，来宾们在柔曼的弦乐中、在温馨的灯光下低语交谈，一边等待着新郎新娘的出场。A 立在靠近吧台的角落，身体大部为花篮投下的阴影所笼罩。那副铝合金拐杖却格外突出在人们的视线之中。人们有意无意地朝这个位置看上一眼。A 正视着这些眼睛。他不久便同一双诧异的眼睛相接，当他相信两股视线必定交织之后，悄然离开了现场。此时《婚礼进行曲》悠扬动人地在他身后奏响。

故事最后的意外

那个逝去的冬夜在 A 的记忆里刻下了一道深痕。

风很大，街上冷冷清清。A 拄着双拐走在人行道上，过往的车灯间或从他身上掠过。记不清过去了多少辆车，A 仍在走，走得飘飘忽忽。"我的脸一定是吹麻木了，"A 回忆说，"腿也不像长在自己身上，但我走回来了。"

A 回家已是晚上八点。他记得刚进杂院就听见邻居的电视机里在重播中央台的新闻节目。那时他感觉到累了，便倚在一棵树上歇息，其实这树距他的门口不足 20 米。这时，一个略显佝偻的身影从对面迎过来，此人是差点被我们遗忘在故事之外的金先生。他显然已等候多时，但 A 不再吃惊，因为几小时前他们已经在旋转厅里见识过了。于是 A 说，很抱歉，天寒地冻让您久等了。他算定这个老头会来找他，但他根本不曾料到，这个华裔美国老头就是新郎李成的父亲！李成神采飞扬，举着高脚酒杯向来宾介绍老金，说"家父昨天专程从洛杉矶赶来"。那时 A 觉得自己的心变成了一块铁，碰上了巨大而无形的磁力。他眼前的大厅是摄影棚，来宾是群众演员，发生的事是虚构，他本人也是化了妆的配角，可是一切就这么货真价实地发生了。许多天后，A 回想起这一幕时，仍有恍然若梦之感。

或许金先生那夜是多喝了几杯,他后来的谈话既不连贯又滔滔不绝。这个富有的男人实际上是在满足自己诉说的欲望。他需要大把大把地倾诉,但在这个城市里,他无法找到第二个能耐心听他诉说的对象。

以下是老金的诉说——

李成是我儿子这你已知道。他和你同年,是我前妻所生。李成两岁那年,就是 1967 年,我出去了。我是因公出去的,后来也就没回来。我实际上是抛弃了他们母子,可那时候我没有条件回来,我的上司被关押,我的一些同事也受到株连。我不想就此多说了,在从商之前我是有着特殊身份的人,国家某个部门至今保存着我的个人档案,尽管已没有任何意义。

我后来娶了一位犹太人,同她生了两个儿子。在我移居美国之后,我试图同李成的母亲联系,一直得不到回音。我还委托一位香港朋友给他们带过钱,后来据说被没收了。到了 1985 年,有人给我带来了不幸的消息:李成的母亲去世了。那时李成还在读大学,接济他的是一位远房表亲,一个手艺不错的木匠。我急着想回大陆,可我的犹太老婆坚决反对,因为我事先隐瞒了一切。我想不到犹太人也这么狭隘,当年他们被希特勒弄惨了而我们也吃够了日本人的苦,应该同病相怜才是,可她硬是不明白。她大骂我是个骗子,哭得呼天抢地,然后就卷走了两个儿子和我的全部财产。我险些沦为乞丐,想回来也是力不从心。我后来去了洛杉矶,一切从头开始,等待着运气好转。

我其实还是靠着中国发达起来的。那些年,我主要帮着一些美国、日本的公司开拓中国大陆的市场。我当年的那些被打倒的同事,现在都过得荣耀了,他们确实帮了我许多忙。我呢,不过是把他们的孩子担保到美国来读书。可我居然帮不了我自己的、也算唯一的儿子。1993 年我回来,找到了那位木匠远亲,希望他做些工作让李成认我这个没有尽职的父亲。结果很失望,李成拒绝了。这孩子甚至拒绝与我见面。我第一次见他还是在银行大厅里,他来提款,我远远地看着他踌躇满志的样子,泪水模糊了墨镜。李成那时在生意上刚刚起步,他那个新亚公司我调查过,实际注册资本不过人民币 50 万元,雇员连他本人也就五个,两间办公室,使用一部分机电话。

于是我决定在这个城市注册一个公司。我的打算是，以这个公司同李成的公司做生意，把"利润"流给他。这是一种变通的方式，我当然不公开出面。这个公司主要做笔记本电脑的销售，我能直接从境外拿货，再降价卖给李成。不到半年，李成那个公司自然面貌大变了。

现在我该谈谈B了。

我们认识真是一个偶然。是一个晚上，我记得像是在春天，我约请一位政界的朋友去听音乐会，但他因故不能来。我本没有退票的意思，但看见有人在门口等票，就把余下的这张给了她——你千万别误会我是在用这种手段勾引一个完全可以做我女儿的人。尽管那时我是独身，但我毕竟在大陆生活了30年。我们这代人骨子里既有儒家学说又有毛泽东思想。不过我也承认，B给我留下了美好的印象。我欣赏爱好音乐的女性，李成的母亲从前在剧团打扬琴，后来那个犹太女人会吹长笛。而且我通过简短的交谈，终于觉到这个女孩子有较高的文化水平，气质不俗，也具交际能力。于是几天后，我决定聘用她来公司负责一个部门。她果然就做得很好。

金先生谈到这里停顿了一下，A给他沏了杯茶。从这个男人保养很好的脸上，A看出了一种古怪而复杂的表情。老金的倾诉虽然对A产生了吸引力，但他还是觉得有些疲倦。他不习惯这种从头道来的讲述方式，而且那一刻他的注意力也出现了分支，他在捉摸B现在何处？A重新坐到老金对面，把谈话引向尖锐。

你后来还是把她泡了？A单刀直入。

老金连忙解释：不不。我没有怎么她……我试探过，但她体面地躲开了。我欣赏她，我只是希望、等待……

所以你雇我破坏她和你儿子的关系，A说，你受不了这个起码是精神上的乱伦对吗？你要解脱，你无法忍受被自己反复意淫的女人和自己的儿子同居？你干吗不花钱雇人把她杀了？

A显然是激动了。

老金低头叹息，两眼汪汪。最后他竟不能自制地哭泣起来，他说：我不敢面对这个后果，我害怕第二次失去儿子——那时我已有希望与李成沟通。

A突然又对这个谢顶的男人产生了怜悯。他想最初老金并没有做错什么，如果李成不是他的儿子，这个老金完全可以参与竞争，或许也有机会呢。其实压迫老金的东西并无形状，却有重量。

那个夜晚A后来又走进了暗室，他重新放大了B的照片，再一一装进四壁的镜框。这件事做完已是翌日凌晨，外面大白了。

故事在新年大雪中结尾

"你应该相信缘分。"1998年秋天A这样告诫作家。后者对这句话内心很不以为然，但有兴趣把这个故事听下去。

A开始了新的寻找。现在他觉得最要紧的是打听到B的下落。B不能就这么"失踪"下去。实际上这种寻找带有极大的盲目性，B几乎没有留下任何一点线索，她的消失毫不拖泥带水。一段时间下来，A差不多感到了绝望。他想这个女人也许真的离开了这座城市，而且钱大概也花得差不多了，否则不会连钢琴也卖掉。A唯一没做的，是在报上打出"寻人启事"。如今的B还有兴趣留意报纸中缝的一个电话号码吗？A十分沮丧。结果他被自己的行为弄得神经兮兮，往往一个意外的电话铃声都会使他跌倒。这个男人经历了有生以来最大的痛苦，有一次竟用铝合金拐杖敲碎了一块玻璃。

1997年就这么悄无声息地过去了。城市没有下雪，尽管天气预报不断强调近期有降雪的迹象。A又一次把影楼委托给他人管理，自己像个梦游者整天四处晃荡。那个时期，人们总看见一个长满胡子的瘸子坐在小茶馆里喝茶，他差不多喝遍了这个城市所有的茶馆。"我在等待一个奇迹出现。"A总结道，"我觉得她无法走出我的视野。"

还是一个夜晚，A从外面喝茶回来，蓬头垢面狼狈不堪。他的钱包让人偷了，没丢多少钱但人遭了罪，他又是挂着双拐颠回来的。他像包裹似的堆放在沙发上，然后就打开了电视机。这时候他很希望听到一支轻松的曲子。频道不停调换着，没有音乐。然而此时奇迹出现了。A注意到一个专题节目，是对本市第一个戒毒所的报道，记者的话筒正对着一个女子——她的面部做了"马赛克"，但A看透了这后面的一张脸，是B！"我从不怀疑直觉，"A冲动地对作家说，"那个女子一定是B！"于是A欠起身凝视着21吋屏幕。记者问：你为什么吸毒？女子不语。记者启发：是受人引诱吗？女子答：没有。记者进一步问：你后悔吗？女子一笑：比起对男人的失望，这算不上后悔。女子还有话，但镜头切换了。

第二天一早，A打车去了位于市郊的戒毒所，果然从登记簿上查到了B的姓名。半小时后，A在一间很大的会客室里见到了B。但他绝没有想到这是一次富有喜剧色彩的会见。

最初的一瞬他们都感到意外而吃惊。A难以置信眼前这个形容憔悴衣着不整的女人就是B。那双"干净的眼睛"哪里去了？那个倨傲优雅的身影哪里去了？"真是不堪入目，"A回忆道，"我宁可看'马赛克'，至少可以想象。但是我又特别可怜她。可她，你猜怎么着？她居然对我笑了，笑得没有一点修饰。"

B毫无拘束地坐下，问：你怎么找来了？A无话。B接着说：你好像很关心我。A调整了一下坐姿，他的视线被窗外监管人员的身影牵走了。他们在打篮球，打得很难看。B继续说着话，A却不想听了。于是B敲了一下桌子，说：给我搞点东西，就一点点。我一下恐怕戒不过来，得悠着点，缓冲一下。A非常诧异，说不行。A说戒毒必须强制坚决。B无意听这种政府声音，继续哀求道：你明天就给我带来，你肯定有办法。等我出去，我立马嫁给你，我说话算数决不失约。A气愤地用铝合金拐杖敲了一下水泥地面。监管人员推门进来：怎么了？A说没什么。监管人员把A叫到一旁，说：你要多劝劝她。我们说什么她都知道，也说不过她。她这人意志太差，不合作，这样下去要吃苦头的懂吗？A点点头。A说我懂，让你们受累了。

三天以后，A第二次去了戒毒所。这次他随身带了相机，他决定了一种方式。"我要拍下她的那副模样，"A这样对作家解释，"让她自惭形秽无地自容，我想女人的天性总是爱美的。"事后，A才知道自己太可笑了。B大大咧咧任其随便拍，一副无所谓的样子。后来他在暗室里将这些照片做出来，不禁感叹。一个女人连尊严都不在乎还会在乎美吗？那个时候，男人在黑屋里号啕大哭，他为人类的失败泣不成声。

那一夜A通宵未眠。他感到胸闷心慌，于是拄着拐杖到户外散步。那时大约是清晨六点左右，天未大亮，只有几个老人在枯萎的树林中比划太极拳。A茫然向西走着，人倒是轻松了一些。他坐在一块沾满露水的石头上想吸几口烟。但很快又打消了这个念头。他想不妨试试从今天起开始戒烟。于是他又开始行走，途中一歇息，他就下意识地把烟拿了出来。看来人的毅力的确是件不容易的事，A这么想，连男人戒烟都这么费劲何况是女人戒毒？A的倔劲上来了，他觉得有必要先证明一下自己，就像注射青霉素之前的皮试，所以后来A一想抽烟就立刻行走。他毕竟是个瘸子，动起来不轻松，久动就是难以支撑了。那天A是看着太阳一点点升起来，又一点点移到西边。A至少走了十个小时，最后又走进了市郊的戒毒所。等他坐下时，他的四肢近乎失去了知觉，连把拐杖放好的力气都没有了。

监管人员对A的来访没有什么干涉。他们只是觉得这个瘸子有几分怪异，常常来劝一个其实与他不相干的女人。

B进来后劈头就是一句：你怎么又来了？你是不是还想拍我？拍裸照？

A笑了笑，他本想对B宣布今日起戒烟的计划，结果胳膊怎么也抬不起来，接着便失去重心地跌倒了，B忙扶起他，使劲拽他的胳膊，A突然大叫起来：痛！痛死我了！B吓了一跳。监管人员立刻推门闯入，质问B：你把他怎么了？B说没怎么，这个人是自己跌倒的。监管人员瞪了B一眼，就去搀扶A。A仍在叫痛，A说我的胳膊断了！监管人员慢慢将A的羽绒服剥下，又撩起羊毛衫和衬衣，然后就惊讶了——这人的两腋肿得像婴儿的屁股，青紫一片还磨破了皮。

监管人员问道：怎么弄成这样？

A像牛一样喘息着，大汗淋漓，然后轻声说：我是走来的。

B也被这景象吓住了。她责骂道：你疯了？你舍不得钱坐车活该！

A平静下来，说：我没疯，我身上有钱，我只是要走给你看。明天我还走。你一天不戒成功我就一天不停止走，用你送的这副双拐。

于是B就哭了。B说你这不是折磨我吗？A说没错，我就是他妈的折磨你，因为你也在折磨我！B扑通跪下，说我求你明天别走了，这样下去你的手也会残废的。A说手残了我就滚过来，滚到你面前。B失去理智似的用头撞墙，监管人员把她拖走了。

1998年秋天A在对我讲到上述这件事时并没有多加渲染，而我已经被震动了。正是这个轻描淡写的画面让我改变了原定写作一部长篇的计划，而决定拍摄一部电影。我仅仅对我的投资人讲述了这一个细节，他便答应掏钱。"走路人人都会，"他说，"但这么个走法，没有几个人能做得到。"不久，我便首先投入到文学剧本和导演台本的创作。那些日子我的生活一直伴随着 A 的行走。这个以两根铝合金拐杖支撑身体的男人，每天清晨六点出门，往返行走达 30 公里，回到家已是夜间十点。他每天只做这一件事，目的是给一个女人看，风雨无阻。很多次，出租车在他边上停下，好心的司机把头伸出窗外对那瘸子喊道：上来吧，我顺你一段，不要钱。瘸子谢了他们，但没有上车去"顺"。瘸子坚持在走，他的腋下在红肿破烂之后变成了两块手掌一般的趼……

剧本的结尾是这样写的——
大雪纷扬，这是人们期盼已久的雪。
戒毒所的大铁门"咣"地打开，女人出来了，她的脸高高仰起，迎着雪花。然后，她看见了男人，他现在只拄一根拐杖，穿着一件呢大衣，倒很有了几分风度。在男人身后停着一辆红色的出租车。

但是女人没有上去，她想同男人在雪地里走走，多么好的雪，不走很可惜。男人同意了，让出租车开走。新鲜的车痕留在雪地上给人以纵深的感觉。

于是他们开始了行走。男人从怀里拿出一个东西送给女人，说：新年快乐。

那是女人从前的照片，已制作成了精美的台历，有 12 张。最后一张是女人在戒毒所里的照片，背景尽是铁栅栏，像个笼子。男人这么做似乎有点冒险，因为这毕竟是一张难看的照片。

女人拿出钢笔，在这幅照片的背面写下了加拿大女诗人安妮·埃拜尔的两行诗——

> 我是一个瘦骨嶙峋的女孩，
> 但有美丽的骨头。

他们没有再说什么，牵起手往前走着。经过一个斜坡时，女人滑了一跤，男人来扶，结果俩人都摔倒了，一身是雪。

女人嗔怪地：你还帮我？你能帮我什么呀！

男人犹豫了一下，然后贴近女人耳朵说出了一句话：我能帮你生一个孩子。

他们顺坡势下滑，如同冲浪一般，只是溅起的不是浪花而是雪花。

镜头越拉越远，不断升高，以致他们成了雪原中的两个黑点。但他们的笑却引起了回声，此起彼伏……

音乐便在此时缓缓而起，这是全剧唯一的旋律，它是一种发自内心的祈祷。

在这样的衬景下，演职员表自下而上。

1998年8月26日　北京
（原载《东海》1998年第9期）

关系

1

男人和女人差不多是同一时刻到达三味茶社的。从木楼涂有橙色的阳光判断，这一时刻应该是下午5点20分光景。不是黄昏，但电影里的黄昏都是这会儿拍下的。如果真的临近了黄昏，胶片记录的则是夜晚：天空是一片深蓝，胶片上的时刻总要超前一个时辰，男人这么想着，觉得选择这个时刻来和女人见面不太合适。现在呈现于他眼前的仿佛就是黄昏了，离夜晚仅一步之遥。尽管海口的夜总是姗姗来迟。密度。男人想到这个术语。在摄影学上，这个词表示光对所摄事物的宽容性。

当男人推开茶社古拙的大门时，女人的目光像一只倦鸟正落在他的肩上。女人刚坐下，狭窄的楼梯上便响起了沉闷的脚步声。然后，男人略显佝偻的身影出现了，视线也向这边投了过来。

于是女人欠了欠身，打开了微笑。

男人：不好意思，不知道那条路改单行线了，又兜了个圈子……

女人：我也刚到。

男人：喝点什么？

女人：柠檬茶。

男人：加冰块吗？

女人：对。你呢？

男人：我喝绿茶。不过南方的绿茶太次。

女人：你现在可以喝到好的绿茶了。

男人：我这次还专门带了一斤龙井。

女人：坐船很辛苦吧？

男人：就是熬人，我倒不晕船。其实我头回上岛就是坐船的，玉兰号，这回是丁香号。

女人：我没坐过船。

男人：偶尔坐一次还是很有意思的。

女人：我倒想偶尔一次。

男人：真的，我们当初应该坐一次。

女人：你答应过。

男人：我答应过？

女人：你当然答应过。你说想让我陪你看看海。算了，干吗还这么较真儿呢？这已经不重要了。

男人：可我真的记不起这事了。坐一次船是很容易的，不是吗？

女人：现在不容易了。这条航线很快要停开了。

男人：是因为不赚钱吗？

女人：这还用问吗？

男人：怪可惜的。我是说坐船不一定不好，虽然熬人，虽然不舒服，但能在海上漂上一天一夜，看见日落日出……不过这回我什么也没看到，除了海，连鸟也没见到。我一直盯着监视器，海水也不蓝了，像湖水。

女人：从前你坐船是因为省钱。那时你很穷。

男人：我现在也不富。原先的钱全折腾光了，所以才回头搞电视剧。电视剧是个破东西，不过倒挺挣钱的。

女人：你又编又导，一部大戏下来数目不会小吧？

男人：还你的钱倒足够了。我今天把支票带来了，你没改名吧？

女人：我有必要改名吗？

男人：那就好。你拿好。最好你给我写张收条，表明这笔债已经了了。

女人：我不写。

男人：这不好。

女人：怎么不好？当初你拿走时打过借条吗？

男人：那时你是投资人，是股东。

女人：我从来没说我是股东。

男人：怎么说也是我们共同在做一件事情吧？

女人：我是在支持你，信任你。

男人：信任我把生意做大？可我偏偏栽了，血本无归。

女人：我早看出你不是做生意的材料。

男人：早看出？这话不真实。你能把八万块压到一根木头上？

女人：你这人真没良心。

男人：好了，不说了。说什么也晚了。你现在过得还好吧？

女人：这你就别操心了。你还是去操心你的电视剧吧。你一到，海口的报纸就替你吹开了。要不是看到报纸，我还怕见不到你呢。

男人：所以你及时来了电话。

女人：当然，我要拿回属于我的东西。

男人：你现在拿到了。收好，这张支票让人爱不释手。

　　男人的担心是多余的。真正的黄昏还没有开始，女人柠檬茶里的冰块还没有溶化，他们的谈话就干净地结束了。女人收起支票，戴上墨镜，先起身离去。她的步态依旧是动人的。男人从窗口往下看，女人从容地拦了一辆红色出租车。那是辆旧车，但提速很快，一会儿便消失在街市上。男人这才点上香烟，突然笑了一下。男人的笑让服务小姐不知所措，以为自己哪儿做得不对。于是男人对小姐解释道，他是在笑自己。

2

　　男人编导的电视剧第二天便正式开机了。这部戏写起来很轻松，男人在海口前后待了三年，一切都历历在目。男人甚至在文学本上就已经看到了未来的片子，所以现场的处理显得十分从容。制片部门的计划这一阶段是拍内景戏，美工选的景点也很不错。美工问：导演，像那么回事吗？你那时上岛住的房子和这儿的感觉有多大差距？男人说：我倒没吃什么苦，上岛没几天就进了一家大公司，当起了分公司的老总。男人说那时海口的老总比椰子还多。不过，男人又说，我对生意没有兴趣，我讨厌商人。那个时期我也讨厌我。

　　1992年春天的海南岛热不可耐，但到了晚上，又让人感到舒适。风从海面拂来，浸着椰子的清香。那个时候，大陆的女人还没有完全脱下羽绒服，而岛上的姑娘都换上了裙子。发明裙子的人是伟大的，男人想。

一块布围上，女人就变了，变得引人注目，就像陶坯过了一层彩釉。那个晚上男人在街上闲逛，留意每每从眼前飘过的裙子，而他自己却穿了一条短裤。后来男人在一个书摊前停下了，他发现自己的一本书被盗印，夹放在众多的美女封面中。男人拿起书，版权页上标明的出版社纯属杜撰，内文错字连篇。男人自语道：妈的，糟践老子！男人买下了这本书，他的心情转为恶劣。这时候一个女声送过来：你写的吗？男人回过头，看见说话的女人正用和善的目光打量着他。女人留着短发，穿着一条阿拉伯图案的大摆长裙。男人突然觉得女人的眼睛特别亮。

你刚上岛吧？女人问道。

男人点点头：你怎么知道？

女人：我看出来的。你上岛顶多一周。

男人：还真是。你看得出来？

女人：只有刚上岛的男人才穿短裤。

男人看看四周，穿短裤的还真只有自己，就说：奇怪，这么热的地方，居然不兴穿短裤。

女人：也不兴穿凉鞋。

男人：你来多久了？

女人：快一年了。我在《特区周末报》，这是我的名片。

男人：我在……

女人：我已经知道你了。这书是你写的吗？

男人：我被盗印了。

女人：是你的书被盗印了。

男人：不过今夜我还是很高兴。

……

胖子场记匆匆走来：导演，光布好了。

男人打开监视器，说：演员随光合一遍。

演员就上场了，按导演的调度走了位。男人觉得还不错，可以正式拍了。但他又把现场服装叫过来，说：让男演员穿短裤。服装说没有准备，打算立刻去买。男人说：别去了，海口买不到短裤。说着，拿起剪刀把一条长裤剪了。

第一天的戏拍得还算顺利。考虑到磨合，晚上没有下达夜戏的任务。

吃过晚饭，主创部门一起看了回放，之后就自由活动了。1997年的海口已经彻底没戏了，夜晚的灯红酒绿不过是一种虚张声势。但是之于从未来过海口的人，这地方仍是神秘的。剧组的人三五结队地上街玩去了。男人洗过澡，光着膀子坐到临街的晾台上。他的视线巡逻了这条挤满发廊和出售VCD光盘铺面的小街。男人安静地吸着烟，似乎在努力地感受岛上从前的气息。在男人迄今为止的生活里，那两年称得上是生命的欢乐时光。从海关钟楼传来了十下沉闷的钟响，男人穿上衣，拿起了车钥匙。

海口的路不复杂。

三年前男人离开海口时，龙昆南路的这座立交桥尚未竣工。桥上的灯光很好。在桥上，你可以看见远方的海和夜航的船。男人开着这辆捷达车，寻思着该去一个地方看看。所以一下桥，他就右拐上了滨海大道，直奔海甸岛那边了。那个时候，男人所在的公司就在这里。几天前他带美工摄像来选景，原想在从前的公司大楼拍一场戏，不料大门上已贴了法院的封条。现在男人要去的是一个生活小区，在这里的一套小屋里，他曾支起过一张大床。房东是当地的土著，居然还是个文学爱好者。当初这个爱好使他每月少收了两百元的房租。男人很想知道，从前他住过的房子如今由谁住着？而且他想和房东聊聊，如果后者愿意，他想邀请房东跑个龙套，在剧中扮演一位修防盗门的师傅。

男人把车停在小区的门口，刚下车，就看见女人自一棵椰树下走出，这让男人多少有点意外。

男人：你还住这儿？你不是新买了房吗？

女人：我是来收钱的。

男人：收谁的钱？

女人：我搬家时把所有的东西都作价给了房东，一直没工夫来收这笔钱。

男人：收到了？

女人：房东去深圳了。

男人：你现在是多方面的债权人了，可以到处收钱。

女人：这话什么意思？

男人：没什么意思，好事嘛。

女人：你是在说昨天我不该收你那笔钱。

男人：不不，那是你的钱，该收。

女人：当然。

男人：而且你还觉得亏了，当初要是存到银行里，还长出了利息。

女人：没错。

男人：真好玩。我们也有算账的日子。不过算清楚了还是挺好。

女人：你这人真是没劲。

男人：我想也是，没劲。

女人：戏开始拍了吗？

男人：拍了。

女人：你不会把我们的事往里写吧？那就太无聊了。

男人：我写的是戏，不是自传。

女人：就是将来写自传也别写那一截子。

男人：我没想过要写自传。

女人：那就好。你晚上没事了？

男人：对。

女人：去白沙门吧，这儿蚊子太多。

男人：白沙门好像新添了一个茶座。

女人：不去茶座，就看看海吧。今夜的月亮还行。我来开车。

3

1992年5月的一个夜晚，男人和女人去了白沙门。男人刚学会开车，他去报社接女人的路上显得紧张而慌乱。那时海口的车密度为全国之首，男人费了很大劲才勉强把车停到车位上，前轮也没打直。在女人看来，这个男人有些卖弄。女人对男人的好感并不在乎他会开车。你车开得很赖，女人说，我开得比你好。

男人说：我只觉得今晚需要一辆车。

女人说：倒也是，等于随身带了两把椅子。

男人看了看女人，欲言又止。他还是觉得女人的眼睛好明亮，却不知是何缘故。女人驾车的确很好，换挡给油都自然流畅。半小时后，他们到达了白沙门。其时这里还是一片荒芜的海滩。只有一家简陋的小店,专门出售矿泉水及一些普通的面点。他们买了一箱矿泉水。这是一个有月光的夜晚,月亮并不大,但海平线在视野中还是很清晰。远处的船上跳动着橙色的灯光,拍岸的涛声起落有致。男人和女人下车走动着,喝矿泉水。

女人:你会游泳吗?

男人:会,我九岁就会游了。

女人:在海里游过吗?

男人:1981年在青岛游的,是大学生夏令营。我第一次见到了海,吓死了。

女人:海吓住你了?

男人:我从没见过这么大的水面。

女人:我第一回见海也是在青岛,是1984年。我只觉得海很美丽,拍了不少照片。我不会游泳,但买了一件漂亮的泳装。

男人:泳装的功能不错,还可以拍照,现在又可以拍他妈的MTV了。其实你该在海里打个滚才是。

女人:我怕弄脏了泳装。

男人:这就怪了。

女人:那件泳装我后来一直挂在自己屋子里。

男人:我知道,你又拿它当挂毯了。

女人:都说海水很苦,又咸,是吗?

男人:没错。

女人:怎么个苦咸?

男人:你不妨尝一口。世界上所有的海水都是一种味。你现在就尝吧。

女人:别说了,我觉得矿泉水的味道都变苦了。

男人:你这人太脆弱。

女人:你呢?

男人:我怎么了?

女人:你刚才说第一次见到海时怎么着了?

男人:我吓死了。

女人：这不也是脆弱吗？

男人：不不，这是两码事。我是被海的壮阔震住了。算是触景生情的一种吧。

女人：触景生情？

男人：对，不是条件反射。

女人：你将来老了可千万别得前列腺的毛病。要不，一放自来水，你就会尿裤子的。

男人：这还是条件反射。我只触景生情。比如说多少多少年后，我又一次见到海，就会想到从前有这么一个月夜，我和一位漂亮的女人在海边……

女人：那时你就记不得了。

男人：不，我肯定记得。

女人：男人只记得一时，女人才记得一世。

男人：这是陈见。

女人：不，是真理。

女人说完就回到了车上。男人抽完一支烟，也上了车。他先帮女人把座椅放倒，然后自己也放倒座椅。这样，两人就并肩躺下了。男人抓住女人的手。女人笑了笑，女人说：我以为是带了两把椅子呢。

男人说：不，是一张床。

现在，那边音乐茶座的客人已见多了。放的曲子是 1997 年流行的一首破歌《心太软》。男人和女人在海边散步，刚才他们在车里坐着聊了一会儿，男人想上厕所，就下了车。等他回来，女人已站到了海边。这还是一个拥有皎好月光的夜晚。应该说，五年前在车上做爱的那一幕至今仍是鲜活的，他们都想到了。他们是在缅怀 1992 年夏季开始的爱情。这儿，是那幕爱情的起点。

女人：你说多少年后……其实不过五年吧。

男人：五年？你觉得时间过得快么？

女人：有时觉得。

男人：我一直觉得很慢。我想我可能有点老了。去年我在北京筹备这部电视剧，在一家酒店住了三个月，觉得个个服务员都漂亮。其实是我老了。人一老,眼光就宽容了。

女人:你又泡了几个?

男人:泡?我不泡。我是真心相处。这你应该了解。

女人:那你又处了几个?

男人:我能同时处几个吗?相处是不容易的。我们换个话题吧。

女人:你现在和我说这些,没什么呀。

男人:这我知道。你不在乎了,这很好。

女人:我们曾经说过,不再见面了。

男人:但这部戏只能在海口拍。再说,那张支票我得亲自交给你。你取了吗?

女人:取了,也开始花了。今天我买了一只矿泉壶。

男人:你是个会过日子的女人。

女人:你认为我俗,是吗?

男人:人都俗。

女人:五年前你也这么想吗?

男人:我只认为你太脆弱,可惜没引起重视。这是个失误。

女人:你也有失误?你多自信呀。

男人:我的失误在于我太自信了。

4

海口的天气一直很好。在男人印象里,四月的海口应该是很热了,这一年却早晚还觉凉。男人当机立断,把秋天的戏调上来先拍。制片主任对这种调整有些意见,他觉得导演多少有点随心所欲,白交了一周的场租。男人说:我这是为你省钱呢。我的外景戏都有纵深关系的镜头,你能让满街的人都换上秋装吗?现在拍掉,我们一点不费事。

秋天的戏总是带有一点悲凉。剧中的男主角是一个作家,在岛上混了一年,混得很糟糕,于是就乘船回大陆,在甲板上徘徊,酸溜溜的看着愈来愈远的海口。没有一句台词,但男人给出的时间很长——这也是作为片尾字幕衬底的。船用的是往返于琼州海峡的大轮渡,气势略嫌不够。而且行驶到海峡中央又颠簸得不行,弄得两个摄像手忙脚乱,男主角也呕吐了。不过从监视器里看，效果还挺不错。有点意思，男人自语道，不过南方其实没有秋天。这句话让胖子场记听见了，可是他听不懂。在返回的路上，场记问男人：导演，南方真的没有秋天？男人笑着说：如果有，那也是虚伪的。我们现在拍的并不真实。场记若有所思地点点头，实际上更不知所云了。

男人说的倒是实话。岛上三年，他没有经历过一个秋天。海口的印象永远是一团火。这个晚上后来下雨了。雨绵绵的，竟也显出了一点儿秋意。男人又坐到晾台上，视野中的城市蒙蒙一片。不知怎的，这情景让他起了一阵忧伤。他隐约听到一支老歌的旋律。那歌叫《在雨中》，香港那边过来的，1992年正火着。在一次大陆艺术家沙龙聚会上，男人和女人同唱了这支歌，大家都说唱得很棒。那个晚上也下着雨，雨声很吵闹，但他们特别高兴。其实这支歌之于他们，在这一夜并不意味着示爱，而是庆功——他们挣下了一笔钱。20万。广告提成。他们都觉得这笔钱来得太轻松了，让人不敢相信。可是确实能从银行里提出来而且可以随便花出去。

女人：我提出了一万。

男人：没骗我吧？

女人：我都花掉三千了。我给你买了双鞋，你试试。

男人：我总觉得不真实。

女人：你这人做不了大事。

男人：我没想到……我从来没见过这么大的钱，我真想不干了。

女人：你想干吗？

男人：有这20万，我们去内地过隐居生活。我可以安心看些书了。

女人：20万只能买一间公共厕所，早着呢。

男人：我们去小镇上买房，顶多五万。我其实一点也不喜欢城市。

女人：可我喜欢。我不想提前30年过退休生活。

男人：你不是说，我到哪你就到哪吗？

女人：干吗非要我依你，你就不能依我？

男人：我是真的讨厌城市。

女人：你还想再插一回队？

男人：我也不向往农村。我一直觉得小镇挺好，有商店和邮局什么的。福克纳就没离开过属于他的小镇。

女人：你不是福克纳。

男人：可这老头的生活总诱惑我。

女人：你还不是老头。别说了，趁我们年轻多挣些钱没错。现在机会多好。

男人：这钱让我觉得可疑。

女人：可疑？人家没少给一个子儿……

男人：我不是说这个。我是说这钱来得太轻松，让人不踏实。

女人：我都花了还有什么不踏实的？

男人：钱要一分一分地挣。

女人：你是不是太农民了？

男人：查祖宗三代，大家都是农民。

女人：行了，我的钱我花。你那十万留在银行下崽吧。

女人说完这话就去洗澡了。那时他们刚住到一块，几乎夜夜做爱，之后才洗澡。现在女人去洗澡，也就表明今夜休息。男人安静地听着洗澡间的水响，想抽支烟。可是烟盒里空了。男人就下楼去马路对面小店里买烟，看见路灯下雨丝已经软了。小店里，房东正在同店主等人在搓麻将，一边谈论着他和女人。房东用夸耀的口吻说这对儿是典型的郎才女貌，岛上还不多见。这岛上多的是老板和鸡。男人不禁笑了一下，觉得房东的话对自己很鼓舞。他想女人当初看中的或许就是这个，一点与众不同吧。

这个晚上男人在外面多转了一会儿。细雨落到脸上很舒服，这细腻的触觉，文字是无法描写的。那时他觉得自己仿佛置身在一个秋夜，细雨传达的气息，让他想起了20年前的初恋……

5

剧组的工作进展顺利。不足一个月的时间，镜头量已消去了一半，三天一集戏的计划得到了保证。制片主任自然高兴，主动改善了伙食，并不时给导演捎来一条烟或者一包洋参茶。全剧组的人对导演已刮目相看。起初，他们私下认为这个男人胆子太大，从未拍过戏，上手就是20

集。现在他们放心了，甚至对男人的才华公开表示钦佩。男人是沉着的。在成为一名小说家之前，他的理想就是当影视导演。那时他刚进大学，从图书馆借来的第一本书便是库里肖夫的《电影导演基础》。就是说，男人对这个行当潜心已久，现在不过是厚积薄发而已。

这天，从北京飞来了一名女记者，是打算进行追踪采访的。她在报纸上得知有一部反映海南的片子在拍摄，并且知道该片的编导是个在岛上混过几年的作家，便有了极高的兴趣。记者突击看了剧本，第二天晚上即开始了访谈。虽为女性，言谈举止却比男人还大大咧咧。她一口咬定这个剧本带有自传色彩，问题自然单刀直入。

记者：如果方便，我想知道剧本的自传成分占了多少？

男人：这不是自传。

记者：你的意思是说，故事纯属虚构？

男人：没错。

记者：那么，感受是不是真切的？

男人：要是你被感动了，说明这个问题我已经作了回答。

记者：我的确受到了感动，但我也读出了属于你的一点尴尬。

男人：我不觉得意外。

记者：剧中的那个作家是个古典浪漫主义者，你也没我想象的那么开朗。你甚至有点古板，剧组的那些女孩子背后总叫你做大叔。

男人：她们当面也这么叫。我觉得这挺好。

记者：可我认为"大叔"不是块挡箭牌。

男人：她们很乖，我何需设防？

记者：你心里有一道防线。

男人：是吗？

记者：正如剧中的插曲，叫《一个人的时候》，让人伤感而向往孤独。于是我便想，这个岛或许是你的一块伤心之地？

男人：迄今为止我一生中最快乐的日子，也是在这儿度过的。

记者：故地重游，感慨万千吧？

男人：我不过是来拍一部片子。

记者：就是说，你计划中没有重返海口的愿望？

男人：重返海口意味着重新拥抱一个女人，但是时过境迁，人事全非……

男人的手机响了。来电显示的号码是熟悉的，男人迟疑了一下，还是接了。男人抢先说道：我正忙着，一会儿给你挂过去。对方说：我只有一句话，现在我就在你对面的西餐厅里。如果你有空过来，请把窗帘打开。男人说：我已经吃过饭了。女人挂了电话。男人对记者笑笑：我说到哪了？一边轻松地将窗帘拉开。

半小时后，男人去了西餐厅。

女人今晚重换了一套衣，而且把长发梳成了独辫——这是以前男人所喜欢的。女人正在吃一份蔬菜色拉，喝西瓜汁。她给男人预备了红茶和一碟夏威夷果。男人在门边点了支烟，借这工夫，他打量着女人的背影。女人这套服装的款式和色彩都挺不错。

女人：你很忙是吗？

男人：今晚没夜戏。

女人：我看见剧组的车没动。拍得挺顺？

男人：还行。

女人：我刚从杭州回来。去上海组稿，顺便拐到了杭州。

男人：火车站拆了吗？

女人：没呢。杭州真不该有那么破的火车站。一下车，我心凉了半截。

男人：你以前没见过？

女人：1994年我是坐飞机去的。

男人：回来没坐火车？

女人：回来也是飞机，我们先到深圳的。

男人：我怎么觉得是坐火车到上海的呀？

女人：那你肯定是和别的女人坐了火车。

男人：行行，别一见面就抬杠。上回说坐船，这回又是飞机火车的。

女人：我是说，对过去我比你记得清楚。

男人：你不就是想说我见异思迁吗？这就怪了。

女人：怎么呢？

男人：该说的以前我都说过了。

女人：你在怨我？

男人：不，我现在没这个权利。

女人：好像造成这种局面的责任人是我？

男人：咱们不谈这个好吗？

女人：我要谈！

男人：有什么好谈的呢？支票你已经拿到了。我不知道你还想要什么。

女人：我只要属于我的东西。

男人：那就谈点别的吧。

女人：回忆有一半也属于我。

男人：你找我来，是想让我充当你回忆的提示器？

女人：你这人变了，真的是变了。

男人：变得刻薄了？

女人：应该是恶毒。

男人：这或许是单身独处的缘故，我想你会原谅吧？

女人：你还在乎我的原谅吗？这样也好，我心里倒一下子干净了。这次去杭州，我居然面对西湖自作多情地哭了……

男人：西湖是个让人伤感的地方。

女人：我他妈的还去看了我们住过的房子！

男人：这是怀旧。你这个年纪最好别过多的怀旧，对容颜有损。

女人：我还有什么容颜？

男人：你还是很漂亮。

女人：本来我想拖到你拍完片子才回来……

男人：我恐怕还得待上一个月，很抱歉。

女人：那一年我飞到杭州，为的是匆匆见上一面，现在却为了避开你，真有意思。

男人：你是不是觉得，我太妨碍你了？你男朋友生气了？

女人：他在大连。

男人：你应该从上海飞大连。

女人：我想坐一趟火车。我飞不动了。

6

1994年4月,杭州是个雨季。男人此行的目的是帮一位做房地产的朋友谈笔生意。朋友野心勃勃,想在淳安买下一个岛开发度假村。这个狂妄的设想并没有激发起他的热情,诱惑他的是杭州这座令人想入非非的城市。他随朋友去淳安住了两天,谈判进展顺利。但他还是私下提醒朋友审时度势,宏观调控意味着金融秩序的整顿,银根紧缩只是第一步。朋友的头脑还算冷静,还是第三天一早,他们甩下那一堆图纸,不辞而别杀回了杭州。

朋友安排他住进了西湖边上的一套公寓。他痛快地洗了个澡,然后躺在床上拨通了女人的电话。那个时候,女人正在为赴深圳的笔会做准备,她已经预订了机票。

男人:会议什么时候正式开始?

女人:后天。我想明天就过去。

男人:非去不可吗?

女人:报社抽不出人了,再说这事从一开始就是我经手的……

男人:……

女人:你怎么不说话?

男人:我在看雨中的西湖。

女人:想什么呢?

男人:想明天与你一道游湖、喝茶。

女人:就这?

男人:这是白天的活动安排……

女人:你这人真鬼。

男人:我是个触景生情的人……你快把电话挂了,先退票再订票。

女人:可是只有一天的时间……

男人:春宵一刻值千金。我们不是有钱了吗?

男人挂了电话,坐到了晾台上。雨淅淅沥沥地下着,西湖的上空形成了薄薄的烟霭,只有六和塔时隐时现。后来?

后来应该是电话又响了。那是吃晚饭的时候,女人电话通知了她明天飞抵杭州的航班号,她说:你必须夹道欢迎。

现在,他该上车了。今天出外景,在老街。他很痴迷海口的老街,那些残存的南洋风格的旧建筑,任何机位拍出来都将不俗。男人匆匆收拾好,顺手带了把伞。场记问道:导演,这么好的天带伞干吗?男人有些恍惚,笑道:刚才我还在杭州呢。场记越发困惑,就问:你梦见杭州了吧?男人摇摇头:不是梦。梦是虚构。准确地说,是我的魂儿去游西湖了。

要拍的戏不复杂,但是场面控制很头痛。机器一支,围观的人便上来了。一个镜头连拍七条都有穿帮,没法用。男人有些烦了,只好把机位调到一家杂货店的楼上,并且用长焦距来吊。总算勉强过关。后面的镜头相对简单一些,景别都是中近景,控制的范围小多了。戏的内容是男主角摆脱一个看相的术士,后者断定他有飞来横祸,前者不屑地一笑,给了那术士十元钱。不料术士未接,却将这张票子斜折了两下,又还了回去。男人便问:先生嫌少?术士不语,转身离开了。男人始才觉得奇怪,目光茫然。

对这场戏,导演未作阐释。他说:大家别追问了,问也白问,因为我也不懂其意,我不过是觉得需要这样一笔色彩,就这么简单。摄像后来推了导演一下:你这家伙骨子里还是小说家,电视剧里玩起安东尼奥尼了。

午休的时候,男人的电话又响了。对方还是那个女人。

女人:不好意思,吵醒你了。

男人:没事,我在看报纸。

女人:上午我去了你们现场,我去买花,听见你在吆喝——你嗓子怎么哑得那么厉害?

男人:没办法。

女人:你备一点金嗓子喉宝,再坚持喝胖大海,挺管用的。

男人:谢谢。

女人:什么时候变得这么绅士?

男人:是礼貌。

女人:我想问问你,那十块钱的设计是什么意思?我不懂。

男人：我也不懂。

女人：废话，不懂你拍什么？费了半天劲。

男人：这是两码事。《阿甘正传》首尾的那根羽毛你懂吗？但这个镜头花了20万美金。

女人：你别打岔。我问你，是表示对钱的憎恶吗？还是钱引来了麻烦？

男人：我说过，我自己没弄懂。

女人：虚构这个细节有意思吗？

男人：这个细节恰恰是真实的。

女人：真实的？我以前怎么没听你说过？

男人：我怕说不明白，所以没说。

女人：你什么时候遇见看相的了？

男人：我们赚那笔钱不久。

女人：那家伙对你怎么说？

男人：他只说我脸上有灾。

女人：难怪你后来破财了。

男人：破财不是灾。破财是为了免灾。

女人：破财怎么就不是灾？没人给你投资，你还能拍电视剧吗？

男人：这话说不清了。

女人：你呀，假清高。你一辈子都会栽到这上头，别嫌我俗。

男人：我早就是个俗人了。这不，我拍电视剧了，我得赚钱还债……

女人：你这是什么意思？

男人：别误会……

女人：又绕上这个了，烦不烦？

男人：你太敏感了。

女人：是我还是你？

男人：要不，就是我们都太脆弱了。

女人：别把我硬扯进去。

男人：那好，脆弱的是我，行了吧？

女人没再说什么。

7

杭州的气候不标准。

飞机在天上盘旋了两圈才落下。女人一出现,男人便对她挥手。在男人身后是朋友的那辆黑色凌志车,正被细雨洗得锃亮。女人是第一次到杭州,在她印象里,杭州和西湖是一回事。所以在通往市区的路上,女人总在说:我看不出这儿就是杭州。于是,他们便在一个十字路口下车了,临时决定去逛西湖。朋友约定,晚上一起吃饭。男人说:算了,她就半天时间,玩起来没个准的。朋友说:玩好了就打我手机,饭总是要吃的嘛!

男人和女人雇了一辆三轮车去西湖了。雨中的西湖宁静而朦胧。他们打着一把伞缓缓走动,成为这著名风景里一个不确定的点缀。将近一年后,这情形在男人杂乱的梦境中得到复制,略有不同的是他们没有打伞。冷雨浸透肌肤,男人便从这彻骨冰凉中醒来。但他没有叫醒身边的女人。那个深夜,男人沮丧不堪。海南的经济形势风雨飘摇,他的公司已撤回了大陆。男人原想委托他人去经营公司,自己仍留在岛上和女人把好日子过下去。但是,公司在大陆发展得不尽如人意,一连几个项目都做亏了。男人有些心灰意冷,对公司的前途不再抱任何幻想了。

男人咀嚼着刚才的梦境,渐渐起了一种莫名的不安。杭州的飞行幽会或许是个错误,他这么想着,我们不该去凭吊西湖。他仿佛第一次意识到,西湖的美属于凄美,这正是一切关于西湖传说具有悲剧倾向的真正起源。

他弄醒了女人。

女人:几点了?

男人:四点差一刻。

女人:这么早把人弄醒……你不是八点的飞机吗?

男人:我想把机票退了。不想飞了。

女人:那公司怎么办?

男人:自生自灭吧。

女人:你倒好大方。

男人：就算我们什么钱也没赚，我烦透了。

女人：现在烦了，当初干吗去了？

男人：当初……当初你不也认为……

女人：这事与我没关系。

男人：我认赔还不行吗？

女人：那你至少得把我的八万找回来。我要买房子。

男人：我现在还真没这能耐。

女人：那我不管……别碰我行吗？

男人：你怎么这样？

女人：我哪样了？

男人：行，你睡吧。

女人：把烟掐了，你也睡会吧。

男人：我不想睡。

女人：你打算一直坐到天亮？

男人：坐坐也挺好。

女人：那你去晾台上坐吧，六点半叫我。

男人：你别送我去机场了。

女人：还是送吧。然后直接去单位。

男人：你睡吧，我去弄点吃的。

女人：冰箱里有速冻饺子。

男人：我吃点面包就行了。

女人：你这回大概什么时候回来？

男人：说不准，我得把公司理顺。

女人：理得顺吗？

男人：反正不会轻松，走着瞧吧。

女人又睡去了。到了六点半，男人没有叫醒她。男人立在床边有点依依不舍地看着熟睡中的女人，突然发现了一个早已存在的事实：女人的眼睑上文有眼线。这正是女人目光灿烂的原因。男人觉得自己太大意了，竟然在近两年之后才明白。在这个万里无云的早晨，男人的心情变得有些黯然。当飞机掠过琼州海峡时，他的睡意浓烈地袭上来，没多久便踏上了梦乡的门槛。

男人这回见到的,是西湖上空飘动着的一把黑伞。

制片主任又在催场了。雨刚过去,阳光从云隙中透射出来,形成了几条有力的光束。这景象在内陆是无法见到的。男人指示摄像拍一个空镜。摄像问:多长?男人说:给我拍 15 秒吧。然后男人就去椰树下抽烟了。刚才下雨时男人躺在小车里闭眼想了许多,头有点痛。连日来的加班加点使他看上去有些苍老。他的话也明显少多了。那个随组采访的女记者注意到男人的郁郁寡欢,见缝插针地把话题打开。

记者:导演,你最后一次离开海口是什么时候?

男人:1994 年 10 月。这与采访有关吗?

记者:就是说,你与这个岛已经疏远两年半了?

男人:我并没有疏远她,只是保持着距离。

记者:心理上是这样,但地理上仍是天各一方。这好像很无奈是吗?

男人:是的,无奈这个词很准确。

记者:我曾经读过你的一篇小说,内容记不清了,甚至连名字也忘了,但是有一句话我至今没忘——凡手摸不到的就是远。

男人:我写过这样的句子。

记者:很精彩。

男人:其实很片面。有时候一张纸就是一堵墙,海与岸之间也存在着距离。

记者:这话也蛮有意思。

男人:别记了,你这样让我紧张。

记者:我觉得你很矛盾。

男人:人都矛盾。

记者:我仔细读过剧本,整个基调实际上很悲观。

男人:我就是个悲观主义者。上回你说你读出了我的几分尴尬,倒不如说你识出了我的沮丧。

记者:沮丧?

男人:男人到了这个年纪,才体味到沮丧。从前讲孤独、讲痛苦之类,基本上是无病呻吟,很矫情。孤独的人是从不言孤独的,就像风中的一棵树。

记者：你所言的这种沮丧是……

男人：很简单，没有能力把日子过好。我羡慕那些会过日子的男人和女人。

8

那年在杭州时，做房地产的朋友曾问起过他们的关系。男人侃侃而谈，话语间流露着掩饰不住的骄傲。朋友说，你们可够浪漫的，搞飞行幽会。朋友接着又说：这浪漫过不了三年，不信你等着瞧。

果然是不幸言中了。

去年他去北京，在民族宫门前又与那位朋友不期而遇。他们便去咖啡厅闲聊。朋友对男人的一些事略有所闻，上来就问：你们完了吗？不等男人回答，朋友又往下说道：怎么样，我说过不了三年吧？这种事不能当真。男人说：我是认真的。朋友摆摆手道：那不叫认真，叫投入。认真是不会那么快就上床的，当然也就不会那么快地下床。男人说：我时常想起她，很怀念。朋友就笑了，说你怀念的不过是一个女人的名字，偶尔想想，暖一下自己。你一离开海口，我就知道这事没戏了。就是你再让她飞到北京来，热乎几天，分开后照样是没戏。海口不是家，是个临时码头。你见过在码头睡一辈子的人吗？

朋友这段话，后来被他写进了剧本。现在又成了剧组广为流传的一个警句，用来教训几个四处泡妞的小子。这两个月下来，剧组内部倒没有生什么乱子，大家的注意力全散到外面去了。听说有两个女演员时常被大奔驰接去吃消夜。自然还有不少男人把钱送到小姐手里，其中有个别人偷偷去医院打一种进口消炎针了。剧组就是这么一个烂摊子。或许是地理的原因吧，这儿毕竟是中国的南方之南，是一个岛。岛总是和寂寞联系在一起的。当年上岛的那些人大都是淘金者，但也不乏寻梦者。人需要一部分活在梦中。是梦，便有醒的时刻。道理很浅显，似乎没有什么想不开的。问题是，一个人不能去重复做一个梦。一个已知的梦本身就是枯燥。

离封镜的日子越来越近了。所有的重场戏都已拍完，余下的过场戏收拾起来其实只需一周时间。但作为导演的他有意放慢了节奏。他对制片主任说：最后阶段还是缓一点吧，免得出错。弦绷得太紧会断的。

今晚又没有安排夜戏。剧组的几个人想邀他去狮子楼喝啤酒、听京剧段子。他谢绝了。他打算去拜访过去的几位朋友。正要出门，女人来了，还带了一些水果和一件T恤衫。

女人：我来的不是时候吧？

男人：要是晚十分钟，就白跑了。

女人：那你忙吧。

男人：没事，坐吧。我给你沏茶。

女人：我带着矿泉水。这儿说话方便吗？

男人：没什么不方便的。

女人：我明天去三亚，大概要住上几天。我怕你很快会走——你走之前还会给我打电话吗？

男人：当然会。我一周之内不会走。剧组也有去三亚玩一次的安排，我不打算去了，太累。

女人：这把导演瘾过得如何？

男人：没意思。自找苦吃。

女人：你不是早就想圆这个梦吗？

男人：这算什么梦？纯粹就是为了挣钱。

女人：这也不错。

男人：对，没钱我哪敢见你？

女人：你又来了。

男人：我说的是实话。以前你在电话里总埋怨我不飞回来看你，其实……

女人：你往下说。

男人：其实那时我拿不出那八万块。我甚至连往返机票的钱都得去借。

女人：我没要求你找到钱才回来。

男人：不，你要求了。

女人：那是赌气的话。

男人：不是赌气，是十分明确的要求。

女人：你在拿这个当借口。

男人：借口？为什么？

女人：好轻松地与我分开。

男人：你这么想？

女人：我只能这么想。我分房子，你不回来；我生病，你照样是不回来。你让我怎么想？你把我一个人扔在了这个岛上！

男人：我扔你？我成什么人了？

女人：你连起码的责任都不负，逃之夭夭，我恨你！

男人：好好，你恨够了吗？

女人：一提这个我就来火。

男人：我们出去走走吧，免得火气下不来。

于是他们就开车往秀英港方向去了。这条道很宽，男人挂着四挡，沿路的椰树飞快往后撤去，风紧紧地刮在脸上。这是一个恍惚的夜晚，却拥有一轮明净的月亮。现在他们停车的地点应该是城市背后。这儿有风。不远处是停泊在码头的船，它们的倒影映在水里很优美。男人和女人都注视着那片倒影。过了一会儿，他们才把谈话继续下去。

女人：海口是没戏了，只剩下些风景。

男人：这儿就是个玩的地方，我一直这么看，没想过在这岛上扎下去。

女人：我的情况不同。我是正式调过来的。

男人：这是个问题。

女人：什么问题？

男人：我是说，我们从一开始接触，各自的考虑就不一样。你稳定，而我是在流动。

女人：这又怎么样？

男人：稳定带有归宿感，你就得找丈夫，买房子，置办一些乱七八糟的东西。我呢，只需要揣着身份证和信用卡，顶多再拎一只箱子。

女人：你打算这么漂上一辈子？

男人：我不知道。我不喜欢从前生活过的城市，回故乡又觉得早了点。但我也讨厌这种"在路上"的日子，这两年我住了四个城市，住的全是标间——陈设都差不多，有人叫我"住标间的男人"。我总是在出差，一进标间就觉得时空没发生变化，见不到自己熟悉的东西，就闷。还有，电话号码不断在变，一些朋友无法与我联系，我差不多让人遗忘了。

女人：你这都是自找的。男人不要家，女人又何必要这种男人？不怕你伤心，我现在对我们的分手不觉得后悔。

男人：这我知道。所以你不能说是我在找借口。

女人：那是另一个问题。

男人：你调整得不错，我很高兴。

女人：……

男人：我知道你这两年也不容易……你现在可以结婚了。

女人：我有这个计划。你呢？

男人：暂时还没这方面的考虑，想再单纯地做几年事。

女人：你这人欲望太多。

男人：我必须强迫自己多做事。我得把每一天的时间挤满！

女人：……

9

后来男人就送女人回去了。女人现在的住处是海口南端新开发的一个小区，报社在这里有两栋楼。小区的环境尚在完善整理中，不过道路已全修好了。男人随着女人的指示，把车一直开到楼洞面前。女人住在四楼。

男人：房子不错，装修了吗？

女人：春节前刚完工，要不要上去看看？

男人：算了，你明天一早去三亚。

女人：那好，谢谢你送我回来。

男人轻巧地调过车头，落下窗玻璃对女人挥了挥手，离开了。出了小区门口，他把车停在路灯照不见的地方。男人望着远处那栋楼的一个窗口，期待着里面亮起灯光。但是那窗口一直黑着。男人想，此刻女人可能就立在窗前。男人慢条斯理地吸完一支烟后，重新发动了车。他有意把车滑到路灯下，突然提速插上大路。这个晚上男人又在城里兜了一大圈，觉得眼下发生的这件事怎么看都像是一次外遇的前奏，尽管这外遇缺少应有的刺激。一对曾经相爱的人在分手两年后又开始了勾引，故事正朝着低俗的趋势发展，让人啼笑皆非。但十分地真实。人就是这么一个怪物。背靠背时你把一切理得清清楚楚；一旦脸对脸，这些便全乱了。女人说得对，再见是个错误。

已经很晚了。

男人又用水淋了一遍身体，草草揩了揩，只穿上一条小短裤。他坐到椅子上，像接受一次审讯那样注视着墙上比自己高大的影子。与影子也是可以交谈的。

你也认为重逢是个错误？

是的。我们不该再见面。

你完全可以避免这次重逢。你把那张支票寄给她又有什么不妥？

我想过，但放弃了。近在咫尺，不见不近人情。

不，你其实在向女人炫耀。你看，我把你的钱找回来了，现在我亲手交给你。

我只想兑现诺言。

你是想看到女人拿到钱之后的尴尬。甚至以此引起她的自责和后悔。你最想看到的是这个。

我是真心想了却一笔债务。

这是否有点自欺欺人？

我可能有一点失误了，不该选择黄昏去做这件事。如果在上午，或许会简单一些。黄昏总是容易让人伤感的。

那是个虚伪的黄昏。

如果拍出来还是逼真的。

同一张负片上，黎明和黄昏没有界限。日出和日落的意义都是人为的，不是吗？

这没错……

所以重逢怎么看都不像是一个故事的终结，倒更像一幕戏的开始。你们都在演戏给对方看。比如说刚才……

刚才怎么了？

刚才你难道不想上楼吗？

我确实动过这念头。

女人也在等待着你下这个决心。

如果我上去了，进了那间想必是布置得很漂亮的房子，我担心……

你担心会看见一双陌生的大拖鞋？

我想是的。

你甚至想象得出那双大拖鞋的颜色。

我觉得是蓝色的。

你不认为蓝色是你的专利吗？

可现在这个专利已经转让了。

你再打开你边上的这件T恤，肯定也是蓝色的。

我不想打开。

你也不打算穿它？

现在我觉得还是光着身子舒服。

本来，你这个时候已经在床上了。

不，我不会上床。

那么就在地板上。你的嗅觉历来灵敏，那床上有你不喜欢的气味。

我没有想同她做爱的意思。

不对，你回答得不诚实。

事实如此……

事实往往不重要。当你们在那家三味茶社重逢时，你们已经重新占有了对方。床上不过是一次印证。

……

手机突然响了，声音显得特别尖锐。来电显示的还是那个号码。男人听见女人的声音很惊慌，就问：你怎么了？

女人：我看见了一只耗子！

男人：耗子？

女人：我不敢睡了……

男人：没事，耗子不会上床的。

女人：我不睡，浑身痒痒……

男人：再冲个凉吧。

女人：要是耗子在洗澡间呢？

男人：奇怪，新房怎么会有耗子呢？
女人：你这话什么意思？
男人：我只是觉得奇怪……
女人：你是不是以为我在说瞎话？好让你再开车过来陪我？
男人：你怎么这么敏感？
女人：我告诉你，我还没那么贱！

女人把电话挂了。

10

几天后，这部电视剧封镜了。依照惯例，剧组这天晚上吃关机饭。制片主任事先企图以一条片尾鸣谢字幕来抵消这项开支，结果店家临时变卦了，好说歹说才同意打七折。这最后的晚餐气氛也没有预想的那么热烈，几个女人下午就陆续消失了；另外几个男的也出去和别的女人另摆了台子。制片主任很高兴，因为这样可以减掉一桌，折算起来等于打了五折，而且字幕也不需要打了。

男人再也没有接到女人的电话。这使他看上去有些阴郁。现在他感到有些疲惫，如果不是怕扫大伙的兴，这顿饭他也不打算吃。男人渴望的是立刻躺到一张软床上，蒙头大睡一宿。剧组明天的计划是去三亚观光，接着就解散了。这之后男人将去故乡休息两周，再返回北京做后期。这样，大半年的时间便打发过去了。在北京的日子男人依旧是住标间，这让他烦恼。他曾设想在北京租一小套普通公寓，这样可能会亲切一些。但一想到生活上那堆琐事，设想很快就放弃了。

我得尽快有个家。男人多次这么想过。我需要一位贤淑达理的妻子。原以为这不是个问题，然而试过几次，男人有些失望了。男人觉得自己和异性交往中总横着一道无形的影子，构成了比较与参照。他注意到走近的女人们如今都文有眼线，明亮的眼睛越发可疑。其实男人心中已有了一个模式，他不希望这样。他希望的是获得一种全新的生活，而不是对过去的抄袭与临摹。男人最大的沮丧就是这个。

那位女记者端着干白葡萄酒过来了。

记者：祝贺你。

男人:谢谢。

记者:我想这会是部成功的作品。

男人:电视剧谈何成功?我不过是把它做完了。

记者:明天你不去三亚?

男人:我有点倦,你们去玩吧。三亚是个不错的地方。

记者:我知道"天涯海角"和"鹿回头"。我更喜欢"鹿回头"这个名字。

男人:传说也很美。不美的是那座雕塑。

记者:传说从前有一个猎手,手持弓箭追逐一头跛鹿。追到悬崖上,正待张弓,那鹿变成了一位少女,于是一场杀戮演变成了千古绝唱的爱情……你不觉得不可思议?

男人:爱情有时也带点血腥味。

记者:暴力在征服爱情。

男人:也可以说,爱情在向暴力投降。

记者:这爱情未免太脆弱了。

男人:爱情本来就是最脆弱的东西,可以向任何东西屈服,权力、金钱、时间、空间……

记者:我为那头鹿惋惜,她不该回头。她难道没看见面对的是一张弓吗?

男人:但她更重视一个男人。回头自有回头的道理……来,为鹿回头干一杯如何?

记者:这该是杯苦酒。

男人:到了明天,你仍会在那儿拍下许多照片的。

……

宴会不多时便草草结束了。天突然下起了雨,伴有强烈的闪电和浑浊的雷声。男人被拦在一家出售盗版 VCD 光盘的小店里,这儿正放着《布拉格之恋》,苏联的坦克刚刚冲进沉睡的城市。那是个极端恐怖的夜晚。接着是惊讶不已的特丽莎。然后镜头切到了翌日清晨,柔弱的特丽莎挤在抗议的人群里第一次对苏军坦克举起了相机。她不断揿按着快门,一名军官拔出手枪对着镜头嚷着——这是用广角镜头拍的,因此手枪显得特别的大。手枪指着特丽莎,然后是"砰"的一声——这不是军官的枪声,而是特丽莎的快门声,这是主观的音响……

男人还是捏了一把汗。这片子他曾不止一次地看过,而且这不过是一部电影,担心似乎有点可笑。外面的雨越下越大,雷声也渐渐近了。小店的老板骑着摩托湿淋淋地进来,对自己女人说:收摊吧!今夜弄不好有地震呢!女人问道:谁说的?老板说是听军区的一个朋友说的。男人在一旁笑了笑,觉得很荒唐。能预报地震的人绝不会待在这个岛上。可是,男人又想,两年前海口确实是发生过3.8级地震的,那一次震中在北部湾。那一次他在哪儿?杭州还是北京?总之是在某个城市的某个标间里。当时他在看《新闻30分》节目,得知海口昨夜有了地震。他立即拨通了女人的电话,但回应的是一串空洞的忙音。他这才意识到他们已经很久没联系了,这个号码已没有多少意义。男人在那一天里懊恼而沮丧,情绪怎么也调整不过来。似乎有一种预感,过去的一切已成为记忆。

这场雨看来一时半刻难以结束。男人走出小店,很快就给打湿了。雨打在脸上有点疼。跑回住地,男人用浴巾揩干身体。他的脏衣服已有一堆,晾着的也没见干。我只能穿这件了,他拆开那只牛皮纸包装袋,T恤果然是蓝色的。男人穿上它。刚才淋雨的感觉使他穿这件衣服时特别的舒服。然后,他慌乱地拿起了车钥匙。

11

女人:雨说来就来……
男人:我不是雨。
女人:是来向我辞行的?
男人:就算是吧。
女人:那你已经做到了。
男人:要是我妨碍你了,我马上就走。
女人:你看着办吧。我这儿不许抽烟。
男人:今天我是客人。
女人:我没有抽烟的客人。

男人：你男朋友不抽烟？当然，他不能算客人。

女人：他不抽烟。

男人：男人应该抽烟，这话是你说的，是吗？

女人：我记不清了。

男人：不过在这么漂亮的房子里抽烟确实让人惭愧。这房子不错，布置得也好，浅黄的基调用蓝色点缀，很雅致。我喜欢窗帘这种蓝，和你从前那件睡衣的颜色很接近，还有这件T恤……这电话怎么摘了？

女人：别动。今晚我不想接任何电话。

男人：出什么事了？

女人：没有，就是不想接。

男人：这屋里每件东西都是新的，包括垃圾桶。

女人：就人是旧的。

男人：人也是新的。你和以前不一样了。

女人：是老了还是丑了？

男人：不，不是模样。

女人：那是什么？

男人：我也说不清。

女人：是你的感觉变了。

男人：也许吧。这间是书房？

女人：不想参观一下卧室？

男人：算了，那是私人领地。

女人：我倒希望你看一下。

男人：你是在挖苦我？还是示威？

女人：我不敢。我怎么敢呢？

男人：你想让我看看床是吗？看看两个枕头是否并排放着？

女人：既然是客人，说话就该客气一点。

男人：好好，我马上走！

女人：你就不该再来！

男人：是的，我昏头了……一个家伙胡说今晚会有地震，我他妈的居然相信了！可我急着赶来只为了参观一个女人的卧室，欣赏一张大床……

女人：不，不是一张床……你过来，你过来看看清楚！你看见了吗混蛋？

男人：我看见了……还是那张席梦思……

女人：我什么都扔了。唯独舍不得扔的就是它……你嗅嗅！你嗅嗅你从前的汗味！

男人：……

女人：好了，现在，你可以走了。

男人：我有点累……

女人：你最好躺到沙发上去。

男人：这床有一半还属于我。

女人：你还是起来吧。我们谈谈。

男人：我不想谈。

女人：我们去客厅，面对面地谈谈。如果今晚真有地震，这也算是一个不错的结局。

男人：死在床上比死在沙发上要好一些。

女人：问题是没有地震……

男人：我们假设会有……

女人：不，我已经经不住假设了……

男人：我不觉得是这样。

女人：你走之后，我只假设过我们曾经有一个孩子，但很快打消了。

男人：打消是对的。

女人：我们中间隔的东西太多，一个孩子是解决不了问题的。

男人：何必要解决什么问题呢？我们本身就是问题，谁来解决我们？

12

两天后，男人撤离了海南岛。

因为补拍一个镜头，男人仍需要再坐一回船。天空一片湛蓝，白云像羊群一样笨拙地移动着。海口渐渐远了，海水也越来越蓝。男人立在船尾，出其不意地对着模糊的海岸线大喊了一声。

那位女记者诧异地问道：导演，喊什么呢？

男人说：喊一位朋友。

记者一笑：这么远，能听见吗？

男人说：听不见，但我需要喊一声。

1998年12月11日　北京

（原载《江南》1999年第2期）

潘军文集

第叁卷

短篇小说

溪上桥

一

寨子本身是极平静的。一条青溪刚刚漫过卵石，沿寨子边缘曲曲弯弯地淌着。淌了几多年，不见干也不曾作乱。

溪上有座桥。

桥是楮木的，叉着六条腿。桥面不足五尺宽，立于上能看清在斑斑卵石间戏水的鱼秧。过了桥，山便紧紧地逼上来。山不算高，但陡。山上活着翠翠的竹和青青的草，自然也是一岁一枯荣。偶有那杜鹃的啼声自一汪绿中泛出，溪儿便起了彷徨。环山脚有一条新拓的公路。县内循环班车每隔两日从这里过一趟。

寨子不大，近三十户人家。

深秋的一个黄昏，桥头来了一位高大的老人，披着黄褐色的军呢大氅。他是将军。五十几年前他从这座桥上走出来，上了山。那会子他大约17岁。

将军是第一次回故里。这儿早就没有他的亲人了。他曾几次动过回来看看的念头，都让这事那事给耽误了。如今担子业已卸尽，守在家里等人杀棋不如进山转转。

这会儿天的黄色褪尽了，暮气醉醉地撵上来，于是寨子便一下子退得好远。寨子上空升起一排炊烟，如白桦林子；升至丈余高即与暮霭融作一体。这时节的树皆像墨描出的，且默默地立着。雀儿不知飞到哪里去了。没有人声，也听不见狗叫。唯有脚下这溪梦也似的丝丝流淌。将军把大氅挽在胳膊上，眯眼把寨子细细梳了一遍。寨子的变化是明显的。从前这地方仅有宋大先生家是瓦房，现在瓦房是一律的且挺挺地竖了几幢小楼。将军立在桥头吸完了一支香烟。他用单脚放到桥面上按了按，然后悠悠踱过去。过了桥他发觉那棵歪脖子老槐委实粗了不少。他还发觉，那梢上筑了一个空巢。

迎面拢来一个人，脚步好急。将军以为是来接他的。县里提前通知了，一切安排就绪。将军这次回来本不想惊动他人的。他谢绝了县里要人的陪同，连小车也懒得坐。这辈子一个人待会儿的时间太少了，热闹事却见得多。

那人近了，却没有径直过来，而是拐到老槐树脚下，扯开裤腰撒了一泡好尿。

将军乐了。

"可是根生啊？"

"嗯。你是哪个？"

"好家伙，认不出我了？"

"你……你老哥从么场子来的？"

"哈哈！老了，都他妈老了！我是从这场子出去的！哈！"

"哦，你是光头呀……是听讲过你要回来耍耍的。"

这光头的小号，将军听起来好耳热。根生也老了。若不是拐到槐树脚下撒尿，将军是绝不能一眼就识出的。给宋家放牛那会儿每天擦黑，两人把牛由对面山上牵过桥，就都要立在牛背上瞄着老槐的脚撒一泡弯弯的尿，看哪个撒得远撒得久。有一回尿被风扫进牛眼，牛纵了一下，把光头掀到地上。

两个老人挤开暮色往寨里走，不多会儿村干部赶来了，个个穿得整齐。将军不认识他们。他们年轻。"我上山的时候你们在哪里呀？"将军把年轻人逗乐了，提提领子。他们领将军进了一个小院。这屋子是在早先宋家的基脚上翻新的，如今做了客室。以往区乡干部下来蹲点，就歇这。屋子几天前又突击粉刷了，极白。将军住在东头，是个套间。卧室里一切都换了新的。客厅的用具清一色的竹编，倒也别致。

"条件差，首长……"村长说。

"不错不错！"将军招呼大家落座，这才发现老根生已不在场了。

二

从认出老根生起,将军就替他后悔了。你他妈当初要是随我出来,不死就也成将军了!

这天夜里老根生没有再现脸。

村干部陪将军吃了洗尘酒水,过后又汇报了这几年寨子的变化情况。将军好兴奋,用火柴棒把牙捣得格格响。一直聊到月儿白了,才告结束。村长是个精明干练的男人,食宿安排得井井有条,还派了两个民兵在院子里站岗。

"撤了撤了!"将军摆摆手,"我给人看了大半辈子,撤了。"

村长还在迟疑,两个民兵却已拖着半自动挪开了步。其中一个出门就哼起歌子:

> 你到我身边,带着微笑,
> 带来了我的烦恼……

山里的秋夜寒气已显稠了。今夜将军自然是难以成眠的。他微带三分醉意在院子里徘徊,呢大氅挂在一只肩上。月是极好的。城里从来就见不到这么洁白的月。地上像铺了一层鹅绒,踩上去软软的、酥酥的。将军一支香烟点着吸不了几口。院墙外的那株枫还在,但探进来的枝桠业已砍去了。那枝桠当时有碗口粗。树的叶子落尽了,从稀疏的枝缝平望过去,能看见对面的山,蓝蓝的如一尊兽盘着。

那山还叫狗牙岭么?

狗牙岭上有支武装,正招兵买马。他们放牛时就撞见过,好怯。那伙人不像是这一带的,讲话好快。有个黑脸胡子,那伙人叫他司令佬。黑脸胡子拉枪栓吓唬牛倌,也请他们吃月饼。后来听说队伍要往江西大山里开,去杀阔佬。

"跟胡子吃粮去!"

"人家不要,嫌我们矮。"

"老子也敢杀阔佬!"

"你敢？"

"敢！你可敢？"

"你敢我就敢！"

"不许反悔，根生！"

寨子里只有宋大先生是阔佬。宋大先生有三个堂客。那天擦黑他们赶牛回栏，宋大先生立在院子里同小堂客说着一段戏文。他们从边上走过，听见宋大先生说："回去吃饭吧，快些吃。完了我领你们进城听戏。"

在牛栏里，根生轻声问光头："还搞么？"

"搞！"

起风了。于是月便有了茸茸的边。谁家的狗时而懒懒地吠几声，反觉得寨子睡熟了。将军从地上拾起大氅，缓缓进了屋，把晃晃的月亮关在门外。他把行李随便安排了一下。最大的一袋盛的是糖果，荷兰进口的。不过今晚没散出去一粒。

他躺在床上吸烟。现在他晓得这个位置是宋大先生的书屋，一间剖作了两室，门窗的款式自然早更换了。宋大先生书屋里也摆了张床，很势派，好像也是这么贴墙放的，也有这么宽。

月影斜了。

将军又欠起身。他记得院子门还没闩。

三

翌日的天气极好。天白前落了一阵细雨，把山里润得油亮。推开门便觉得爽爽的空气浴软了身子。

将军一早就披着大氅出来转悠。遇到寨子里的人，都打一声招呼，且在心里盘算这面前的脸子该是谁家的后代。有几个粉粉的细伢，从自家的门里挤出脑壳，眼眨眨的，嘴却坚持圆着。将军很喜欢这些孩子，并不把笑排开。脸皱得厉害细伢子就越发的怯。将军把糖果一把把地塞给他们，细伢子就搓搓手，接了，吃了，说好收风。细伢子过了怯生阶段，便嘎地显出原形来，跟随将军四处走动着，互相比比划划，猜这猜那。活泼得一边将褂子剥下，学将军的样子披着，一边腾出手去摸呢大氅上的铜纽扣，或者趁将军点烟时拿过气体打火机试几下。

"毛狗！"过来一位妇人把玩打火机的细伢扯到旁边训道，"你总毛手毛脚的！"就把打火机从小掌心抠出还了将军，歉意地咧咧嘴，领着自己的孩子要走。将军说没什么要紧没什么要紧。毛狗便从娘的腋下滑出，跳开了。妇人也不再逮，挎篮子下河沿了。毛狗又贴过来，问：

"你打过日本佬？"

"打过的。"

"打死几个？"

"这个……十来个吧。"

"才十来个？电影片子里……哒哒哒！"

毛狗端着"机枪"扫走了，其他的也尾随而去，一片"哒哒哒"。这些毛头，没有这十来个垫底我还……电影也真他妈的不实事求是！枪是那么响么？将军微笑着。这些不是同细伢子聊的。

太阳一露脸子就离地丈把高。寨子黄灿灿的，好暖，好柔和。于是有一排雪亮的自行车把阳光裁开，淌过了桥。车上驮着土产与鸡鸭，其势也好海。骑车的皆是男人。这些汉子忙过"双抢"，就进城去行交易，鸟也似的往往返返，把自家的门面收拾得好光溜。村长也在其中，不时起一个歌头，大家就跟着哼起来。那歌子砸到溪上，惊得鱼秧把白肚在阳光里亮几回。

将军继续转悠着。寨子里老人不多了。60年前后死掉的一批倘若还在，将军断定是都能认得自己的。如今晓得他就是光头的，怕只有老根生了。

"光头，我，我冷……"

"钻牛×去！"

"我……"

"莫做声！"

那天夜饭刚歇，瓦就响了。雨不小。戏没听成，宋大先生同三个堂客摸了两圈麻将，就回书屋了。宋大先生隔五六日轮着与堂客伙困一回。这夜他是独身而卧。

他们是三更头上爬上枫树的。两人同时挂上那根枝桠，往院里吊。枝桠弯得厉害，落地脚不麻。赤脚走起来不响，纵有响也被雨声吞吃了。他们先去抽开了院门的大闩。爬窗户时天扯起一道青霍，根生看到光头腰间别的山斧，裤裆里就滋过了一线暖……

这个根生……将军把塞在稀牙里的火柴棒吐掉。这个根生正贴墙坐在矮凳子上，眼眯眯地照日头，顺带看着晾在簸箕里的玉米粒子，不让雀子挨近。他把一只鞋退了，让日头往鞋膛里射。赤着脚搬到另一只膝上，趾丫叉得老开，且用一根手指插进去来来回回地转动，嘴里"唏唏"地响。一只黑狗，极壮，偎在主人边上，眼也眯眯的，好像从来不叫。倒是几只鸡雏杀气腾腾地争夺着一条蚯蚓，细爪挠得尘土纷扬。

将军抄了抄大氅走过去。有碎碎的鸟啼在背后。

四

"身体不错嘛！"

"不大害病。"

"儿女还好吧？"

"不淘气。"

"蛮好蛮好……来，抽这个！"

"我吃不惯带皮嘴的。缺劲。"

"快呀，好快……我那年走了，你可生乱子了？"

"没得。"

"我进了山还……"

"哦。"

"要不是第二天队伍开走了……"

"哦。"

根生佬差晚辈送来茶水瓜子，又坐下依旧抠着趾丫，依旧"唏唏"。将军换了支香烟。日头好暖，大氅披不住了，就搭在膝上。两人默坐着。这时候顺着屋檐歪过来一个不过三岁的男伢，两只手背过去把开裆裤扒开开的，鸡儿像蚕一样蜷着。细伢喊了声"爷"。作爷的用眼睃睃，就从怀里摸出两根吸水烟的草纸媒子，松展开，对将军说："老四下的。"踏上鞋过去给孙子揩净屁股，又指着将军吩咐细伢喊爷。细伢就脆脆叫了声爷，扯扯裤腰弹走了。

"几个孙子呀？"

"三个。两个孙女。外孙也是两个。"

"蛮好蛮好!"

"如今都扎了,倒也省事。"

根生佬点着纸媒子,咕咕噜噜吸了两筒黄烟。将军立起来看看房子,吸烟时他把过滤嘴掐去了。

"这屋子基脚不错,可以盖成楼房嘛!"

"原先是那么思谋的。我多了句嘴。爬上爬下的,嫌累。"

"是呀,累。累了一辈子。进了山就扛九斤半。有时一夜要跑80里……"

"哦。"

"不那么跑小命可就丢了……"

"哦。"

这老人把纸媒子压在铜烟袋下,立起来把前后拍拍,背着手又去了老槐树脚。离槐树不过五尺的场子是条细石子铺成的机耕路,时有三三两两的邻村人通过。农忙时拖拉机跑得多。根生佬半个背对着路面,手开始往裤腰上抄。

"逮野兔哟!"

"嚯——"

逗笑的是桥那边过来的两个小伙子。根生佬还是那么端着,尿弯弯的不断。接着又飘来一串自行车铃铛声,却不及适才的口哨软耳。根生佬抖抖裤腰移过身子,眼前游过了浅浅的几团彩云。

将军笑掉了烟蒂。笑过又替老家伙叹了口气。其实你是捡便宜的。斧子我捏着,血只往我手脸上迸。你站在边上闭眼也中。我俩伙拎一颗脑壳爬上山朝司令佬面前一甩,功劳不就平分了?

"山里日头不错。"

"嗯。"

"如今可还做田里生活?"

"不了。"

"操劳了一辈子,该享享福了。"

"闲着也累。"

雀子叫响了。根生佬拨了黑狗一脚。黑狗纵身射出,喉管拉开了锯。轰飞了雀子,这畜生又围着簸箕巡了一遍,点着步子回到主人脚边,假

下了。将军伸手把狗毛理了理,又刮了一下狗鼻子,说:

"好狗。我养过的狗不下十条,都短命……那年打何家祠堂,我带狗去摸哨……"

"哦。"

"结果刚贴近那畜生就叫了,老子一刀下去……"

"哦哦。"

日头渐渐移到头顶,地上一片辉煌。

五

将军是半夜里醒来的。他发了梦。醒了便睡不进去了。他在床上靠了一会儿,舌苔涩了,烟吸不上劲,就掐了。他去洗脸。洗过了还觉得脸上布着一层热乎乎的像薄粥样的东西。他给太阳穴抹了一点风油精。他打算去院子里吹吹风。不过这念头一闪出就给打消了。院子还是昨夜的院子,月依然是昨夜的月。

晚饭后村长和几个支委来看过将军。彼此谈了一些目下国家的形势变化。将军拿出听装的"大中华"请他们抽,都道这号烟连黑市上也没露过脸子,很不错很不错。将军好快活,紧一把手脸又请大伙来品"555"。大伙接了,并不点,夹到耳轮上。村长说晚上还有点事,不多坐了,有空就再来叙。将军送他们出了院门。

几个人急急地走着,听不清是哪位冒了句:"快些,只剩三分钟了!"

三分钟后寨子里灯一律暗了,只有浅浅的蓝光在人面上晃动。一股曲子从众家窗户溢出,淌遍了整个山洼。是电视连续剧《西游记》的主调门儿……

将军又洗了把脸。一抬头,就见一个极大的灰影竖在面前,身子往后一挫。娘的!倒给自己的影子吓住了!他没动,望着涂了半壁的身影,觉得还是英武的。只是腰板不直了。狗日的马克辛,老子整整扛了你八年!

鸡啼两遍不久,天显白了。这会儿寨子全汪在晨雾里,青青白白难得划开。将军走出房门,顿觉脖子上淌过一缕凉意,极舒服。吸完一支烟,他悠悠打起了太极拳。

天极高远。等星星一粒粒灭尽,地面上渗出了黄。

那溪边的棒槌捣衣声随风断续地送过来,其间又夹杂着年轻女子的调笑,仿佛瓷与瓷的相击。这块水土自古就营养出一代代鲜活女子,衬着这弥漫于天地间的绿。将军循声缓缓而去,立在她们背后的坡上。溪流潺潺,负着朵朵芙蓉,静观棒槌的舞蹈,其乐亦陶陶。女子们在谈昨夜的电视片子。说女儿国国王活像哪家的堂客。说扮猪八戒的实际上生得好端正。说《西游记》放完了跟着就是《秋海棠》,据讲也好招眼,男的扮女的比女的还好看几多哩!

"棒槌!棒槌!"

"叫秋海棠来捞!"

笑声荡荡,溪上青影融作了一片,流不完,淌不尽。

老槐树脚下有个浅坑,汪着尿水,也好清澈。这坑虽浅然而大约永远不会见干的,就像跟前这条溪。槐的根须有几条暴露于土面上,硬硬的,亮亮的,却又不知弯到何处去了。

将军陡地觉得小腹酸胀得厉害,就用手去摸索裤扣。

　　你挑着担,我牵着马,
　　迎来日出,送走晚霞。……

洗衣的女子们回来了。将军急忙缩手,同时叉着胳膊将呢大氅撑得开开的,眼由树根望到树梢,那个空巢还停在上头。然后他一步一步地走了。

背后的歌子还在唱。

"我这几夜老做一个梦……"

"哦。"

"我一走上桥,桥就塌了……"

"哦哦。"

1987 年 10 月 12 日　于泾川山庄

(原载《北京文学》1998 年第 1 期)

假面小孩

1992年春季开始的日子,在海口几家大公司和非银行金融机构的豪华写字间,很容易见到欧阳抗美典雅不俗的身影。这一年,她已届不惑。欧阳抗美在大学读书时使用的不是现在这个名字。叫欧阳斐。知道这个底细的人很少。同年九月的一天,欧阳抗美在一个十分特殊的场合会见了作家潘军。她用地道的北京腔说:一个人的名字其实是一部书。作家检查那一年的笔记,对那次不寻常的会谈曾作过如下表述:

……历时150分钟的谈话始终是在压抑的气氛中进行的。她不停地喝一种洋酒,在酒中加冰块。在倾诉往事时,她的眼神显得极其淡漠,似乎她所说的并不是她自己的事。

这其实是两个女人的故事:欧阳斐和欧阳抗美。

1952年3月欧阳斐出生在北京什刹海一个知识分子家庭。她的父亲是一位有名气的记者,供职于一家大新闻机构,曾多次随国家领导人出访。她的母亲是一位话剧演员,那时刚从部队文工团转业到地方。这个环境使欧阳斐在很小的时候就享受了秀兰·邓波儿的待遇,她聪颖漂亮,天真可爱。她被选入少年广播合唱团,曾参加拍摄过一部著名的儿童影片。1964年10月1日,她参加了在怀仁堂举行的国庆15周年茶话会,是给中央领导人献花的少年之一。在欧阳斐的私人照相簿里,生动地记录了以上这些美好怀念。但是,正如任何一片天空都会出现乌云一样,每一个人的命运中都隐藏着苦难。少女欧阳斐的苦难开始于1966年秋天,这一年她发现"什么都改变了"。她的父亲已被认定为叛徒,并有

"充当里通外国的间谍"之嫌，遭到正式的逮捕。不久，她母亲因出身于资本家的家庭，又因主演过一部"为彭德怀鸣冤叫屈"的剧目，被发配到西北的一座干校进行思想改造。她们家的房子也换了，由什刹海搬到了公主坟。这样，不满15岁的欧阳斐与年愈花甲的外婆相依为命。她不能参加红卫兵组织，受到同学们的冷落。毛泽东第一次公开检阅红卫兵的这一天，少女欧阳斐第一次萌动了自杀的念头。然而从前的荣誉制止了她。她无法与这些告别。那本珍贵的影集藏在一件旧大衣里，没有被抄走，这个东西救了少女的命。多年后，当欧阳斐得知著名作家老舍是在太平湖自尽的，不禁心酸落泪。她为自己哭，因为她当时也选择了那个湖。我不知道为什么要选择太平湖，她这样说，也许是我曾在那儿拍过电影吧。欧阳抗美在谈论欧阳斐的故事时，没有一点忧伤。她甚至认为那个15岁的少女与老舍先生之间有一种感应。这个细节在今天已成为一种天赋的点缀，仿佛眼泪变成了珍珠。

  第二年，欧阳斐便去了北大荒。知青的生活是艰苦的。那本影集可以在一定程度上消除少女精神上的痛苦，但丝毫不能减轻她肉体的负担。她很怕苦，更怕累，却不怕死。这是一个奇怪的逻辑，现在她这样总结道：毛泽东说中国人死都不怕还怕吃苦吗？我正好相反。那时我觉得，如果一个人活得连狗都不如，就应该去死，这是最简便的解脱。当然她并没有去死，在谈及这个结果时，欧阳抗美做了一个手势，说：是性救了我。团里有一个副政委（她不愿披露他的名字），据说家庭有点来头，人也长得气宇轩昂。这个男人一直很照顾欧阳斐。她很感激他，也乐意与他相处。他是唯一看过她那本影集的男人。有一天晚上，她去向他借书，当时他躺在床上，可能是有点不舒服。他让她坐在床沿上，轻轻喊她小斐。她有点不好意思，低着头翻书。这时他突然把她搂住，关上灯，然后又压到了她身上。她紧张害怕，挣扎，想喊人，可是一会儿她就不动弹了。这件事，欧阳抗美说，可以看做是强奸与通奸之间的那种状态。我可以去告他，那么他或许就完了，我也赔进去了。我不想告。另一个原因是性的魅力。第一次我不舒服。但是几天后又有了一次——这次我没有怎么反抗，甚至后来还配合了，感觉特别好。那是不曾有过的、想象不出的感觉，一下便抓住了我。慢慢地我发现自己离不开这个感觉，我需要他。我同他在一起，白天的疲劳感全消失了。那时候，我一点也不想家。

不久，欧阳斐被安排做了播音员。她和副政委仍有幽会，但不是恋爱。副政委坦率地告诉她"只能保持这种友谊"。到了1977年，欧阳斐才知道这个男人的家庭背景，居然吓了一跳。那时她已返城读大学——这也是副政委一手经办的。她知道他已成家，但又难以割舍这段男女之情。副政委说既然难以割舍又何必非要割舍不可呢？于是幽会一直延续着。结果，他们的事在几年后被她丈夫发现了，这个男人没有能力征服自己的对手，所以只能选择离婚。1988年，欧阳斐成为单身女性。这时她觉得该是做点事的时候了。

在欧阳斐的故事里，不难看出一册影集、一个男人之于一个女人的重要性。但是，它们还不是这个女人故事的两端。故事仍在发展，没有结束。到了本世纪90年代最初的日子，这个女人的身体上诞生了另一个灵魂，这便是后来大名鼎鼎的欧阳抗美。

第一次听见"抗美"这个名字，是在1990年的2月14日。这天是情人节。欧阳抗美回忆说：我们当然幽会。在北京，他还有别的住处。这一次我们都有点得意忘形。被子也扔了。到了他来劲的那一刹，他突然大声叫：抗美抗美——他显然是在叫另一个女人。完事后，我点出了这个。我问"抗美"是谁？他有点不好意思，说：是小孩他妈。

那时她还不知道"抗美"这个名字有多么重要。这个名字的出典一目了然。取这个名字的小孩属于革命家庭。她就想了这些。她还知道一个事实：叫抗美的那个女人目前正在国外做访问学者。这年五月的一天，她出席了一个由当年几位兵团战友操办的假面舞会，地点是在燕山酒店，离她的住地很远。回来的路上，开车送她的人说有事求她。她问什么事，那人说目前海南的形势正在升温，房地产看好，想通过她弄一块地。那人又补充说，这事由副政委的爱人张抗美出面，稳成，因为张抗美的父亲的一个部下是海南省的要人。她问：你们为什么不去直接找副政委？那人便递过一个眼神：副政委能买我的账吗？她说：那我试试。没过几天，她和副政委见面了。她问房地产买卖是怎么回事？副政委有点意外：你怎么关心这个？女孩子折腾这个没必要。她喜欢听他叫自己"女孩子"，但她说：我是个女人了，总得为下半辈子找点依靠。她知道话这么说很管用，因为他欠她。果然他不响了，低头抽烟。她帮他脱衣服，一边脱一边说：我能发展好，也减轻了你心里的负担，你这人心很善。这么多年，你总在帮我。男人搂着她，很内疚的样子，问她作何打算。她说：我想去海南，你帮我通通路子，弄一块地。你老岳父的部下在那边挺管事的，让老人家给我出个路条吧。

不久，副政委帮她拿到了老人家的条子。写得很简单：小孩有点事想请你帮助一下，如果原则允许，就拜托了。她很高兴，她问：小孩指谁？副政委说：指我。老头以为我要办事。放心，有他的签名怎么写都可以。这时候她脑子里闪过一个念头：我也可以做这个"小孩"。几年后，欧阳抗美对作家潘军说：那时候我懂得了什么叫一念之差。你现在应该知道我为什么叫"抗美"吧？

她决定调整方案。那个时期，她做了大量的调研工作，主要是有关房地产项目如何操作，房地产公司如何管理方面的。同时，她了解了张老的个人经历，包括他曾经的三次婚姻情况。还有副政委本人的家庭背景。她的计划很大：第一，改名为"抗美"——如果对方认定她是某某人的女儿，她便不惜以后的一切，做一回"钦差大臣"。倘若对方不认定，无非是个同名者，仍然可以当"小孩"。第二，她决定独立干，因为这事不难操作，只要弄到他的批文和红线图，她便可以"炒作"，钱一出来先给政府，剩下的归自己所有，是简单的"空手道"。第三，由此开始，抓住时机，以期更大发展。

1991年10月，欧阳抗美在海口市出现了。她的表演天才得到了杰出的发挥，当那位被称作"吕叔叔"的男人看过首长的条子后，果真毫不犹豫地把她当做了"小孩"。这个男人印象中，首长的确有一个小孩叫抗美的，至于为什么姓欧阳，她只作了这样的回答：我随我母亲姓，算是一个纪念吧。这意思显然暗示着一次婚姻的离异。谁会就此刨根究底呢，况且，她是非常受到吕叔叔欢迎的。这在第一次的酒宴上就清楚反映出来，她尝到了鱼翅和鲍鱼。吃过饭，她来到吕叔叔家中，送上两幅在北京荣宝斋买来的字画，然后开始交谈。她的话题紧扣个人经历，在谈到国庆15周年向中央领导献花时，她兴奋地拿出了那册影集。（普通人家的孩子能有这份殊荣吗？）这一幕至今清晰，欧阳抗美说，为了确保真实，我还当着姓吕的面给北京拨了个电话，说我到了，吕叔叔对我非常热情等等。副政委说：你稳着点，不顺利就回来。我说：等事情有了眉目，就回北京。我放下话筒心里突然有点内疚。当时我并没有把改名和冒名顶替的事告诉他。等以后他知道了，我的事已办妥了。他当然很生气，说太过分了，居然拿他当枪使。可他这些年拿我当什么使呢？他不说。欧阳抗美说到这里，拿出一张巴黎进口的粉纸在脸上轻轻拭了拭。这个动作给一旁倾听她诉说的作家留下了很深的印象。作家在笔记中强调了这个细节——

……她像是决意拭去什么痕迹，又像是仔细把什么修饰得更好。但不管是什么意思，经过那种高级粉纸的擦拭，她的脸色更为动人了。

年龄对于一个女人是重要的。年龄对有的女人是一种奇迹。既然这个女人以"抗美"命名，也就等于把自己的年龄明白地写到了脸上。那时她已接近40，她为生命中这个数字的来临感到惶恐，尽管辞典里有徐娘半老丰韵犹存一说。每天就寝，她都要面对镜子审视面容，看看皮肤是否有松弛的迹象，毛孔是否被阳光晒开。或许是事业初战告捷带来的鼓舞，欧阳抗美女士是自信的。她的五官和神情都蕴含着那种可贵的"娃娃气"，白皙的皮肤与适度的化妆营造出的青春并不可疑。她没有生育的历史，颀长丰满的身材仍令人瞩目。最重要的是她骄傲的个人经历，显赫的"家庭背景"，使她在任何场合都是鹤立鸡群。她谈吐不俗，可以同你谈中南海，谈毕加索和室内乐。她手势优雅，可以在你感到愉快的时候同你喝一杯马丁尼。这些都是一个大家闺秀或者一个女贵族的品质。

40岁是一座桥梁，欧阳抗美女士说，它沟通50来岁的叔叔与30多岁的弟弟。这可能是对的，至少在这个女人身上证实了这一点。那位被称作"吕叔叔"的男人对欧阳抗美有着特殊与微妙的关怀。他当然不敢动首长的"小孩"，但是如果是"小孩"自动地伏在他肩上或者替他整理领带什么的，他不能不激动。欧阳抗美从一开始就觉悟于斯，所以往往说出一点"家族的不幸"，比如"母亲"被抛弃，"父亲"脾气很坏之类的话题，并且怆然涕下。那时候吕叔叔就轻轻拍拍她，说都过去了，想开点。欧阳抗美总是担心有一天事情会败露，因此超前对这位吕叔叔做点工作，是必要的。这种男人很容易拴住。当然，目前这只是一根绳索。欧阳抗美的最初阶段由于这个男人的一手操办，顺利度过了。她的公司完成了注册，不久，一块地的问题也有了眉目。这时候她需要由人来垫支一笔订金，她才可以拿下红线图。她的目标开始转向金融机构。这样，由吕叔叔的牵线，在不到一个月的时间里，欧阳抗美结识了一批大大小小的金融家。经过观察与权衡，她选择了大洋信托投资公司的总经理李庆。

李庆原是华东某省的一家银行的信贷处副处长，硕士学历，虽然当时只有35岁，但为人老成，办事干练。他出任大洋信托的总经理，据说是由于一位女行长的力荐，那位行长"待他像妈妈一样"。后来，当欧阳抗美成为李庆的"大姐"之后，她才得知这个青年可能是一个私生子，他是随妈妈长大的。在李庆闪烁其辞中，欧阳抗美总觉得这个男人一直是和妈妈睡在一起，因此有时候看起来他是个"父亲般的孩子"。李庆来海南岛，还有另一个原因，就是婚姻不幸福，他的妻子总与他妈妈处不好，而他又无法摆平这个矛盾，只好眼不见为净，一走了之。

那个时期，欧阳抗美女士说，我很累。我的心像海鸥一样，忽上忽下。夜晚我感到孤独。我想躺到一个男人的怀里，甚至不管他是谁，我都情愿。我和副政委好了几十年，现在突然就断了。我每次给他挂电话，他都让他孩子接，听见女声就说不在。他已经瞧不起我了，我骗了他。

也就在这个时期，另一个男人走进了她的身体。这个人就是李庆。他切入的时机非常好，因为当时她处在"一碰就受不了"的境地。李庆在那个天空中飘动着"可疑的云彩"的夜晚来到了她的寓所。他说：我不知道为什么，就来了。她说：这么晚了。他说：我知道晚了，可我要来。她说：既然来了，就别走了。然后他们开始接吻，吻得如饥似渴。他们关了灯，月光洒了一床，月光下女人的身体格外迷人，他边做边说：你真好，太好了。她说：我比你大很多。他说：我喜欢大的。但她觉得这个男人没有什么力气却偏偏喜欢玩花。这以后他们私下同居，有时候她还得专门替他炖点什么汤。她不怎么适应扮演这个双重角色：母亲和情人。

第一笔生意不久便成了。大洋信托以信贷方式给了欧阳抗美五百万,作为那块地的15%的订金。有人不同意这样做,认为贷方既无资产抵押又缺少经济担保,会有极大的风险。李庆说:什么风险?那块地升值潜力一望便知。李庆是个精明的老板,他是在看见这块地的价值后才拍板的。而且,他还让大洋信托成为第一任炒家。欧阳抗美拿到红线图的九天后,大洋信托便以每亩差价三万五的价位吃进了这块地,一个月后又以差价五万的价位抛出。大洋信托在前后不到两个月的时间内收回了那笔贷款并且获得了可观的利润。

欧阳抗美所得为人民币230万元。她难以相信这一切是真的。一个女人,两手空空来到这个大岛上,现在竟有了这么多钱!她的确被吓住了。她让出纳去账上提款十万。等十捆整齐的钞票放在她面前时,她突然哭了起来。她问出纳:我可以花它吗?不知所措的出纳说:这是你的钱怎么不能花呢?她拿出一捆最新的钞票扔给出纳:拿去,分给大家!那时我完全傻了,欧阳抗美女士说。这钱像变戏法似的。在以后的一个月里,她开始将公司迁址,将办公室装潢,并购了一辆白色的凌志300型轿车。

你知道为什么南方的老板喜欢自己开车?她问作家潘军。作家说:这样方便。她又问:怎么个方便?作家说:怎么都方便。她说:没错。

对于一个年近40岁的女人,欧阳抗美女士深知,青春已悄然从身边溜去,一根草绳能系住一头牛,但系不住一个男人的心,况且,她不想再扮演一个母亲,哄着儿子,然后再同他做爱。这种类似乱伦的感觉时常让她恶心,她认为应该把自己同李庆的关系理理清楚,互不拖欠。于是,在一个月光皎美的晚上,在白沙门海边,等他们在白色凌志车里完事后,她递给了李庆一个小包,那里面装着20万人民币。李庆什么都没说,又一次吮吸了她的乳房。欧阳抗美当然也不会忘记她的那位吕叔叔。她单独约他出来跳舞,然后再去海边开车兜风。这一次,她主动吻了吕叔叔,并把男人的手放在胸脯上。男人一边告诫"小鬼冷静点",一边还是把该做的事全做了。最后,她同样递给了男人一个小包,数目则是10万元。因为今晚这个男人得到的太多了。

这期间她回了一趟北京,她探望了不常来往的父母,给他们添了几样电器。母亲问:南边的钱这么好赚?她说:那要看是什么人了。母亲问：你算什么人呢？她一听火了：我哪点都不比他们差！她父亲从书房走出来，依旧是严肃的面孔。她不说话了。这一瞬间她感到特别心酸。如果当初要一个孩子，放在两个老人身边，会使他们晚年愉快一些。她不打算住在家里，父亲的训导她会受不了。临出门时父亲冷丁丁地问道：同那家伙断了吗？她说早断了。其实她心里也在问：当真断了吗？习惯是一个可怕的东西，这些年的若即若离，欧阳抗美早已习惯了"那家伙"，就像习惯了自己的枕头。在他面前她十分放松，一点也不自信，像只羊似的。面对他就像面对一面镜子，她能找到自己。他的谈吐，他的手势，他的抚摸以及他的做爱能力，这些都习惯了。和别的男人在一起她找不到这种感觉。

她给他的办公室去了电话。现在他已是一位年富力强的司长，在电话的另一端正考虑如何把精神文明建设落到实处。她要求见面，他说今天很忙。她说必须见，在老地方，如果晚上12点之前他不到，她就跳楼。他在电话里笑了，然后提出一个吃饭的地点和时间，就把电话挂了，我知道这回是真的没戏了，欧阳抗美女士点上摩尔香烟说：这个男人把睡觉的地方换成了吃饭的地方。

1992年3月在北京西直门外的一家不起眼的小馆子里，一对长达近25年的情人终于在烛光中分手了。他们共同回忆了过去的片断时光。那些苦难中的恋爱场面使男人和女人相对无言。女人第一次见到别人落泪了，她想替他擦，但他用手捏住了眼睛。男人不希望女人在南方久留，男人说：你现在的处境很糟糕。但在那个气氛里，女人无法去领会这层意思。她觉得自己像一个溺水者，只想拼命去抓住什么。然而这已是不可能的了。分手的时刻到了，男人送女人上出租车，他们握手。男人说：一路珍重！女人的嘴唇颤动着，轻轻吐出三个字：副政委。

如果当时我听了他的话，欧阳抗美女士说，从南方撤回来，脱离商场，我可能会……现在说这些似乎有点可笑了。

她还是完完全全地陷进去了。她的网络越来越广，生意也越做越大。在那些日子里，人们在一些重要的场合，总能看见那辆白色的凌志车和它优雅的女主人。人们以惊羡不已的语气谈论这位单身贵族，猜想什么样的男人夜晚与之相伴。

1994年4月，欧阳抗美因行贿罪受到检察机关起诉，被处以六年有期徒刑。她是因那位吕频频的巨额受贿罪而被"带出来"的。这个男人还揭露了她冒名顶替进行诈骗的行为，争取立功。但是这项罪名不能成立。检察员在北京调查取证，另一位有身份的男人说：法律没有限制公民有选择姓名的权利。至于那张纸条上的"小孩"，实指欧阳抗美。

1995年6月，欧阳抗美"由于劳动态度端正和积极组织劳教人员的文娱活动"，减刑两年，并因健康问题"保外就医"。在一个夕阳很好的黄昏，一个男人坐到了她的床边。

1996年10月　郑州
（原载《山花》1997年第2期）

报人

多年前，当马列生还是一个乡村小木匠时，就做起了记者梦。梦的起源可能与一部叫《停战以后》的电影有关，那上面有一位仪表堂堂、正义凛然的新华社记者薛平。这个很英雄很潇洒的形象伴随乡村小木匠度过了枯燥的年月，又于70年代中期的一个下午，将他送进了县城拘留所。那时马列生才17岁，自制了一份新华社记者证，暗地进行着采访。记者证制作很考究，是用《毛主席语录》改造的，也有公章。马列生此举纯粹是想过把记者瘾，他采访的内容都是粮棉增产拾金不昧之类的好人好事，但他自己成了15天的坏人。如果我当时有18岁，马列生后来说，可能要被判刑。

这件事对马列生刺激很大，村里人都说小木匠冒充记者，话传进耳里，比破坏军婚还难听。马列生想，妈的×，冒充！老子非要当回记者给人看看。第二年，国家形势发生了大变化，不久高考恢复了。马列生决心考大学，而且只报新闻专业。师傅问：中么？你都该讨老婆了。徒弟说中。徒弟说齐白石40郎当岁才开始学画，随便画画就成了大师。师傅问这个姓齐的原先做么子？徒弟说：和我们一样。徒弟又说人都是天生的，是哪块料前世都定好了。马列生果然就考得不错，分数一公布，过了录取线72分。但是最终没有录取——政审通不过，还是冒充记者的茬儿在，那年高考还讲这个。马列生有点难受，更多的是兴奋，觉得自己随便考考就超过了录取线72分，依这成绩，上复旦新闻系没多大问题。我天生就是当记者的料，他想，来年再干。在翌年高考来临前，马列生为县公安局长做了把逍遥椅送了去，请求县局对他当年的那点事复查一下，重新出个结论。局长很欣赏小木匠的手艺，又对其高考遭遇有些同情，就答应帮他这个忙。局长教导说：想当记者，动机是好的，又没有诈骗行为，你当时怎么不找我？马列生听了这话直想哭。

1978年9月，马列生告别了生活了21年的乡村，去上海念大学。他没有被复旦录取，但学的还是新闻，算如愿以偿了。可是不久，他又厌倦了。他不是讨厌新闻而是讨厌新闻学，认为那是死人的东西，学起来没劲。他开始旷课，重新置了一套木匠家伙，偷偷去为附近的市民打家具。他想攒点钱，利用暑假的时间去追踪一些新闻热点。这事很快让校方知道了，分管文科的副校长亲自找他谈话，郑重发出了警告：如此下去将荒废学业，成绩不及格是毕不了业的。马列生想，没考试你怎么就知道我不及格呢？我考给你看。结果是每学期考试，马列生的成绩都在前六名。而且，他时有"大特写"、"曝光"之类的文章发表。其中有一篇题为《中国黑孩》的特写，是反映农村流动人口超计划生育现象的，发表后引起了社会广泛关注，屡次得奖。这篇为学校争得荣誉的作品却没有给作者本人带来好运，毕业时，马列生被分到西北一家《人口报》。你不是对人口感兴趣吗？系领导这样解释道。马列生想，人口不就是人民么，怎么不让我去《人民日报》呢？算了，幸好这辈子自己只让学校分配一回。

在西北一待就是九年。马列生守着"青春秘诀"和"避孕指南"这两个栏目，倒也自在。他曾动过调到党报工作的念头，又打消了。觉得无边的会议新闻更没意思，还常常因为排错了要人座次惹麻烦。马列生喜欢新闻职业，做梦都想办一张大文化范畴的报纸。1991年夏天，一位来自海南的同学找上门来，要马列生"出山"。这位同学原在北京一家新闻机构工作，叫齐放，两年前去的海南，现任《南方广角报》的总编助理，月薪三千，还不加广告提成。齐放说西北是太冷清了，应该雁南飞。马列生问：我去了具体做什么？齐放说做记者部主任，月薪暂定一千八。马列生当然就动心了，他想特区毕竟是特区，记者还像那么回事。

办妥了手续，一个月后马列生就飞往海口。这是他头回坐飞机，荣誉感压倒了恐惧感。他看着一路的云彩，觉得南方的天是晴朗的天，心情很舒畅。他想自己正值干事的年龄，这次总算等到了机会。他又想起从前冒充记者的事，不禁失声而笑。记者，当了几年的记者，除了比旁人多知道一些美容、避孕的招儿，还有什么呢？这时候邻座的一位军官偏过脸来，问第一次去海口？马列生定了定神，说是。军官问：出差还是旅游？马列生说：我去工作。军官又问：公司还是机关？马列生说：是报社，《南方广角报》。军官就很高兴的样子，伸出手：太好了，我们交个朋友，我叫汪崇文，就是崇拜文人的意思，偏偏自己成了一介武夫，在海南××队工作。马列生也很高兴，说：我叫马列生，至今不是党员。汪崇文哈哈大笑，说到底是记者，反应这么快。于是就开始留姓名地址电话。马列生按齐放的名片写在军官的通讯录上，注明是"记者部主任"。汪崇文中校军衔，是一个团的副政委，两人兴致勃勃地聊着，好像没一会儿工夫，飞机就降落了。分手时汪崇文说，改日一起聚聚。马列生很喜欢这结识的第一位朋友，就像喜欢坐这趟飞机一样。

　　齐放来接站，把马列生领进一辆奥迪车，自己驾驶。马列生很吃惊，说你还会这手？齐放说南边一般都自己开车。马列生有所感触地点点头，说这样好，尤其是干记者这行的，自己开车就方便多了。齐放说：过些日子我教你，凭你老马这脑瓜仁子，也就一天工夫吧。马列生说：这么快？齐放说要不能叫特区吗？车从机场车路拐出来进入闹市区，马列生被沿街的景色吸引住了，觉得自己是在出国考察。这个城市不大，甚至很小，但过于紧凑，街上的车挤着开，一路都是堵。等过了人民桥，车才跑快起来。齐放介绍说，这儿叫海甸岛，是岛中之岛，规划中是高级娱乐区和别墅区。报社就设在这里。马列生听着，想起纽约的百老汇和曼哈顿，有种贵族的感觉。他说：这地方很好。正说着，车速减慢了，然后在一套很漂亮的写字楼前停下来。这楼的门边镶着许多好看的镀铜的牌子，基本上都是公司，《南方广角报》夹在中间，很突出，有点众星捧月的味道。马列生下车后去了洗手间方便，又对着大镜子整理了一下仪表。在西北待久了，人怎么看都像兵马俑，环境对人的改变总是不知不觉的，就像水改变石头。马列生想，等会儿总编接见，第一句话怎么说。第一句话很重要，像一条新闻的导语，能否抓住人就在它了。见到您很高兴。我很愿意在您主持下工作。虽然初次见面，但……这些都不理想，太一般。马列生还不知道总编是男是女是老是少，事先没向齐放了解清楚，这显然是个疏忽。算了，见面就直呼您好吧。报社在第六层的一个大写字间里，其中隔了两块作为总编室和财务室。马列生多虑了，他们进来的时候，只有一个女孩在打电话，好像在谈什么生意。马列生环视了一下，觉得和自己想象的很不一样，乱，报纸堆了一地，而且卫生也极差，几张桌子上都有灰尘。这儿像一个仓库，他想。齐放递过香烟，说这几天忙着出报，人都去搞发行了。马列生问邮局的订数怎么样？齐放说不用考虑邮局，马列生问是不是完全自办发行？齐放说发一点吧，报纸印出来，主要往企业送。这话让马列生不大明白，一个企业能买你多少报纸呢？这时候，那个女孩打完了电话。齐放就介绍了他们，女孩是报社的美编叫秦琼。马列生一听就乐了，说壮士。齐放说，秦琼名秦泠，因为很多人不识"泠"而念成"冷"，就取这个家喻户晓的名，做了一回好汉。说着就到了吃饭的时间，三人一道去了一家叫"名人"的馆子，由齐放代表报社做东，为马列生接风洗尘。席间，马列生小心地问秦琼，总编在哪里。秦琼说拉广告去了。马列生很惊讶：总编还拉广告？齐放说：怎么不拉？你以为是在《人民日报》呀？

《南方广角报》是周报性质，八个版。报社实行的是采编合一，版面承包。马列生负责二三版，关于社会新闻和经济动态，有时也出一点人物专访。对这种组合，马列生觉得有点一般，想在适当的时候同总编谈谈，做些改进。但一周的时间下来，马列生还是没有见到总编。那间总编室实际上只摆着一张写字台，由齐放用着。马列生心里没有底，就打算去外面看看，听听读者的反映，顺便采写一点东西。到了南方就得了解企业，这也是马列生需要补充的知识。于是在一个阳光灿烂的上午，他去了一家房地产公司。这家公司的老板，据说是三千块钱起家的，经历也很传奇。他想这种人是值得了解的。没准儿还能做朋友。谁知一见面，那个看上去很严肃也很不耐烦的男人说：你已经是第五个了。一上午就来了五个记者，还能做什么事？我简单地回答你，我们公司近期不做广告。马列生正欲解释，老板就自己离开了，看都不看他。马列生生气了，说：你这人怎么这个样子？老板回过头：你要我什么样子？把支票给你吗？马列生严厉地说：我是记者，不是拉广告的。我想了解的是人，不是钱。老板对他拱拱手，说：先生谢谢啦。不过我说的也是实话，如果不是"两ji"缠着我，我的生意不止这个样子。后来马列生问秦琼，"两ji"是什么意思？秦琼说：白天记者，晚上妓女。

这天晚上马列生一个人去了东湖。他从来没有过这么难受，那滋味比17岁坐拘留所不知要难受多少倍。街上车水马龙，霓虹灯让人眼花缭乱。边上的一块空地上，一些人正围着看耍猴。那是一只年轻的猴，敏捷而顽皮，向观众表演拉车，奔动的节奏和看着锣鼓的点子。几圈下来，猴子便拿着一面锣向周围讨钱。马列生想，这个城市离不开钱，连猴子都懂。他放了两块钱在锣里，看着猴脸，猴似乎不满足，于是马列生又放了五块。一年后，记者马列生和作家潘军一起喝茶时，绘形绘色地谈起了这个晚上。马列生说，那时他感觉自己就是那只猴。

这以后马列生的神情就黯淡了。他不想出外采访，整天坐在报社编稿。所谓编，也不外是抄抄摘摘，重拟一个标题，再让美编秦琼配上几幅古怪的大照片。马列生隐隐约约感到，齐放对自己有点看法。齐放希望马列生杀出去，争取企业的赞助，但又不好意思明说。齐放只是说：老马你要发财，光靠工资哪行？马列生一想也对，在这个环境里还搞什么新闻呢？赚钱吧，等赚了几万，回西北守着婆姨当自由撰稿人，也不错的。这天下午，马列生正在校版，忽然进来一个风风火火的胖老太太。马列生以为是到报社来投诉的，正准备接待，胖老太已进了总编室，齐放不在，她抓起电话就打。马列生想干预，看看边上人都不动，自己初来乍到，不想管这茬事。胖老太的嗓门大得惊人：列总呀报纸出来您看见了吗？照片很清楚很帅吧？500份够不够？以后还得靠您多支持哟，您看这余下的两万块钱……哦，明天就转，谢谢谢谢！回头我请您去卡拉OK。跳舞？我老了……还不显老？瞧您说的。胖老太打完电话，出来拿矿泉水，发现了陌生人马列生，就打量着。秦琼过来介绍，说这是总编，这是齐放的同学马列生。胖老太就和马列生握手，说：不错不错，一看就知道是把好刀。马列生很不自然，也有点紧张，除了问好便说不出任何话。胖老太看看表，说还有点事，得先走了，并让秦琼下班时记着关空调。马列生还傻站着，怎么看这胖老太都不像总编。他悄悄把这想法告诉秦琼，说自己感到失望。秦琼就笑了，说报纸靠广告生存，广告要靠人拉，老太太一年能拉80%的广告，她不总编谁总编？马列生问：她哪来这大的本事？秦琼说她老公是某某局的头儿，老板们含糊。马列生哦了一声，又说：以前别人夸我是好手笔，怎么刚才她说我"是把好刀"呢？秦琼乐不可支，说领导的意思你就自个儿琢磨吧！

马列生不打算在这种报社再干下去，但又不想轻易跳槽。这段时间他结交了一些新闻界朋友，听他们介绍，似乎彼此差不了多少。记者的兴趣是在广告上。马列生有点阴郁，他想当初走这一步是草率了。他同齐放谈了几次，觉得办一张好报在南方未必造不成影响，齐放说钱呢？启动资金谁出？马列生说，一张报纸启动资金要不了多少，等办出影响了，这广告会自动找上门的。齐放说，如果能找到启动资金，登记的手续他有办法。这天两人散步又到了东湖，看见湖面上漂着脏东西太多，让人很不舒服。齐放说，他妈的只顾赚钱，这么脏的环境却无人来管。这一说，马列生倒有了主意，他想如果报社来牵头，组织人力把东湖打捞干净迎接国庆，主管部门一定会支持的。齐放说，这不是犯傻吗？你组织谁？马列生说，只要是门对东湖开的，都必须有人出人、无人出钱。我估计都不愿出人，只出钱。集中起来，一定会有好几万。齐放说依这个做法，钱是会有的，但要雇人力打捞，费用也不会小。马列生说不需要雇人力，他有办法。当夜就去找了汪崇文，两人见面都很高兴。谈过一刻钟，马列生就谈出了打捞东湖的事，说特区的发展离不开精神文明建设，如果部队能出面，意义则更重大。副政委说这很方便，派一个连就完成了。马列生心中暗喜，就说：我们主要负责宣传和后勤服务，到时候把电视台和几家报纸都弄去，把气氛好好造一造。汪崇文是个荣誉感很强的军人，听了这话十分满足，说：军民共建精神文明，好！我们说干就干。

事情果然不出马列生的预料，主管部门很支持，当即出具了文件，要求与东湖环境有关的单位都要积极参加，违者罚款。马列生和齐放分头跑，等他们会合时，已收取了近七万元。只有两家愿意出人的，马列生让他们派女性，说安排做后勤服务工作。到了九月底的一天，名为"军民联手治理东湖"的活动开始了。汪崇文副政委带来一卡车战士，并第一个跳进湖里打捞。马列生让电视台的记者拍下这个场面，提示说：给一个特写。打捞工作进行得如火如荼。马列生负责宣传采访，齐放负责给记者发红包，秦琼负责安排给战士送汽水。马列生现场采访一个战士，请他谈几句。那战士憋了半天，说：出蛮力的总是我们当兵的。马列生心里一紧，感到有点内疚。几箱汽水值多少钱呢？他找到汪崇文，问是不是给战士们发点劳务费？副政委大手一摆：发狂？扯淡！

钱就这么赚下了，面子里子都很好看。下一步是准备办报，可是齐放的态度变了。你还打算来真格的？齐放说，算了，把钱分了吧。马列生说这怎么可以呢？这样赚钱岂不太轻松了？齐放说几万块钱就把你弄成这样紧张？见过炒房炒地的么？一转手就是百万千万，还不吓死你。马列生说不行，这钱派不上用场，就算是愚弄了汪崇文这样的朋友。齐放想了想，提出一个折衷的方案：两个人提成三分之一，三分之二用于办报。马列生只好同意了。

1992年2月，由马列生任总编的《特区展望周报》创刊号出版，限省内发行。马列生把四方化缘来的15万元全花在这张报纸上。等作家潘军上岛时，这张报纸已因资金不足停刊了，它的生命为72天。这个数字，正是当年乡村小木匠第一次高考超过录取线的余数。

1996年10月　郑州
（原载《山花》1997年第2期）

对话

1

  金萨克是杭城一家酒吧。它的营业时间自下午一点开始至翌日凌晨。据店主介绍，在开业之初的几个月，生意一直不怎么样，但不久就好了起来。现在，金萨克已是颇有名声的酒吧了。每天夜晚，酒吧的客人总是很多。人们喝啤酒、洋酒以及各式的时尚饮料，听一位女歌手唱英语歌，听另一位男摇滚歌手唱摇滚倾向的流行歌，低声讨论物价、股市和爱情这些话题。到子夜，大家不约而同地静下来，幽蓝的灯光下一位萨克斯演奏者登场，在电钢琴师的伴奏下，开始用这件著名的西洋乐器演奏同样著名的中国乐曲《梁祝》。而这个时刻，从边门里走出一个理平头、手提一只保温桶的男人。他上楼，在靠近窗口的那张台子坐下来。显然男人是老客，店主一般是把这个位子留给他，而且还给了他一张制作考究的贵宾卡。男人看上去接近40岁，个头不高，壮实，背稍有点佝。他总是要一杯生啤，偶尔也要一点小吃。他一边喝酒一边听萨克斯，不同边上人交谈。但这个晚上，一位还算年轻的女人坐到了他的对面……

  女人：可以坐这吗？这儿离空调近，我很热。
  男人：请稍微坐偏一点，我没别的意思，我只是想看到一点街景。
  女人：杭城的夜景还不错的。
  男人：当然。洒水车再多一点就更好了。
  女人：我没想到……我是说我没想到萨克斯吹《梁祝》会有这么好的效果，真没想到。
  男人：你很懂音乐？
  女人：谈不上懂，就喜欢吧。我曾经想学声乐，但条件不好，音域不宽，音高还可以。你是搞音乐的？

男人：不不，我这双手顶多敲敲电脑吧。音乐需要天赋，不是我这种人能做的。不过听听也蛮好。

女人：对。萨克斯的样子我也很喜欢。

男人和女人这之后几乎没有再说什么。他们好像在专心听萨克斯的声音，男人慢慢喝着啤酒。有几次他想抽烟，但都自动放弃了。《梁祝》奏毕，他们鼓掌。男人的手再次放到烟上。

女人：你想抽烟是吗？

男人：不好意思。

女人：请随便吧。酒吧是公共场所，是花钱买的座，要是因为我坐在你对面，不好意思的应该是我。

男人：你别这么说……其实我抽烟有时候完全是下意识的动作，抽不抽也是无所谓的。

女人：那又何必呢？你抽吧。男人抽起烟显得精神，我不是说你不精神。

男人：那是电影电视上的男人。我抽烟只是嗜好，而且我从21岁开始，就抽这个牌子的烟。

女人：你这人一定很传统。我是随便说说的。

男人：没关系。很多人都说我很传统，连我妈都这么说过。

女人：看不出你还很幽默。

男人：我幽默吗？这倒是头回听见。

女人：你是不是天天来金萨克？

男人：经常来。

女人：我碰见过你，总拎着这只桶。

男人：是保温桶，装点吃的。我上班的地方比较远，食堂的饭又不太好吃，就每天自备一份中餐。晚餐就凑合过去。

女人：其实晚餐比中餐重要。晚餐要吃好。

男人：可我没有时间，转不开。

女人：而且你这种桶装吃的，口味肯定变了。

男人：有营养就行。

女人：长期这样恐怕不好。

男人：是呀，也许过些日子就好了。我倒是习惯了，所以也看不出有什么不合适的，就是上车不太方便。

女人：干吗不买辆摩托？

男人：我是想买，可我女儿不同意，她说报上总看到摩托出事。

女人：女儿多大了？

男人：今年十岁，上三年级。

女人：孩子倒蛮懂事的。

他们谈到这里同时沉默了。萨克斯手开始演奏一首外国乐曲，听起来有些忧伤。男人把最后一点啤酒加到杯子里。女人的柠檬茶也剩下不多了。男人看看窗外，街上已经很安静，没有几辆车在动。杭城的夜很朴素，然而依然很热。夏季是杭城最无奈的季节。女人用汗巾仔细擦了擦嘴和手指，然后对黑马夹招招手，把"贵宾卡"和钱递过去，她要走了。

男人：你也常来？

女人：来过几回。你慢慢喝，我走了，明天上午还有点事。再见。

男人：再见。

2

男人和女人在一周之后第二次见面。还是男人先到，他边抽烟边对门口看看。女人进门后，男人站了起来。女人在楼梯口处停了一下，那儿有一盏灯。女人进门时其实就看见了男人，他今晚穿着一件U2T恤。女人还看见了那只保温桶放在窗台上。在楼梯上女人同店主打了个招呼，好像还送给店主一件什么小礼物，然后就向台子走来，男人再次欠了欠身。

女人：来多久了？

男人：刚来一会儿。《梁祝》才吹呢。

女人：这几天你天天来？

男人：星期四没来，加班太迟了。

女人：这件T恤不错，谁帮你挑的？

男人：我自己挑的。我都是自己挑。

女人：你眼光不错。

男人：瞎碰吧。

女人：皮肤黑的人不要选亮色。

男人：我皮肤……哦，现在是黑了，晒的。

女人：你别介意，我说话很随便的。

男人：这样很好。

女人：你在医院工作？

男人：不，我是在企业干。

女人：那你身上怎么总有股药味？

男人：是吗？

女人：我鼻子很尖的，确实有药味。

男人：是不是我去药房买风油精的缘故……你还要柠檬茶还是别的？今天我请你好吗？

女人：不用客气。我和朋友聚会一般都是AA制。

男人：当然也有特殊的。

女人：你真要请我，那我就要人头马了。

男人：好，人头马，我也要。我今天就是有点想喝洋酒。

女人：算了，还是AA制吧。

男人：你看，说好了又变。

女人：要不我请你，两杯柠檬茶？

男人：我不喝柠檬茶。饮料和茶兑在一起，我无法想象是什么滋味。

女人：那就尝一尝吧。

男人：不行不行，怎么说应该是我请。

女人：你这人很要面子。

男人：也可以这么说吧。你能再来，我很高兴。

女人：我是经常来的。

男人：这，当然……

女人：对不起，我确实经常来。这个时期我睡眠很糟糕。

男人：光听音乐不行，你得去看医生。

女人：谢谢。可我不怎么相信医生。我也不喜欢医院，进了那个环境，好像没病都病了。

男人：你对这些很敏感。

女人：是指你身上那股药味吗？

男人：你还惦着这事……下次我来，一定先洗好澡。如果还有药味，那就说明我这人是药做的。

女人笑了，身体稍稍朝后靠了靠，这使她的乳房看上去更饱满。女人是漂亮的，两眼明净，眉毛很浓，自然。萨克斯在演奏那支苏格兰老曲子，边上的一对年轻男女在低声嘀咕，说这儿缺少一个小舞池。人头马已放置好，男人向女人举起酒杯，女人又笑了一下。他们喝酒，正准备交谈下去时，男人腰间的BP机响了。他看了一下，女人从包里拿出手机给他，可他有点沮丧同时又有点慌乱地说，他有点急事，得先走。女人没说什么，又喝了口酒。男人拎起保温桶走开，在楼梯上犹豫了一下，他又跑上来，找到黑马夹把单买了。他看了一眼女人，此刻她的视线正放在窗外。她的背影也很漂亮。

3

大约两个多月过去后，男人在一个雨后的黄昏走进了金萨克。这个时间，酒吧里没有表演，也没有什么客。背景乐曲低弱地响着。男人还是朝楼上的老位子走去，他刚上楼，就发现了那个女人。除了第二次女人在楼梯处停留片刻外，男人是在正常的光线下见到她。这回男人发现，女人的皮肤也很白皙。女人还是喝柠檬茶，正用小勺子挤压杯中的柠檬片。男人走过来，女人显得有些意外，甚至有些紧张。她的小勺子用力不匀，使茶水溅出了一点。

女人：来了，这么早……

男人：今天没什么事。你也很早。

女人：那只桶呢？

男人：扔了。

女人：扔了？

男人：扔了。我想想还是扔了……我用它有六年了。

女人：你调动工作了？

男人：调动工作？没有，我的工作还不错，没想过要调。

女人：那么，就是单位的伙食改善了？

男人：你还是在说那只桶……伙食并没怎么改善。我只是不想再拎一个东西在手上，或者说不需要。现在我两手空空，很自在。你看，我们坐在这里像是专门来谈那只桶似的……

女人：你现在真的很轻松？

男人：是的。

女人：六年，不容易。你该轻松轻松了。今天我想请你，想喝什么？

男人：扎啤吧。

女人：先吃晚饭吧。你肯定没吃。

男人：这儿是没有饭菜的。

女人：那你干吗来这么早？

男人：我想占这个位子。我喜欢这个座，怕来迟了。

女人：那也得吃了饭才来呀。

男人：在路上我吃了一笼包子。

女人：你这人很倔……晚餐还是要吃好一点。

男人：现在我一见厨房就发怵……

女人：那对孩子也不合适。

男人：孩子和我妈在一起，会吃得好的。

女人：是这样……住多久了？

男人：也是六年。你吃了吗？

女人：你看呢？

男人：走，我们先出去吃点东西。我最近赚了点钱，我们去好点的场子。说好了，我请你。

女人：我哪儿也不想去。我有点累，不想动。

男人：可这儿没有吃的。

女人：要不这样，咱们先聊会，然后去吃宵夜？

男人：这样安排好。你饿吗？

女人：女人是不容易饿的。何况我在减肥。

男人：你没有必要减什么肥。现在这样，蛮好。

女人：我还是想减掉一点。

男人：不不，一点也不要减，真的。

女人：我是不是比上次又胖了？

男人：我不觉得。其实胖一点有什么不好呢？

女人：你还是觉得我胖了。

男人：你看，我这人真的不会说话了。

女人：我是胖了嘛。

男人：就算是吧，但我认为很好。这个年纪的女人应该……丰满一点，这样显得……

女人：愚蠢？

男人：是……性感。

女人：哦，这样。

男人：我这么说你不会生气吧？

女人：你没说错什么。

男人：谢谢。跟你聊天很轻松。

女人：是吗？我想问一下，今天你怎么来这么早？

男人：我说过了，我想占这个位子。而且……

女人：而且什么？

男人：我有一种预感……

女人：预感？

男人：是预感。

女人：你很相信预感？

男人：是的。我有一次打麻将，本来可以和了，六筒，但我预感还会再来一张五筒，结果打出去的三筒让人碰了，然后我自摸了，单吊。

女人：常打麻将吗？

男人：不常打，只和几位朋友。他们找我。他们非常好，知道我……

女人：知道你很累，来帮你散散心？

男人：你怎么知道？

女人：我也相信预感。你现在可能不会再玩麻将了吧？

男人：你……你是这么想的？为什么？

女人：因为你不需要拎那只桶了。

男人：你是……

女人：你身上也不会有药味了。

男人：……

女人：你不容易，六年，不容易。

男人：……

女人：你是个好人。

男人：你是谁？

女人：以后我会慢慢告诉你的。来，我们先喝一杯好吗？

4

这以后男人每天来金萨克，可是女人突然消失了。男人一个人坐在老位子上，重复每夜的生活。在他的对面，轮换坐着不同的人，奇怪的是都是女人。这些女人也不时同男人聊上两句，男人只是敷衍。他在反省，是不是由于自己的出言不逊而使她不再露面？那时男人便有些沮丧。他这辈子有不少睡过觉的女友，但能聊天的女人却很少。随着年岁的增大，聊天好像越来越重要了。男人在忧郁中度过了炎热的夏天。在这一年秋天刚刚开始之际，男人在酒吧的门口发现了那个女人的身影。他喊了她。她像以前那样开朗地笑了一下。她的牙齿洁白如玉，但她的气色却不如以前，显得有些灰暗。他们握手，然后去了老位子。这个晚上酒吧的客人不多，很幽静。那名萨克斯手换上了一副金丝眼镜，依旧吹奏着《梁祝》……

男人：见到你，我真高兴。

女人：谢谢，你好吗？

男人：还行。我刚刚写完那个臭稿子。

女人：我读过你的书。我早知道你不在什么企业。

男人：我，我那是随便说说。你好像还知道我许多事，你很聪明。你最近怎么不来这儿了？

女人：我在办离婚。

男人：离婚？办得……怎么样？

女人：总算办完了，像生了一场大病。

男人：你气色有点不好。

女人：气色不好倒没什么。现在我轻松了。

男人：轻松就好。你要不要先喝杯柠檬茶？

女人：今天我想喝酒！

男人：人头马？

女人：不，扎啤。我其实不喝洋酒，味道像药。

男人：你对药特别敏感。

女人：我那位是医生……

男人：哦……

女人：在××医院……

男人：是这样……

女人：现在你该知道了吧。

男人：我没想到……

女人：如果不是那只保温桶，我们可能不会认识。它太让我眼熟。我在电梯里就见到过，可我确实记不住你的样子。你想想看，六年，我能不熟吗？

男人：这么说，你一开始是在试探我？

女人：也可以这么说吧，请原谅。

男人：我早该想到。

女人：她走的时候，痛苦吗？

男人：还算好，说走就走了。那天晚上……

女人：你赶到了？

男人：赶到了。我从这儿赶到医院，她的神志还算清楚，我握着她的手，女儿也在边上……她走得还算平静。我把她送回了老家，和她母亲葬在一起……

女人：她在的时候，你们过得好吗？

男人：应该说还好，就是没什么话说。

女人：现在很多夫妻都没有话说。也许恋爱的时候都说完了吧。这好像是规律。

男人：那倒不是。

女人：我觉得是。没有话说，很糟。

男人：说话在你看来特别重要。

女人：本来就重要，你不这么认为？

男人：前几年我倒不觉得，可能是我老了吧。

女人：别逗了。

男人：是的，我现在特别喜欢回忆，这种心态就是老了。

女人：那是你们文人的酸劲儿。

男人：我好像对什么都很难产生激情，这很要命的。我甚至怀疑有一天我会把自己弄掉。

女人：你别吓我。唉，你这是累出来的，我能理解。

男人：其实，人生本来就太长了……

女人：这种话你留到你小说里去写吧。我到这儿来，是想轻松一下……我喜欢听萨克斯。

男人：我想问一句，如果在听我说话和听萨克斯之间选择，你选什么？

女人：我当然选听萨克斯。你是不是很失望？

男人：这是对的。

女人：对的？

男人：与人交谈太具体，与音乐就是抽象。抽象是美。

女人：不过在听完音乐之后，我选择听你说话。

男人：这种安排不错。

女人：至少不需要付钱是吗？

男人：可现在我不想说。我想我们该出去走走了。

女人：我想说。

男人：如果我们之间的话很多，就留着以后慢慢说吧。以后的日子很长。

女人：有多长？

男人：那要看你的身体状况了。

女人：我这种人可不容易被勾引的。

男人：你认为此刻我在勾引你吗？

女人：……

1997 年 6 月　合肥

（原载《东海》1997 年第 9 期）

对窗

离婚以后，于先生就搬出了原先的家。本来他想租一间普通的民房，把自己的东西随便堆放一下。这几年于先生基本是走南闯北地帮人家做事。他如今是个自由撰稿人，写一些影视批评方面的文章，在圈里还是小有名气的。一些剧组经常出钱请他，让他写，让他负责某一大片的舆论炒作。于先生乐于此道。因为，一、他的才华只能在这个程度上发挥。他写不了小说，也写不了那种练达的散文。二、怎么说也是别人请他的，而且有钱可赚，精神和物质两方面同步得到了满足。还有，三、影视圈美女如云，其中不乏想同他于先生搞好关系的人。她们虽然还没有同于先生上床，但某种暗示还是有的。比如说握手的时间长一点，坐得近一点。那么气息就让于先生感觉十分的好。于先生对女色很挑剔。可能是他所见的女人过于浅薄了，也可能是他有限的才华害了他，使他成了高不成低不就的男人。他同前妻的离异，据说就是嫌那女人太俗，经常为买菜吃点亏这种琐事可以理论半天。于先生是文化人，他当然无法忍耐下去。现在于先生的余地大了，但他说：我才不吃烂桃一筐呢！

于先生正留心报上的租房启事，一位出国做访问学者的朋友把钥匙给了他。于先生很高兴，倒不是因为省钱，而是方便。朋友那里是两室一厅，生活设备齐全，于先生只要住进去就行了。

环境对人是有约束力的。很久以来，于先生就渴望有一间宁静的书房。以前在家里，老婆嫌他抽烟，嫌他丢三落四，总是在他写稿子的时候让他去冲开水。他受不了，不知那几年是怎么熬过来的。现在好了，屋子里就他一个人，他可以为所欲为。朋友的屋里有电脑，还有传真机，于先生可以足不出户，把稿子发往四面八方。所以于先生调整了工作计划，往往只在剧组泡上三五天，回来就能写一个月，不需要像以前那样在剧组现写了。于先生四十出头，这个年纪的男人心是在往下沉。

　　当然也有不尽人意的地方。比如说晚饭、洗衣，都是问题。于先生曾设想请一个小保姆，又觉得有瓜田李下之嫌。朋友的房子落在大学校园里，是知识分子成堆的地方，口碑还是很重要的。那么就只好吃食堂了。于先生没有上过大学，这一点曾在他心里留下阴影。有人说他自学成才，他感到有些尴尬，怎么听这话都含有讽刺的意味。好在如今他多少有了点名气，偶尔收到编辑部转来的一封读者来信，他就很冲动。每天去食堂排队买饭，于先生总是把自己收拾得很整洁。他的餐具也是很时髦的。他希望与众不同，有别于那些蓬头垢面囊中羞涩的年轻教师。其实并没有人来注意他，食堂哪天都是乱哄哄的一片。于先生当然也没怎么往心里去。可是另一件事把他的心绪弄得不平静了。

　　这天于先生到晾台上收衣服，不经意地看见了对面的窗口嵌着一个女人的身影。那是个身材苗条、皮肤白皙的女人。楼距很近，于先生一望便知她的年纪不出三十，明显地散发出少妇的那种丰韵。当时她倚在窗边看一本很厚的书，不时用纤细的手指撩一下柔松的乌发。这真是楚楚动人。于先生见过的美女太多了，可内心如此激动确实极少。于先生放慢了收衣的速度，又朝对面看了几眼。他发现她也往这边看了看，然后就离开了。她的身影遮住了墙上的一只非洲面具。

　　第二天，于先生也到晾台上来看一本厚书。没过多久，那女人便出现了，这回是面对着这边，视线往上看——天要下雨了。于先生干咳了几声，想把对面的视线咳过来。可是适得其反，那女人转身就进里屋了。于先生十分懊丧，检讨着自己的过失。我真是好蠢，他自责着，居然不会去吸引一个女人！这天晚上于先生破例喝了点酒，想趁酒意倒头就睡，以忘掉白天那幼稚的一幕。结果还是翻来覆去折腾到天亮。

　　后来的几天于先生没再敢往晾台上去。像每个步入中年的男人一样，作为文化人的于先生越发看重一个异性的气质。其实气质是个什么东西，大家也都说不准。眼下的问题是，于先生在气质上犯了错误，以致他无法写出文章来。于先生整天在室内抽烟踱步，像个思想家。在没有办法从气质上突围出来时，于先生希望此刻能接到一个剧组的邀请电话。结果没有，于先生真是有些无奈了。

于先生刚坐到电脑前，忽然对面有人喊：606，衣服掉了！

喊话的是一个男声，有些苍老。于先生跑到晾台上，看见那个窗口立着一位老者，用手往这边指。于先生用竹竿将吹到树梢上的衬衣挑上来，向老者致谢。老者刚离开，那个女人就出现了，给窗台上的花浇水。于先生有些紧张，但那女人这时对他笑了笑。于先生不知所措，然后心里一下暖起来。

回到屋里，于先生一边叠衣服一边在想刚才的笑容。他分析至少包含两层意思：第一，她对我并无反感，那天的转身离开不过是偶然的巧合；第二，兴许对我还有好感。因为经验告诉他，这种气质的女人是不会对一个陌生男人轻易微笑的。可能还有第三……于先生不想深思下去，他觉得自己是杯弓蛇影，其实事情并不严重，而是始料已及的正常。

接下来于先生开始想那个老者。显然是她的父亲，可是这么大的闺女和父亲住在一起意味着什么呢？不可能未出嫁，可能的倒是嫁出去后又回来了，也就是离婚了。她也离婚了！于先生豁然开朗，他想这对面的关系或许就是某种暗合，是一种上苍安排的缘分。于先生又激动了。冷静下来，他首先想到的是证实。于先生不是学校的人，自然不便去向人打听。他选择了观察。于先生当天就去街上买了一架进口的日本望远镜，高倍，自动聚焦。他把观察点放在卧室里，每天躲在窗帘的缝隙后面往对面看。

对面的屋里就只有父女。老者一定是个教授，时常夹着书本出门进门。这说明房主是老者，女儿确实是回了娘家。另外，女儿是几乎不出门的。为什么？是因为离婚回了娘家面子不好看吗？女儿每天的生活内容很简单：看书，给花浇水，洗衣服。她好像从不做饭。于先生为自己的判断感到骄傲，他开始策划进一步的动作，那就是交流和接触了。

天气渐渐暖了。于先生换上了名牌 T 恤。他认为这个年纪穿 T 恤比穿衬衫合适，前者象征着青春，后者则表示暮气。前者洒脱，后者古板。他的设计又对了。

于先生到晾台上修理电熨斗，主动同对面的女人说话了。于先生说，今儿天不错，真想去乡下跑跑。女人就问：钓鱼吗？于先生顺着她的话说：对，钓鱼，顺便采采风。他想对自己的职业做点暗示。女人没有接这层意思，却说：这件衣服不错，像灵魂。于先生很意外，他想到底是书香门第，出口不凡。于先生反倒有点自悲，初次说话如果让对方看轻自己，那就太可惜了。所以他匆匆收了场。

没过几天，于先生又到晾台上收衣服，女人正擦窗户。他们互相笑了笑。这回是女人先说：你能把影子同你分开吗？于先生一愣，这是什么意思呢？形影不离，难道是……于先生说：分不开。女人说：能分开，你只要把灯关上。于先生心中大喜：关灯？

老者回来了。老者将一把东西递给女儿，让她离开了窗口。于先生有点扫兴，这老头还挺封建。

这天晚上，于先生又按捺不住地向对面观察。以前他晚上是不向对面看的，觉得这不道德。可是今夜他说服不了自己。女人的话撩拨着他，他的血性必须得到证明。对面的另一个窗口是女人的卧室，虽然有百叶窗，但从缝隙里多少还是能看到一些内容的。于先生看见女人在灯下进进出出。她穿了裙子。她的腿她的胳膊真是很白。于先生能想象出这皮肤的光润和弹性，还有温度——冬暖夏凉。于先生还从侧面看到了那对乳房，居然在暗中用手比划了一下，一手捂住，那是最好的。于先生就这样看到那个窗口关灯。很自然，于先生不能不兴奋，也不能不进卫生间把自己体内多余的一点东西处理掉。于先生大汗淋漓，口干舌燥，软塌塌地躺到了床上，澡也不想洗了。

这一夜于先生睡得很好。

第二天，于先生接到一个剧组的传呼，让他赶赴桂林采访。于先生婉言谢绝了。对方是老朋友，就说你他妈怎么回事？你不是让我提供一个来桂林的机会吗？于先生说近期他不便出门，朋友就问：你惹麻烦了？于先生没作更多的解释，把电话挂了。人生得一知己足矣，至于功名，就暂时他妈的了。于先生现在的信心越来越足。他想起一位将军的话：没有攻不破的城。何况这是里应外合。于先生的工作计划乃至生活规律全部打乱了，按对面的指引重作调整。于先生以前是晚上写稿，上午十点左右才起床，早中餐合并。现在改了，对面的女人一早就起床，就到窗边看书，于先生不能错过，他就在晾台上做健身操、练哑铃。他觉得这样不错，既锻炼了自己，也借机向对方展现了体魄——男人的身体是不是很重要？

这年的季节变化似乎更快一些，刚进五月，就热得厉害。对面的女人也越穿越薄了，有时一整天就穿睡衣，很透，于先生稍一用心就能看见里面的胸罩和小短裤，他想，这事还真得趁热打铁了。仅仅这么观察、偶尔说上几句是不行的。大家都拖不起，这个年纪可谓一寸光阴一寸金。

于先生决定上门了。他希望有一个自然贴切的借口，比如捎封信什么的。可是大学有邮政所，报刊信件全都分发到各系、各部门。那么，送本书给她呢？她不是喜欢看书吗？于先生出过一本小册子，但这种东西分量太轻了，送不出手，人家是看厚书的，肯定又是适得其反。向她借东西呢？也不妥，如果是左邻右舍还说得过去。去对面爬六楼借东西未免就太唐突了。于先生又陷入了苦恼。然而机会却在这苦恼中来了。今天于先生在校园散步，回来的路上碰到一位居委会的老太太，她抄水表，就负责那栋楼。于先生就接近了，说老人家，我来帮你抄吧。起先老太太很狐疑地看着他：你是谁？于先生说，我是记者，来大学采访员工的生活情况。老太太还是有点不信，跟着于先生跑了两个单元。于先生手脚很快，老太太就慢慢放心了，话也多起来，说大学的宿舍区电有问题，大热的时候空调一开就跳闸。又说离菜市太远，要是让菜贩子进校园又怕不安全，这也得反映。于先生还真一一记了。在当自由撰稿人之前，于先生的确是晚报的记者，记者证还保留着，只是忘了带而已。到了第三个单元，老太太也确实累了，就不再跟，于先生真是大喜过望。

于先生一气抄到四楼。在五楼和六楼的拐弯处他歇了会儿，借楼道上的玻璃照了一下自己，把汗擦了，头发也拢整齐。他开始想见面之后的谈话措辞。大家都是过来人，不需要多绕弯子，得直接把人约出来。迈过这一步，后面的水就好蹚了。

于先生敲门，门开了。女人今天依旧一身睡衣。于先生说：你好。女人笑了笑。于先生肯定家里没有老者，姿态便放松了。他说自己替居委会老太太抄水表，顺便看看她。女人还是没说话，给于先生倒了杯凉水。于先生抄完水表，坐到女人对面的沙发上。他环顾了一下室内，对布局和陈设很满意。这是个会持家的女人。读书而善持家，这样的女人不多见。于先生问，这些日子忙什么呢？女人说：我就怕外语这关。于于先生心里又犯了嘀咕：外语？她在忙外语，就是说职称问题，由中级到副高。于先生往沙发上一靠，说是呀是呀，你们还得考外语。这个罪我可是不受了。写写稿子，去剧组看看，开开笔会，我觉得也不错，自由自在。女人说：我昨天是一只鸟。于先生不免有点忧伤，昨天，是呀人人都有昨天，青春年少无忧无虑。于先生说：明天这只鸟可能又回来了。可女人说：我不想回来。我想飞得越远越好。于先生明白了，他站起身，像领导那样拍了拍她的肩：过去的事不要再想了。晚上我们出去走走吧，七点我在西门口的中巴站等你。

从女人那里出来，于先生便有身轻若燕之感。在楼梯上，于先生碰到了老者，多少有点不自然。老者严肃的神情令他生畏，以致险些踏空了一脚。不过，对这次会面取得的成效，于先生还是肯定的。唯一的埋怨是女人应该及时进屋再套上一件衣服，这样要庄重一些，毕竟眼下自己还是个陌生男子。

作为男方，于先生当然要早去几分钟。和以往不同的是，今夜于先生穿着十分随便。他不希望给对方留下什么刻意的痕迹，不要一开始就显示出他是追求者。事情很自然地发展到了今夜，一切都是水到渠成。时间到了，女方没有来。于先生点上香烟，心里嘲笑着：女人就是女人，气质好的也不例外，初次约会总得端着点，然后扯七扯八地作出解释，什么刚出门就碰上了一个熟人之类。于先生安然踱着步，中巴一辆接一辆地开来又开走，时间不觉地过了半个钟头。于先生多少有点急了，就去西门口迎。他的视线笔直地向纵深射去，希望立刻就射中那个十分熟悉的身影。可是很遗憾，这条路上除了一个卖冷饮的妇女，就只有几辆停靠的卡车。怎么回事呢？于先生很纳闷，守约也是修养之一，初次约会就这样居高临下，显然是不合适的。于先生在冷饮摊买了一瓶可乐，突然想到了那个老者。难道是这老头出面干涉了？看来事情比想象的要复杂。在这个初夏的夜晚，于先生后来同卖冷饮的妇女谈起了个体经营的政策与前途。妇女抱怨税收和费用还是太高，于先生则晓以利害，阐述国家的发展就在于税收，只有锅里有了碗里才会有。他发现这个微胖的女人对自己的态度变得冷漠，就又买了她两包烟。

不用说，这个晚上于先生是沮丧而气恼的。他忽视了一个问题，白天抄水表时应该问一下对面的电话号码，还有她的姓名。于先生走到晾台上，对面的窗口灯光依旧，而且百页窗升上去了一半。于先生一眼就看见了那个老者在客厅里挺着肚子看电视。老者把沙发拉开了一点，背堵着门。于先生心里顿时有数了，联想到不久前他把女儿从窗边支开和今天在楼梯上那种眼神，老者显然是在从中作梗。这老东西，你难道想把闺女放进冰箱冻起来吗？你女儿已经很不幸了！你女儿恨你，她想变成鸟离你而去，远走高飞！于先生虽然气愤，但这会儿心情又转亮了一些，因为问题不在女儿身上。他想90年代末的世纪之交，想抽刀断水是幼稚而可笑的。还是他妈的教授呢！

女儿始终没有到客厅里来。

于先生又走到卧室向对面看，百页窗虽落满了，但缝隙调到了最大的程度。室内只有一盏台灯，女人躺在床上还是看那本很厚的书。于先生刹时有点伤感。这个时候怎能看得进去书呢？人心难测，或许她本人也……于先生叹了口气，渐渐地有些悲哀了。可是他的视线又不忍移开，近在咫尺而不能相见，这无疑是折磨。于先生拿起望远镜，他想观察女人的表情，倘若是从容不迫，那么这幕戏就该收场了。对于女人，于先生什么都可以付出，唯一不能付出的是他的自尊心。他不能容忍自己在一个女人眼里无足轻重。

出现在望远镜里的女人神情有些忧郁，于先生的心跳便加快了。接着他又发现了一个重要的细节：那本厚书居然拿倒了！于先生感到震惊：这意味着什么？可怜的女人她在痛苦，她迫于老父的淫威而不能出门与意中人约会，她简直是现代封建家长制的牺牲品！于先生已不能自制，他真想冲到对面去营救他的女人。

这时，客厅里的电话响了。

是朋友从美国来的。朋友问你那儿几点了？于先生说差五分十点。朋友说，哦，时差正好是12个小时。朋友好像听出于先生的语气不大对头，又问：老于，怎么你今天话少了？是不是有人上门找麻烦了？于先生叹了口气，说：也算是吧。朋友就问：是系里头头来交涉房子吗？你告诉他，这房子我买了。就是拿了绿卡我也照买！于先生便把话题引到了对面，正想苦诉一番衷肠，不料朋友立即将话打断：老于，你可千万别去惹那女人。她和你我是不一样的。于先生很困惑：怎么不一样呢？我们相处得应该说不错，只是那老头……

朋友在电话那边笑了：那女人考了三年大学没中，脑子就坏了。
于先生头脑里"嗡"的一响：喂喂，你说什么？
朋友说：她是个神经病。

            1997 年 10 月 合肥
         （原载《漓江》1998 年第 1 期）

1962年，我五岁

戏园子边上有口井。

井老了，口上尽是绳槽。看不见有人来洗菜淘米，连洗衣的人也看不见。外婆说，人身上油干了，衣就不脏。井台上生了青苔，麻雀这会儿不来了。井水清，伏在井口能照见脸子。喊一声，嗡嗡地像个老人。外婆踮脚摸来，扒开屁股就打。外婆从不急着来撑，怕把我撑下井做鬼。

日头移到顶上，暖得想困。肚里一响接一响，得去戏园子找妈，找外公。我带着我的勺我的碗，戏园子一会儿要发饭。躲了外婆，到树后面撒尿，看见树皮给人剥了，昨天还在呢。剥了皮的树丑。戏园子还响着锣鼓，咚咚锵锵，肚里就更响了。妈说剧团正赶排新戏，给省长看。省长比毛主席只小一级，薪水不算少。外婆说，省长是个麻子。外公说不是，是斑。麻子是天生的，斑是熬夜熬的。外公说，这年月当个省长也作难。

进了戏园子，大人们正摆着姿势照相，要往报上登。妈拿着比我还大的玉米咧着嘴笑。妈好久不笑了，看着看着就不像是妈。她不看我，让照相的人支来支去。照相的人也是省长带来的，插着两支钢笔，像个老师。我走到院子里，几个晒太阳的男人拢过来，摸我的鸟。我夹着腿喊妈。有人问：说，留鸟做么子？我说：做种！大人笑，举我，把我腿分着叉到他颈上。我被顶到后台化妆室，那人就几笔把我勾成花脸，送到照相师面前，让我比划一个端膀。照相师没有叫我笑，只数一、二、三，就"咔嚓"一声。我说：我要吃饭。

妈给我洗脸，自己也洗，边洗边说：你总是这时辰来，还夹着碗！我说我要吃饭。妈说你就知道吃饭，哪天不是让你吃饭的？让你吃过菜吃过糠么？外公走过来牵我：走，家去吃。我说家里没有饭，食堂有。

外公说：我们打回去吃，外婆还煮着鸡蛋呢。妈去食堂买了两碗饭。外公问：怎么两碗？妈说，省长夜里看戏，县里招呼主要演员今天加一碗。妈又说，这饭寡口吃也香。外公说，天天吃萝卜，嗝气和放屁都是一样的味。妈说，下个月又得配一半糠了，还好，是细糠。外公看看天，说：熬过春上，兴许就如意了。

外婆真煮了鸡蛋，是拿银簪子同江苏佬兑的。外婆说，吃了鸡蛋，我该进幼儿园了。外婆说：好好念书晓得么？给你老子争口气晓得么？妈打断说，莫讲了。我看看妈，她变得不高兴。我就问妈：我老子是哪个？妈说吃你的饭！

有人进家，是侉子。他是我表舅的儿子，比我大也比我瘦。外公问：你怎来了？你父呢？侉子说：在窑上，做碗。外公就叹：饭都糊不到嘴还做什么碗呢！外婆问：是你妈唆你来的吧？侉子不做声。妈拉过侉子，把自己的饭给了他，说：吃一半，带一半回去给你弟。侉子说：弟死了，不用带。侉子就埋头吃起来。外婆舀两勺鸡蛋给侉子：弟几时走的？侉子伸出三根指头。外婆点点头：有三天了，葬下了吧？侉子摸摸嘴：找人讨了个旧箱子，是樟木的。侉子很快吃完，舔着嘴看我的饭。我用胳膊护着碗，瞪他。外婆又盛了碗萝卜给他，他又哗哗吃光了，还舔嘴。外婆就把侉子领进了厨房，让他喝萝卜汤。

妈看着我把饭吃尽。妈说：你一点也不剩呢。我说，我剩的你吃么？妈说：狗剩的我也吃。

省长来看戏了。戏园子里多加了两盏汽灯，好亮堂，可是还看不清省长脸上有没有麻子。他是个矮胖子，头发往后背，一身都是黑呢料子。省长边上是县长，他们一边看戏一边说着什么，省长不时一笑，牙好黑。

都说妈在戏台上会变。妈今夜变得好小，梳两条小辫，拿一把红伞。戏也小。叫《抢伞》。说一老一少划着船去见下乡来的毛主席。太阳太晒，他们生怕毛主席晒黑了，抢着去给毛主席送把伞遮日头。我不懂。晒黑又不是病。倒是应该给毛主席送饭去才对，不能饿着。我跑到第一排，一会儿看台上，一会儿扭过头去看第五排的省长。汽灯嗞嗞地响。我憋着尿等毛主席出来，可他就是不出来。我认得毛主席，家家都贴他的像，好大好大。他的头发式样街上看不见，下巴上有粒大痣。外婆说这是福相。中国算毛主席最大,第二大的是刘主席。可外婆又说省长只比毛主席小一级……

忽然汽灯出了毛病,明一阵暗一阵。几个人扛着梯子跑上台,打汽,换纱罩。县长站起来,站着台上吼:怎么搞的?台上的人就更忙更乱:瘦长子团长跑来给省长县长倒茶,县长又说:不是都吃饱了吗?省长就笑笑:饭也不是万能的嘛。算了,等吧,戏还是很好,可以拉到省里去演演。不多会儿,汽灯又弄得大亮了。锣鼓咚咚锵锵地响起来,接着演。

没有看到毛主席,我不高兴。后面的戏我也不想看了,就跑到后台。妈正洗脸,我去外公那里。外公今夜不唱,在后台替人穿衣,无事就坐在衣箱上吧嗒着黄烟。我对外公说:你们骗人,毛主席没有来还送什么伞!外公说,毛主席在北京呢,怎会来?我说,戏里说来了。外公说:那是戏。戏是扮的。我问:就不能扮一个毛主席么?外公磕磕烟筒:毛主席不能乱扮。妈收拾好过来,说:走吧。边上立即有人说:不能走,待会儿省长要接见,要合影。完了还要留下来开会学习。妈说,都几点了,还学习?那人说,还不是汽灯惹的事,肯定学。妈就让外公领我先走。

外面的月亮毛毛的,像个坏汽灯。路过老水井,外公说,我一岁的时候,外婆抱我从戏园子夜里回来,在井边碰见了狼。外婆差点吓死。我问:狼呢?外公说狼到别处找吃的去了。要不,就是人把狼打了吃了。

我上幼儿园了。妈给我买了蓝书包,装了本子和铅笔。可是幼儿园不写字。阿姨只教唱歌,做游戏。有一支歌叫《红色妹妹》,不好听。游戏也不好玩,丢手帕,丢到谁后面谁还是唱歌。幼儿园就是唱来唱去。一支歌唱下来,小朋友都叫饿了。第一天,幼儿园还给每人发两块饼干。第二天发一块,第三天就不发了。大家一叫饿,阿姨就生气。阿姨说:饿什么饿?我还饿呢!大家害怕了,再唱,喉咙出奇的小。阿姨也不想教,靠在门框上闭着眼晒太阳。阿姨好胖。外婆说那不是胖,是肿。阳光下的阿姨总是亮亮的。

我不喜欢幼儿园。第四天我就不想去。外婆哄我,说好好念书,日后有出息了当省长。当了省长就不饿了。我骗外婆,她一转身我就溜上了街。

街上的店越来越少。昨天落过雨，石板路上晃着人影。我看见了一辆小汽车，黑的，像只馍。街两边的人都伸出头来看，说是省长的车。汽车喇叭一响，大家的头又都缩了回去。我好高兴，追着汽车跑。有人认得我，说呀，摸摸裤裆看，卵子可还在？我还是跑。一阵跑下来，又饿了。我不敢回家，怕妈打，就坐在水泥管子上看天。天上没有一只鸟，云倒是散了，太阳显出了脸子。忽然街上又响起来，两边的人又伸出头，往深处看：劳改队来了。我站在管子上，看见劳改队的人都拉着板车，他们去修大桥。劳改队的人低着头走，不少人都戴着眼镜，是发的吗？在劳改队的后面是两个背大枪的兵。那是真枪，比戏园子的枪好。

劳改队从我边上走过去。一个，两个，三个，四个，五个，六个……有人把我抱下来，说：回家去。我看看那人，好黑，也戴眼镜。那人塞给我一块山芋粑，就走了。

中午回来，妈正洗着衣，见面就问：放学了？我嗯了声，把书包丢到凳上。妈又问：今天学什么？我说还是唱歌。妈问什么歌，我答不上，想躲。妈一把扯住我，照屁股两下，脸一虎：你这不争气的东西！你这么小就逃学，就扯谎！你老子晓得，还不给气死？我吓得躲到床底下，听见妈对外婆说：人家看见了，在街上追汽车呢！今天不给他饭吃，饿他一顿！我在床底下说：我不饿，劳改队的人给了我山芋粑。妈停了好大一会儿，突然哭起来。妈一哭，我就好难过。我从床底下爬出来，跪到妈面前，也哭。

外公什么也不说，低头咕噜着水烟袋。这会儿他手里的草纸媒子怎么也吹不着。外婆就将烟袋夺了：吃了饭你去桥上看看，那人可缺衣短衫，就晓得抽！外公说：报上讲"右派"还是人民家里的矛盾，怎的一劳改就没个头呢？外婆说：早知这样，还不如判个三年五载的，这会儿也释放了。外婆说着眼也红起来。

他们说的我听不懂。

到了夜里，妈散戏回来，把我抱到她床上。妈问白天给我山芋粑的那人可好？我说好。妈又问：你晓得那是你什么人吗？我摇摇头。妈说：是你老子，你爸。他离你时你才半岁。你鼻子不通，鼻涕出不来，他就用嘴吸……不是天下每个老子都能这样做的，你要记住。我说，我不逃学了。

戏园子里来了个新人。每天一早，他就在井边上洗脸刷牙，过后便唱：雄鸡，雄鸡，高呀么高声叫，叫得太阳红又红。外公送我上学，喊那人作饶老师。我看清了他是个跛子，就问外公：跛子也唱戏么？外公说：他拉琴。外公又说饶老师原来不跛，修桥时给砸的。饶老师拉小提琴。每夜演出，他总是站在侧幕边上拉，支着跛腿，晃来晃去。生人见了都不以为他跛，觉得小提琴就该这么拉。

饶老师对我好，给我糖吃，说我的鼻子生得像我爸。饶老师也是劳改队出来的？我就问了，饶老师说是。妈拉我过去，说我不懂事。饶老师说：这伢懂事，聪明。

夜里，我困不着，在帐子里玩饶老师给的糖，还剩三粒，就剥一粒吮几口，又用玻璃纸裹上，塞在枕头下。妈散戏进家，外公和外婆便过这屋来，把煤油灯拨亮。外公问：饶老师怎的放了？妈说：他摘了帽子。外婆说：我家那人的帽子呢？妈叹口气说：他犟呢。非说自己不错。非要吵着平反。外公问：可平得掉？妈说，听省里那个记者讲，是在平，先党内后党外，等吧。外公放下水烟袋：万一平不掉，先把帽子起了也中，老放在桥上不是事。隔日我再去同他言语言语。

大人的话我一句也不懂。后来我梦见我也戴了顶帽子，街上的人都看着我笑。原来我光着屁股。我捂着鸟跑，捂着捂着就尿床了。外婆替我换垫絮，说：都五岁了，还当水佬？我对她讲了刚才那个梦。我说我也要戴帽子。外婆一听就骂我。

我跑到了中班。中班不是天天唱歌，阿姨还讲故事。这个阿姨跟妈一样小，也好看。原先那个胖阿姨因为偷我们小朋友的饼干吃给开除了。小阿姨的故事里没有神仙也没有鬼，不同外婆。外婆喜欢讲孙猴子猪八戒，小阿姨讲小白兔和大萝卜。小阿姨还让我们做拔萝卜的游戏，问谁来装萝卜？大家都举手。小阿姨觉得奇怪：怎么都喜欢装萝卜呢？一个小朋友说：装萝卜就不饿了。小阿姨点了头：哦，是这样，那就轮着装吧。

有一天，小阿姨把我叫到她房里，拿出一把花生给我吃。她低声问：你爸还在桥上吗？我点点头。她又问：几时能回来？我摇摇头。小阿姨说：你爸是我的老师。你想不想你爸？我说不想。小阿姨眼睛一大：不想？我还想呢，你爸人好。

中班的日子过得快，眨眨眼，厚衣可以脱了，街上的树慢慢绿起来。不知哪来的两只燕子，在我家屋檐下做了窝。

夜里我还是去戏园子看戏。幕间休息，我到后台讨水喝。外公把他的小泥壶递给我。饶老师歪过来，对外公低声说了些什么，外公就去找妈了。瘦长子团长叼着纸烟、披着衣在边上走来走去，问我：你爸可回家了？我摇摇头。我不喜欢这个团长，他的牙齿又窄又长，指甲也是。过了会儿，外公从服装室出来，向团长请了假，说送我先走。团长把头一点：走吧。

远远地看见家里亮着灯。外婆还在纳鞋底呢。起风了，外公拢着我，他的手很凉。路过水井，我问外公：井里有鬼么？外公说，鬼不会住到井里。我就问鬼住哪里？外公说，鬼混在人中间，分不清，但不会讲人话。我还是有些不懂。

推开门，一个人影从灯下立起来，是给我山芋粑的人，我老子。他对外公：爸，散场了？外公说，快了，就把我支过去。爸把我拉到他的两腿间，他的手也凉。爸问：现在还逃学么？我摇摇头。爸就说这很好，学生是不能逃学的，要守纪律，听老师的话。煤油灯跳着，屋里忽明忽暗。爸用剪子剪了灯芯，又把灯罩呵气擦了擦，屋里亮了许多。爸生得老气，皮黑。我问：你是劳改队？他笑了，说现在是。我又问：你的帽子呢，起了吗？他说没有。帽子在哪？给我看看。我推着他。外婆过来要拖我去厨房洗脚，爸说：我来吧。他就替我洗脚，洗得我脚心好痒痒。他边洗边讲故事：话说唐僧师徒三人……我打断他：不是四人吗？他说：暂时还是三人，等到了流沙河收了沙和尚，就成四人了。

门又响。我说妈回来了。爸说不是，妈进家总是要干咳几下的。就不是，是饶老师。他说，妈今夜回不来了，团长刚才通知要加班排戏。外公把水烟袋"啪"地一放：排戏？排他娘的×！饶老师和爸握握手。爸问：腿怎样？饶老师说：就这样了。比起老康他们算好，命没丢。说着，就出门了。爸送饶老师回来，对外公说：我还是走吧。只请了半天假，天亮前得回。外公叹道：回吧。

爸后来再也没有回家了。

学期完了，天暖了，我拿回了一张奖状。外公笑着把它贴到墙上。好久了，我不见外公笑。放假了，我想去外面套知了。外婆说哪还有知了，早成人屎了。妈给我买了彩笔，让我画画。妈说不许画吃的。我就画了房子、树、太阳、汽车还有燕子。我家的燕子窝空着，那对燕子又飞走了。外婆说：是让人偷去吃了，那人肯定要短寿。

一天，妈大早就拖我起床，帮我换衣换鞋。妈说今天我们下安庆，坐汽车，安庆是大码头，在江边上。安庆还有一座大宝塔呢。我问妈是不是去安庆唱戏？妈说：去看你爸，他要走了。我问：他往哪走？妈说：回他老家，在巢湖。我问：还修桥么？妈不再接话。

天下着细雨。我们坐的车比省长的车大很多，可是没有顶。坐车的人都撑着伞。雨落在伞上一点也不响。妈的脸色泛黄，没有戏台上好看。妈这会儿变得有些老，越看越像外公。车上的人都认得妈，同妈打招呼，夸妈《小辞店》唱得好，《抢伞》也好。妈就一一谢了大家。有人问我们下安庆做么子。妈说扯布。我就好奇怪，妈在扯谎。汽车像喝醉酒的人那样扭着走，一路响喇叭。有人就哇哇地吐了，那人还说：怪事，还有东西往外吐呢？

这是我头回坐汽车，好喜欢。我也喜欢汽油味，起劲往鼻里吸。路边的房子和树全往后跑，放电影一样。我想唱歌。妈说，等到了安庆再唱吧。车过大桥，突然"砰"的一响，爆胎了。车往右边斜，大家堆到一起呀呀叫。司机把车支到一旁，扯着喉咙叫大家下来。有人说，倒霉，出门就碰见了鬼！又有人接话：青天白日哪来的鬼？那人鼻子哼哼，又说：老康就是在这里给大梁砸死的，没见到这车往右斜么？大家一下静了。妈领我走到人后，让我吃茶叶蛋。我问妈谁是老康？妈不答，看看这桥。司机骂骂咧咧地开始换轮胎，对大家问：哪个带草纸了？给老康烧一刀纸吧，免得他再捣乱。一个老女人就说她有。刚才说话的那人拿过草纸堆在桥中心，点火烧了。妈过去帮他打伞。草纸烧得很快，青烟笔直往上升。那人叫起来：你们看，这又是风又是雨的，烟却不散呢？

妈也说，真是很怪。妈伏在桥栏上，看桥下跑的水。我往水里扔了一块石头，听不见响。妈摸着我的头，说这桥整整修了三年。忽然妈的嘴呱了一下，说：忘了把你的奖状揭下来，给你爸看，让他也笑笑。说着妈的眼就红了。雨大起来，天也暗了，云像烂棉絮似的向上卷。妈拢紧着我，把伞压低。妈轻轻问我：想你爸么？我点头。妈说等到了安庆，她和爸领我上宝塔。那塔有七层，从顶上看江里的船只有一只鞋那么大。

车弄好了。司机走过去。看见妈就说：是你们呀，到驾驶室挤挤吧。妈问：里面还有哪个？司机就说县长家小姨。妈说算了，人多了不方便。妈又问，几点可到得了安庆？司机望望天，说这鬼天鬼路还真不保险，有急事？妈说没有，就笑着领我走开了。车重新开起来，还是走得好慢，慢得我想撒尿。妈怪我：刚才怎么不尿？边上人说：尿吧，雨冲冲就走了。

很迟才到安庆。

安庆的街多，汽车也多，房子比县里高。妈领我去了一个叫李伯的人家，可是爸不在。李伯说，爸去码头弄船票了，上头要爸24小时内去巢湖报到。妈就问：不是说一个礼拜内报到吗，怎的又变了？李伯说这太正常了。妈水也不喝就拖我往码头上赶，李伯叫了一辆三轮车，多给了车夫钱，让他加劲。三轮车在雨中穿着，铃铛不停地响。到了码头，一打听，爸乘的那班船已在半个钟头前开走了。

父亲再次见到我们母子是在13年后，那年，我18岁！
——谨以此文献给外公由之先生在天之灵。

1997年10月25日　合肥
（原载《作家》1998年第1期）

抛弃

1

很长时间以来，柏达先生一直为离婚的事苦恼。柏先生是犁城大学中文系的副教授。1978年高考恢复后第一批考进去的那拨人，留下来教书的唯有他。严格地讲，在大学四年级的时候，柏达就承担了助教工作。他协助吴子期教授批阅我们的古典文论作业。如今，他已是系里这方面的权威，并且开始带硕士生。柏达年长我三岁，今年42，据说这次上报的教授中也有他。柏先生喜爱书法，也收藏一点陶瓷。大约是这个缘故，他把我视为比较可靠的朋友，而不怎么和别的同学交往。所以他要离婚，我是较早知道的。"我实在和她过不下去了，"他总这么感叹，"到了秋天就离。"可是秋天过去了好几个，柏达的婚姻还是这一个。后来连我也反过来劝他。我说算了老柏，王茹华也不容易。你真想在婚外搞点什么就悄悄做，完了就完了。像每对夫妻一样，真正的离婚不是吵架中提出的，而是深藏于心，期待着最佳时间。问题是柏达先生藏得太深，也拖得太久，我想他早该疲倦了。

王茹华是柏达的第一批学生，小他七岁。虽然戴着眼镜，但看上去十分文静，笑起来还是很动人。"一个戴眼镜的女孩子让男人动心真不容易。"时至今日，我都佩服柏先生当初发出的这种感慨。后来柏达就娶了王茹华。因为嫁人，王茹华放弃了报考吴子期教授研究生的机会，教授就幽默地叹道，你们都抛弃了我。婚后第二年，他们匆匆有了儿子，显得措手不及。那些年柏达夫妇基本上是围着孩子转。现在孩子是忙大了，柏达却想离婚了。

柏达是个性情古典，性格内向的人。除了教书著书，业余就临临碑帖，玩玩陶瓷。他玩陶瓷，其实是想在家中分散出一点注意力。"我不愿一进门就对着那两片小玻璃，"他说，"我宁可面对陶瓷。"这句话有几分刻薄，我想这两个人的缘分确实该尽了。男人不喜欢女人，这事就不可收拾。不过柏先生谈离婚，不像别的男人，总去数落自己老婆的这个那个。他只谈自己。他一谈离婚思路就相当开阔。他由性格、志趣这些心理的东西发端，再慢慢涉及生理上的种种不和谐。他有例证。比如说他谈到有一次同王茹华做爱，居然连汗都不出。"还有一次，"他说，"她随手拿过一张晚报，整版整版地看！"接着柏先生就大发感慨了。他说所谓夫妻感情不在于什么性格不和。夫妻感情是在床上一点一点搞出来的。而我们……我有问题吗？事情到了这步田地，就是朋友，也不好多劝了。我总不能对王茹华说，下次你和老柏在一起的时候，别再看报。况且柏达举这个例子最恼的是他本人。他多少有点担心自己的能力。他渴望一个女人在他的不懈努力中获得新生，就像三级片里的那样。

柏达要离婚的消息，社会上鲜为人知。他只告诉了有限的几个人。这中间也包括行将去美国加州定居的吴子期教授。吴教授已年近花甲，对学生辈的这些家长里短根本没有多大兴趣。柏达因为是他的高足，又是他指名留校的，所以柏达离婚的事，他还是表示了一点关心。教授在听过学生不连贯的表述后，由衷地叹了口气：还是顺其自然吧。

2

柏达迟迟不能离婚，主要原因是两方面。一是担心儿子的归属。他深知和王茹华争这个孩子将是十分困难的。他非常想要这个儿子，甚至过早地把孩子作为余生的寄托。另一方面，是怕王茹华难以承受这个巨大的打击。王茹华属于那种从不生事的知识女性，在市图书馆工作。而且给人的印象总是很累。我每次见到她，她都很客气。我没有看见过她化妆的样子，但她始终不显老。有时候她由儿子陪着逛街，熟人都很吃惊，认为她没有这么大的孩子。是你弟弟吧？人们爱这么笑她。有一个阶段柏达为这种言论感到满足。他不怀疑其中是否有恭维的成分。那个阶段刚评上教授的柏达心情还可以，离婚的念头也差点打消了。但是不久，事情又起了变化。柏达去黄山开会，遇上了另校的一位女教师。据柏达后来向我介绍，这人很漂亮，明眸皓齿，而且性格开朗。"她在会上的发言并不精彩，"柏达说，"精彩的是她的气势，富有煽动性。"于是柏先生就第一个被煽动了。他找机会同她接触，吃饭坐一桌，乘车坐一排。到了会议末尾，议程安排游黄山。柏达爬过黄山，如果心里不存这点事，他是想提前回犁城的。现在他当然要爬第二次。都知道黄山的某处护栏铁链上有许多连心锁。那是恋人们的誓言。爬山的恋人都买锁，锁好后把钥匙扔到山谷里。与会者没有恋人，但那个女人买了两把锁。在没有人注意的时候，她把其中的一套钥匙塞给了柏达。下山的当晚他们就睡到了一张床上，尽管爬山很辛苦。这次艳遇在柏达心中起了波澜。首先，他认为婚还是得离。因为生命只有一次，这次的经验使他打消了自我怀疑的顾虑，证明他还是可以燃烧的；其次，缺少性爱质量的婚姻本身也是不道德的。但是到了第三，他又犹豫了。从前柏达与王茹华离婚只是强者离开了弱者，思考的范围是如何安顿好弱者，舆论的范围也仅限于对弱者的同情。现在如果离婚，虽然没有事发东窗，但柏达在良知上会进行自我谴责。"我不能因为一个女人而离开另一个女人，"他冲动地对我说，"这是赤裸裸的抛弃！"柏先生能赤裸裸地同另一个女人上床，但还是不愿意赤裸裸地离婚。

事情又拖了一阵子。

柏达决心调整到最初的轨道上去。他中止了同那位女同行的联系。原来他觉得这件事很棘手，结果比他预想的要好。这得助于天时，因为柏达那个暑期被派出去改高考试卷，是不允许同任何人写信打电话的。等他回来，也就没有再收到对方的信和电话了。这事就这么淡过去了，柏达感到松了一口气。那么，剩下来就是怎样让王茹华思想上有所准备了。仅攻这一点，柏先生还是有信心的。

3

后来柏达就开始按计划实施了。他每天分配给儿子的时间明显增多，除了辅导他的作文，还陪他下五子棋。有时父子俩一边下棋还一边用简单的英语进行会话。这是什么？这是一头猪。这是黑毛的猪吗？不，它不是，是白毛的猪。柏达这么做，是让王茹华检测他和儿子的情感基础，衡量他独立育子的能力。可是王茹华在一旁保持着沉默,有一回还流了泪。"我不知道她泪为何流,"柏达对我说,"她还会不放心吗?"我说就是王茹华把儿子给你,也还是会不放心的。柏达叹道:这还差不多。对王茹华,柏达采取的是时间错位之策。他那时每周三有两个课时,所以天天坚持著书。他家是两间半的房子,其中一间是书房兼客厅。柏达从晚上九点半开始,一直写到下一点,有时甚至两点。而王茹华多年养成的习惯是十点必须上床。这样一来,夫妻间实际上已开始了分居。王茹华不作任何暗示,这是柏达意料之中的。"我想等这本书写完,"柏达说,"离婚就差不多了。"

问题是,这本书印出来后,王茹华还是没有提离婚,反倒把柏达的书一本一本地要去,送给她的同事。柏达这才觉得,这事真的难了。和很多狡猾的男人一样,柏达希望由王茹华这方面首先提出离婚,这样日后解释起来就方便一些。可这个王茹华死活不提,而且总在危机将至时表现出特殊的冷静。有几次柏达都想开口,但一看王茹华那副小鸟依人的样子,便把话题咽了下去。最近的一次,是因为王茹华周末出去参加一个集体舞会,回来晚了点,柏达就借题发挥:"这个家如果对你没有了吸引力,干脆拉倒算了!"他振振有辞。他希望王茹华接上一句"算了就算了"或者"拉倒就拉倒",结果王茹华只嘟哝了一句:"你又喝酒了?"就去蹲马桶了。

那天夜里柏先生几乎一宿没睡。第二天中午,王茹华提前下班,还带回了一只咸鸭。一家三口美美吃了一顿后,柏达倒头便睡了。夜里,王茹华带儿子看《玩具总动员》去了。柏达一个人在家,正想来我这儿看陶瓷,吴子期教授上门了。从教授严肃的神色看,柏达估计是为自己离婚的事。教授可能对这件事改变了态度,决定亲自过问一下。果然就为这事。吴教授点上烟就问:"还打算离婚?"柏达就微微点了头。教授又问你都想好了?柏达迟疑了一下,说出自己担忧的两个方面。教授就叹道:"这是每个离婚者都遇到的问题嘛!"柏达这才想起,教授也是离婚者,而且两次。教授的话似乎带有几分劝慰也带有几分鼓励,他好像心里一下松了很多。接着,柏达又提出了第三个担忧:这件事倘若引起后遗症,会不会影响自己的晋职?教授踱了两步,然后说:"学术问题是严肃的,不能同家庭问题扯到一起。再说,我还是高评委的副主任,该说的我自然会说。"

依我的判断,柏达后来敢于提出离婚,与这个晚上吴子期教授的"声援"关系重大。

4

大势已定,余下的只是寻找突破口的问题。尽管吴子期教授给柏达打了气,柏达内心还是希望能从王茹华那边找到一点借口,甚至希望有什么不太令他难堪的把柄在握,这样提起来会理直气壮一些。柏达开始观察妻子。渐渐地也发现了一点破绽和苗头。比如有一次他夜里中途回来拿钱包,听见王茹华在打电话。他一露头,王茹华就把电话给挂了。还有一次,他无意中拿了王茹华的BP机,乱按了一下,王茹华听到响声就过来把机子拿开,接着就把电池拿下了。柏达就问你下电池干吗?王茹华说没电了。等王茹华走后,柏达把退下的电池安到剃须刀上,照样能刮,他便有些疑惑。王茹华每周必定要夜间外出一次,没有具体的日子,但外出一次带有规律性。而且回来的时间都比较迟。柏达便决定来一次盯梢。他想只要有什么不对的苗头,第二天就摊牌。

这次盯梢没有成功。王茹华先去了一家眼镜店,柏达看见接待她的是个老女人。她们除了谈眼镜还能谈什么呢?后来王茹华一出门就上了出租车,柏达想追已来不及了。回来的路上他拐到了我那里,主动地说刚才盯梢了王茹华,并将自己责骂了一通。"我这个人也很可耻。"他说,"心里想抛弃她却还要让她说我抛弃得对。"他这一说,我就懒得说了。我还是坚持我的观点,这家伙想离婚,够呛。

不久,王茹华提出要回上海父母那里休假。这个安排以往都是放在春节,这回改变了,她也不作任何解释。柏达当然同意,象征性地帮着张罗一番,就把王茹华的火车票给订了。可王茹华说她这回不想坐火车,想坐飞机,而且自己已托人订好了票。柏达便没吭声。他想订就订吧,多花几百块钱算不了什么,反正要离婚了。他把钱给王茹华,王茹华说我有。整整一个月,王茹华来了三次电话,内容只有一个:孩子好吗?柏达说孩子很好,生活自己料理,学习很自觉。王茹华就嗯了声,说那就好。在这一个月里,柏先生开始了单方面的离婚热身赛。他从第一句话开始，然后假设出王茹华的反应，比如惊讶、发愣、泪如泉涌等等。一直假设到最后——他们含泪拥抱，于抽泣声中互向对方道一声"珍重"。如果王茹华向他跪下，他也会同时跪下，对她说：我欠你的，怎么说也是我欠你的！他被这些假设感动得热泪盈眶。这个赛事过后，柏达先生自觉已是死而复活，心如止水了。他几乎是摩拳擦掌地等待着王茹华的归来。

　　王茹华如期回到了犁城。这回她的气色变得很好，还略施了一点淡妆。她给儿子买了不少东西，也给柏达买了一套牌子过得去的西装。这又让柏先生犯了踌躇。趁王茹华洗澡的工夫，他偷偷给我挂了电话。他铺垫了许多，然后问我怎么办？我说：去你妈的，这事以后别再提了。王茹华洗好澡，换了一套崭新的睡衣，样子有些妩媚。她问柏达：你洗吗？柏达说我今天不想洗。王茹华又去孩子屋里看了看，说孩子睡了，你还是洗个澡，别熬夜了。柏达知道这是信号，但这会儿他脑子太乱，还是说：我不想洗。王茹华说不洗就不洗吧。然后她就仔细沏了壶茶，坐到柏达对面，问：你是不是有话对我说？柏达原来设想的第一句话应该由自己说，现在突然颠倒了过来，一时语塞了。

　　王茹华呷了口茶：你是不是想离婚？

　　柏达说那时他心里一颤，他没有料到这层纸由王茹华点破了。既然已经点破，他也只好仓皇上阵了。他点上烟，拖延了几分钟，然后把思路再一次打开，正想一层层把话题深入下去。王茹华却打断了："你不必作什么解释，我只想问你想好了没有？"

　　柏达就点了点头。

　　王茹华说那好，你拿纸来，我们现在就签协议，其他的都好说，你要儿子，我也给，但儿子上大学必须在我身边，无论我在哪。

　　柏达一下就傻了。

5

　　这年秋末，柏达和王茹华以协议的方式去民政部门办了离婚。不久，王茹华就辞职回了上海，她要带儿子过寒假。这桩离婚居然没有在犁城引起什么反响，但在大学内部还是有点消极因素。有人在职称评定会上，以此对柏达提出了意见，认为这是道德不良的问题。但是一向温文尔雅的吴子期教授拍案而起，说都什么年代了还抓阶级斗争新动向？他这一讲，别人就不好多言了。吴教授说，中文系古典文论，我一离开，柏达就是大梁。仅此一点，他就该晋职，否则还成什么古典文论专业？事情就摆平了。后来听人说，这之前教授就私下做过一些评委的工作，毕竟师徒胜父子。

突然离婚的柏达面对妻子的迅速撤出，自然一下子还调整不过来。他感到自己没有着落，便又重新给黄山邂逅的那位女同行打长途。电话一通，他就心跳加快。他说他是柏达，柏老师，犁城大学的。对方显然是一时难以想起有个叫柏达的男人，但语气还是很热情。柏达有点伤感，他提到了黄山，提到了锁和钥匙。这下对方记起来了，连问你好吗老柏？柏达说我刚离婚。对方就笑了，说怎么这么怪呀，我刚刚结婚回来。柏达一口气咽下去，说：哦，是这样，我祝你幸福。对方说：谁知道呀，不过眼下还凑合。谈话就这么喜忧参半地结束了。这天夜里，柏先生又到我这儿看陶瓷。他用勾起的食指和中指敲着一只青花的山水瓶，说：人都说女人是花瓶，我想也是。女人是陶瓷的花瓶。是陶瓷，不是玻璃，手感很好，但看不透。

春节一过，柏达就去上海接儿子。正好我也要去那边改稿，便结伴而行。柏达还有些不好意思，让我陪着他见王茹华。他没有上从前的岳父家，而是让王茹华把儿子领出来。我们约好时间在红磨坊见面。由于塞车，我们到晚了一点，王茹华母子已坐到了座位上。一见王茹华，我和柏达都吃了一惊，她没有戴眼镜，妆也化得很好，可以说很漂亮。王茹华倒大方地对我们直招呼，直笑。然后就是闲扯，谈浦东的东方明珠电视塔，谈地铁和高架桥。我忍不住地问王茹华：怎么一回上海连近视也好了？王茹华说哪呀，我戴了博士伦呢！其实犁城的时候就有，不常戴就是。柏达一听便点了支烟，大口吸起来。吃得差不多的时候，王茹华让孩子到对面去打游戏机。我知道她有话要同柏达说，也想抽身。可王茹华把我拉住，说你又不是外人，一起坐坐吧。王茹华对柏达说，儿子你要带好，我就这么一个儿子。柏达故作轻松地说：你还可以再生嘛！王茹华一笑，我不可能再生了。我马上要出国。柏达就抬头看她。王茹华理了一下头发说：是去……美国加州。老吴说那边实行的是学分制，结了婚还可以读学位。柏达一听头就低下了,他把杯中的残酒倒在了烟缸里。

我们同王茹华分手后,外面的风还刮得很紧。我问柏达,怎么连王茹华在犁城时戴博士伦都不知道?柏达说:"她才不戴给我看呢!妈的老东西……"柏达将外套的领子竖起来,牵着儿子。儿子很高兴,说这个寒假过得最好,妈妈没怎么叫他写作业,每天只安排他多念几遍英语。于是儿子又要求同父亲进行英语会话。柏达说:好吧,儿子,你问,我答。

这是什么?

这是一头猪。

你是谁?

我也是一头猪。

……

1997 年 11 月　北京
(原载《北京文学》1998 年第 2 期)

半岛四日

第一天

　　第一天女人是很辛苦的。女人坐了一天一夜的火车来到半岛。女人这次是为了见一个男人。好几年前，女人——那时还是个女孩吧，在这个新兴的沿海城市遇到一个比她大五岁的男人，后来就嫁给了他。去年这个人又不管她了，走了。女人在31岁这年才觉得自己像个女人，该经历的都经历了。女人上个月满32岁。虽然旅途漫长，一宿没怎么睡，女人看上去还是俊俏的。此刻地上的影子全移到了东面，这个季节岛上就有些热了。女人现在想的是尽快洗个澡，然后好好睡上一觉。于是女人按照事先的约定，乘出租车去了月光宾馆。

　　月光宾馆位于半岛的东端，没有任何星级，但可以看见海。城市在发展，这个宾馆也重新装修了，换上了蓝色玻璃幕，霓虹灯也重新作了安装。但是室内的变化并不大，好像只仅仅换了窗帘。女人很熟练地处理好一切，然后去总台留言：如果有一位徐先生来访，请电话通知她。

　　女人来这里就是为见徐先生。他们是初次见面。从照片上看，徐先生并不像个生意人而像一位数学老师，谈不上吸引力但给人以信任感。女人现在很看重这一点。中介者说，徐先生比她大14岁。这没什么，女人当时想，这或许是个优点。

　　月光宾馆使用的是矿泉浴。水喷洒在肌肤上十分滑溜，总有一种没干净的感觉。女人揩掉镜子上的雾气，边抖头发边审视自己的裸体。她觉得镜中的那个身体还是不错，这是没有生育的结果。女人曾流过两胎。等她想怀第三胎时，那个人不合作了。那个人先是辞职下海挣钱，后来就有了许多麻烦，再后来就是离婚。有时候女人想，这大概是个阴谋，那个人把一切事先都设计好了。就像演戏一样，一幕一幕发展下去，最后是收场。女人庆幸自己没有和那人生个孩子。可是如果有了孩子，那人还会走吗？女人时常这么两头想，想得好累。

挂上"请勿打扰"，女人合上窗帘就躺到了床上。她打开电视看了几分钟广告节目，很快就睡着了。女人还做了梦，梦见自己还是在洗矿泉浴，怎么洗都洗不干净。旅途的劳累使女人始终保持着一个睡姿。等她醒来才发现室内的光线全暗了。女人顺手开了灯，懒散地去上卫生间，不经意中发现有张纸条在门下。她拾起来，那上面写着一行字：

这时候该拉开窗帘看归帆

女人感到气堵在胸口。她坐在马桶上把那张条子不断对折着撕碎，还骂了一句粗话。由于情绪陡然波动，女人的小便很不流畅，并且用手纸时还碰到了手背上。于是女人在用肥皂洗手时又骂了一句。

不过，女人还是把窗帘拉开了。正是夕阳余晖涂满海面之际，海像点着了一样，一片橙红。海空上翻飞着成群的海鸥，等它们散开，渔家的帆影就显现出来了。女人几分钟前恼怒的心情很快得到了调整。她的表情甚至可以说是愉快。她想，海一点也没有改变。

第二天

第二天临近吃午饭时，徐先生来了。女人第一印象是，徐先生显得比照片上那个人年轻，而且也精神一些。女人似乎得到了某种安慰，她想一般的男人遇上这种事或许要反过来做，挑一张比真人好的照片。女人拿出家乡的绿茶给徐先生沏上，徐先生便欠了欠身。徐先生问女人是怎么来的？女人说坐火车。徐先生就感叹，说应该坐飞机。女人说，我想沿途看看风景，这条路好些年没走了。

约见的地点是女人挑的。当初中介者征求女人意见，可以随便挑。女人随口就说：那就半岛吧。那时徐先生在香港，中介者建议女人借机去看看香港，把新马泰也顺一下。女人说，现在花人家的钱还为时过早。

徐先生环顾室内，说半岛有几家三星四星的酒店，建议女人换个地方。女人说，就这挺好。徐先生听出马桶有滴水声，说这会影响休息的。女人说，自己家里的马桶也滴水，习惯了。女人心想男人和男人不一样，这位徐先生像位父亲，懂得心疼人。从前那个家伙只知道一天换一双袜子，从来不洗。你让他修个水龙头什么的，他便拿只盆去接着。家里到处都是滴答滴答，就像个一碰就散架的破东西。

女人的眼睛有些红丝。徐先生还是坚持说这地方有碍休息。你肯定没睡好，徐先生说，你该不是替我省钱吧？女人就腼腆地笑了。女人说我以前在这里住过，这里能看到海。徐先生敞开西装，说你这是恋旧呢。女人的脸便一下子红了。徐先生说，恋旧的人一般都善。徐先生很有滋味地品着茶，说茶好，这茶是"（谷）雨前茶"，香港是不容易喝到的。徐先生是60年代初由大陆去港的，所以他的口音不带鸟语味，这让女人觉得亲切。她给徐先生续水，徐先生便又欠了欠身。女人倒不好意思了。女人说您别客气。女人说您就把我当做一个熟人吧。徐先生舒展的表情被这句话弄收敛了。一个熟人？有必要由香港持护照乘飞机来这个叫半岛的地方见一个熟人么？女人很快意识到自己措辞不当，可又不知怎样加以改变。相亲还真不是一篇好做的文章，女人想，这刚开头就不知往哪儿落笔了。

还是徐先生处事老道。他站起身说：我们先去吃点东西？你可能连早餐还没用吧？女人这才轻松了一些，问：您怎么知道？徐先生说，我进大门时遇见了修炉灶的师傅，知道今天这儿开不了伙。不过半岛虽小却有两家很地道的潮州菜馆，我们就去那里，打的士十分钟。女人说我不太爱吃潮州菜，我喜欢吃川菜。这附近有一家"小金川"，去那儿怎样？徐先生笑了：你处处替我省钱呢！女人说不是，只是图个喜欢。徐先生说好，就依你。

两人就散步去了。酒店生意很好，正是上客的时间。他们拣了一个僻静的座，要了菜和啤酒。现在谈起来自然要从容一些。徐先生介绍了自己目前的生活状况。他太太两年前死于胰腺癌。他的儿子刚去美国读书，家中还有一个喜欢音乐的小女。女人认真地听着。女人问：您喜欢音乐吗？徐先生说，我是个五音不全的人，因为女儿喜欢，我当然也就喜欢。女人说，您是位好父亲。徐先生却检讨，说自己长年在外忙生意，欠孩子很多。所以……徐先生喝了口酒，所以这也是一个原因，希望家庭能完整起来。女人淡淡地笑了笑：其实像您这种身份的人，这事不难。徐先生说，那要看怎么想了。在香港，交女朋友很简单。但真的拍拖，让那人做你的太太，就不容易。说着徐先生就松了松领带，问女人：我这人是不是很传统？女人说：人骨子里都传统。女人又问：香港是不是很乱？徐先生说，倒不是乱，是挤。你觉得乱，那是电影录像中见到的。女人问，在香港不懂英语能生活吗？徐先生说，英语不难，颠来倒去就是26个字母。不像汉语、汉字，多一点少一画或者四声去掉一声，就全变了。不过汉语汉字又是中国人的骄傲。徐先生说，语言这东西一丢，这个民族也差不多就完了。其实人和人在一起，不就是要找"谈得来"的吗？有很多的话要说，天天都有话，天天都说不完。从前我和我太太……请别介意，我是说……女人理了一下头发：您说得很好。

　　徐先生看看表，说：你先休息，下午我们再去海边走走。

　　女人笑笑，点点头。

　　徐先生对服务小姐做了个手势：买单。然后就拿出了钱夹。

　　服务小姐对他们微微一笑：刚才有位先生已替你们买过了。

第三天

　　第三天女人还是起得很迟。本来是该昨天下午去海边的，结果女人回到月光宾馆就上了床。女人感到累，费了好大劲也没找到最佳的姿式。女人以前习惯贴着男人的腋下睡，习惯嗅男人腋下那股淡淡的汗馊味。后来女人改了，虽然不容易，但毕竟是改过来了，就像婴儿断奶那样。女人在这个下午心绪像电压不稳的灯光。我现在觉得，选择半岛明显是个错误。三点的时候，徐先生来过电话。女人那时神志尚有些迷糊，语气和声音都是潮湿的。徐先生问：你是不是很累？女人说：有点吧。徐先生立即就说，那你接着睡，回头我搬过去。女人说不必了，您还有生意要谈，有个形象问题。徐先生在电话那边有点诧异：你怎么知道我还带着生意？女人说，我想是的。生意总是特别的忙。徐先生说：生意现在不谈。女人说：我们明天去海边吧。

　　他们计划去海边游泳。女人是在这地方学会游泳的。那个男人托着她的腹部，托着她的下颌。女人喝了几口海水，那是极其咸得苦涩的水，女人至今还有回味。天气很好，沙滩上已聚集了许多游者。泳装是越来越漂亮了，女人的好兴致仿佛缘自这些泳装。女人想到自己的形体和肤色，她已物色到所需要的泳装，孔雀蓝带黄斑点的那种。这东西应该自己来买，女人想。女人走到柜台边，正欲掏钱，手突然住了。

女人担心又有人先一步付过钱了。

徐先生走过来。女人说：我不想游泳了。我想爬山。徐先生就问：这地方有山吗？女人说，出城五里，有一座很孤立的小山。山上的植被却是很好。徐先生点点头：行，我们去山上看看。然后很宽厚地一笑。

于是他们乘的士出城。这一路上女人有一种从窘境中挣脱出来的轻松感。如果那个人突然从海里冒出来，她一定是手脚无措。昨天那个单是他买的。他好像算定了她要去"小金川"。他也算定了在第三天她会来海边游泳的，和一位港商。那么，就让那混蛋在海里泡着吧！女人不禁笑了一下。徐先生说：你今天气色不错。女人说：我睡够了，而且没有做梦。徐先生说，我能看得出来。女人似乎有点娇嗔地问：你能看出我是不是做了梦？（她第一次说了"你"）徐先生说，不是，梦属于隐私权，我不能侵犯这个。这是说，你这一觉睡得很实、很沉。女人就想，没错，这一觉像是睡过了十年。女人越发感到自己和徐先生在一起一点也不紧张了。昨天买单的事，他们都感到意外。女人原想找个借口搪塞过去，可是徐先生却先开了口：看来为我省钱的人还不止你一个。在返回月光宾馆的路上，徐先生对这事只字不再提。靠近小山的路面不好，车有些颠。女人不时碰到徐先生的膀子。这个男人还是很结实的。

和以前不一样的是，上山的台阶一直延伸到了顶端。山腰的那个亭子像是重新油漆了。他们拾级而上。游客不多，和城里相比，这儿已是宁静有余。徐先生感叹，说这地方很好，算不上世外桃源，也算别有洞天了。徐先生说可以考虑在这里盖一个度假村。女人就问：能行吗？徐先生左顾右盼，说：不妨一试。第一，这儿离市区不过五公里，是闹中取静；第二，这儿是半岛的制高点，可以一览市容与大海；第三，这儿的植被优良，茂林修竹，空气清新，利于疗养休息。女人想，到底是商人，一眼就能看出财源来。于是女人说：您真是职业眼光。徐先生就爽朗一笑：回头我就去同市里的头头脑脑谈谈。他们出地，我拿钱。女人注视着徐先生渐渐红润的脸膛。她想这个男人现在有点兴奋了。

到了山腰的亭子，两人决定歇息一会儿。徐先生出汗了，就去不远处一个摊点买矿泉水。女人立在亭子里，对着目前的那个山洼有些出神。那山洼是天然形成的，像一口锅，"锅底"有水，十分清澈。女人拾起脚边一块石子，用力往"锅底"一掷。这时一个男孩走向了她。

　　男孩把一束野花给了她。

　　女人有些吃惊。

　　男孩说，有位先生给了我十块钱，让我在这里等人。他说哪位小姐向山洼里扔石子，就把花给她。我等了好久，就你扔石子。

　　女人便又给了男孩十块钱。男孩一走，女人的眼泪就淌下了。

第四天

　　第四天晚上女人没有去徐先生那边吃饭，而是在一个小摊上匆匆吃了碗粥，就去了海边。那时月亮刚拔出海面，烟霭氤氲，女人觉得自己一脚踩进了梦境。女人刚立住，一个声音便追了过来，是个男声。

　　我在这。我知道你会迟来十分钟。

　　有话快说，我还有事。

　　别给我来这个。我问你，那人行吗？

　　行不行不关你的事。

　　怎么不关？我就是为这个来的。那人越看越像你爹。

　　爹就爹，我喜欢。

　　你不喜欢。

　　我就是喜欢。我回去就办掉。

　　你是逼自己喜欢。你其实……

　　别碰我！

　　我重新追求你不行吗？

　　你王八蛋。你甩了我又想霸着我，没这好事！

　　我怎会那样。那是黑社会。

　　那就离我远点。

　　要是你不来半岛，我会离你远点的。

　　……

行了，别哭了。今晚月光很好。

你滚！你不是个东西！

我不是东西，是人。

你站远点！

我已经够远了。手摸不到的地方就是远。

……你把我毁了……

我做的也许不够好。不过，结婚、离婚都不影响我爱你，是吧？

我恨死你了。

我知道我知道。回头我给你洗脚。你看月亮好大……

你住哪？

在你楼下。你知道，我喜欢在下面。……你倒没怎么瘦……

你以为我离你就活不了？

不不，我哪有那么骄傲。可能活得不太好吧。我也是。

现在还远吗？

不远。现在这样很好。真的很好。你不觉得这样好吗？

……

1997 年 12 月　北京

（原载《山花》1998 年第 3 期）

和陌生人喝酒

1997年11月，我应北京一家影业机构邀请，着手一部电影的创作。事先谈好，写什么和怎么写，他们都不干预。而且经过几番接触，这部影片将由我自己执导。他们只希望我能搞出一个"有意思的故事"，对我的能力似乎不再怀疑。然而我不感到轻松，事实上，我自己把自己架起来了。以往的经验告诉我，这样的合作从一开始就是难题。我得到了一个虚幻的自由，却戴上了实在的枷锁。一周下来，我发现我想写的故事几乎全都没有意思。我的信心在慢慢丧失，甚至想把对方预付的款子退回去。

我当时住在西城区南礼士路的核工业部招待所。这个位置应该说还不错，交通便利。向南走200米就是复兴门外大街，有个地铁站。通常的情况下，我都是乘地铁去西单购物，或者去民族宫喝茶会友。在等候中，我慢慢觉得周围的一些面孔不那么陌生了。至少有两个人我有印象，那是一男一女。男人大约与我年纪相仿，40岁的样子，但个头比我高，也清秀一些。他戴着一副还算讲究的眼镜，喜欢不断看表。那个女人则年轻一些，应该不过30岁，每回都背着一只大提琴，神情却有些忧郁。这两个人彼此并不认识，共同的一点是对我都显得比较客气。我想他们一定也看出了，我是个游手好闲的外省人，手里从来就不多拿什么东西。

有一天，我从西单买书回来，又与男人在地铁碰上了。这回他主动对我笑了，说你是来出差的吧？我点点头。他说，这趟时间可不短，有一个月了吧？我说今天是27天。他说：我差不多四天碰上你一次。我有些吃惊，这是个精细严谨的男人。这个人应该是上海人才对。但我对他很有好感，我觉得他的生活应该充满着数字和计算，这有趣。而且我还想到了达斯汀·霍夫曼演的《雨人》。南礼士路站到了。我们下车。这时他突然问道：你能喝酒吗？你晚上要是没有别的安排，我们喝一点？我买单。说着他就拍拍手提的一只大盒子：我去买裤子，却摸奖得了一个微波炉。

这样我们就进了一家重庆火锅店，开始涮起来。他的微波炉占了一把椅子，在喝酒的时候，他有意无意地总要摸摸它，或者调整一下摆法。好像这个微波炉是他孩子似的，他恨不得给它要上一听可乐，喂上几口菜。我想这个男人近期大概没有碰上什么好运气，而且我断定，他是一个孤僻的人。我们要了一瓶红星御酒。这种酒度数不高，大概是部队一家酒厂产的，在北京销得很好。我的酒量极有限，但这种飞来的聚会本身有吸引力。我活了40年还是头回和一个陌生人喝酒，怎么想都有点不可思议。试想有一天你在大街上被人拦住，那人提出来要和你一块喝酒，你会怎么样？

酒一喝，话自然就多起来了。为了叙述方便，我称他Ａ。以下就是Ａ的讲述。

今天我真是很高兴。我预感会碰见你，果然就碰见了。这还得感谢摸奖，我本来不想摸，因为以前尽摸一些牙刷牙膏，留也不是扔也不是。可我还是排队摸了，你看，摸到了这！这东西其实也不值多少钱，而且据说用起来也很麻烦。不过这是个好兆头。我今年一年都不顺。我是说如果不是摸奖前后耽误40分钟，我们就碰不上了。地铁几分钟一班，又是高峰期，碰上不容易。因为这个，我要和你喝酒。你看我四天就碰上你一次，你的活动又没有规律性，这概率！人与人的交往有时候特别奇怪，差那么一点点，意思就全变了。比如说有一天你在电梯上碰见一个女人，当时就你俩，谁也不说话。这时候你发现她头上有片纸屑，你可以不管；那么一会儿她就走了，你们这辈子恐怕见不上第二面了。但是你管了，你说，小姐你头发上有片纸屑，并帮她拿开。那么她会脸红红地谢谢你，接着你一句我一句地聊起来，电梯开到21层才停住，你们已经认识了。一年以后，这个女人做了你老婆。

你别笑，这不是没有可能。干脆对你实说了吧，我和我老婆就是这么认识的。很玄吧？你不要认为北京人爱玩玄的，那时候我还不算是北京人，刚刚大学毕业，分到了北京。我是83届的，政教专业，一个没意思的专业，单位却分得不错。我老婆当时在一家企业当出纳，薪水丰厚，如果那回不碰上我,她会嫁给一个牙科医生。他们谈了两年,没想到我意外地插了一杠子。

婚后第二年我们生了个儿子,八斤一两,62公分,简直无可挑剔。这个孩子综合了我们两个人的优点,人见人爱。我不是在说酒话,哪天我把他领出来给你瞧瞧。而且这个儿子还不闹人,很好带。一般的家庭这个阶段是困难而危险的,可我们很好,小日子过得滋润无比。因为这个家,我和她的生活也十分单纯,除了上班,差不多都待在家里。一切井井有条,谁会料到我们今天会离婚呢?

这事还得从头说起。

前年秋天,我这个处又新分来了一个大学生。女孩子,性格开朗。你最好不要用这种眼光看我,别以为这女孩是第三者什么的。但是我同我老婆的离婚,又和这个女孩有关。

这是个人缘好的女孩,处里的人都很喜欢她。唯一的缺点就是电话太多。于是有一天下班我留住了她,开门见山地同她谈了。我说上班的时间哪来那么多的电话?她有些不以为然地笑了,说没办法,都是朋友来的。我说这儿是机关,没有惊天动地的大事,这样的小节便很突出了,今后要注意。她点点头,说处长你真是个好人。你把我留下来,我还以为你会对我说点别的什么呢。我听了很吃惊。别的什么?我从来就不对其他女人说点别的什么。我干咳了两声,收拾桌子准备离开。这时听见她说道:除了你,处里每位先生都请我吃过饭,还有跳舞的。我就更吃惊了,我可一点没看出来。接着她从包里拿出香烟,递给我一支,说:我们好好聊聊吧。

她抽烟很老道,谈吐不凡。她后来说的那些话与她的年纪极不相称。她说处长你家庭很幸福是吗?我说还行吧。她说您别介意。我问一个问题:您对我从来没动过心?我说这怎么可能呢?她却问:怎么不可能呢?除了你妻子,你就没有爱过别的女人?我说没有。她进一步问:连念头也没有?我还是说没有。我说这绝对不是虚伪,事实就是如此。她一下笑了起来,说处长你这辈子太冤了。那会儿我也放松了一点,对她谈了我的恋爱经过,我说我们结婚十年从未红过脸,可以说是相敬如宾。她按灭香烟,说:这也太奇怪了。我弄不明白,这奇怪吗?

1997年秋天这个晚上我和陌生人一起喝酒，听他说话。我感觉他是在满足诉说欲，我这个外省人是最好的对象。但我也发现，在某些方面他有点闪烁其词。他的话断断续续构成不了一个完整的故事。我从来没想过，这可以写成一篇小说。直到很久以后，当我们再次在那个地铁车站相遇时，我才意识到这篇小说已是篇现成的东西。这样我便有权力改变一下叙述角度与方式。小说不要求以法律为准绳，但你眼下读着的这篇小说却是以事实为依据的。我有必要作出这种申明，再往下写。

　　那个晚上办公室里的谈话没有持续多长时间。到了六点一刻，A就打住了。这些年A一般都在六点半之前回家，他得留出五分钟来走路，十分钟搭乘地铁。北京这么大，可A上班很方便，这也是让他满意的一个方面。A到家的时候，妻子正把一只大砂锅端上桌，排骨汤的香味弥漫开来。女人照例要问候一声：回来了？洗手吃饭吧。A就进了厨房，洗好手，顺便拿出味精、胡椒和盐——像每次一样，排骨差不多都是他迈进家门的前一分钟炖烂的，而放调味品历来是他的事，他一放就准。晚餐过程中还兼顾两个内容。首先是儿子汇报这一天里在校的学习情况，座位调整了没有？课堂测验了没有？作业完成了多少？还剩多少？其次才是夫妻之间的交流，说点各自单位白天发生的事。A进门时就觉得妻子今天气色不太好，显得疲倦。他先以为女人到了经期，可是一看手表上的日历，不对，女人的例假应该在三天以后。女人喝了口汤，说上午检察院的人去公司了。A哦了声，脸却对着儿子：你们语文老师换了？儿子说没换。儿子接着把自己的话一口气说完，埋头吃饭了。A这才转过脸问妻子：你刚才说检察院什么来着？女人叹了口气，说他们的财务部主任让检察院提走了。男人揩揩嘴说：那小子迟早会有这一天。女人说她和她的同事都被一一问过话，从明天起还得从头到尾地查账。她烦，也有点怕。男人说：你怕什么？你又没有什么猫腻！女人说心烦和害怕与猫腻没有关系，谁都讨厌在怀疑的目光下去回答乱七八糟的问题，而且还在笔录上按手印。男人说，你必须配合司法部门的工作，怕是毫无道理的。女人看了丈夫一眼，说你这人真怪，你眼前发生了一起车祸，没有谁会认为你轧死了那个横穿马路的，但也不能因此就剥夺你害怕的权利呀！于是男人便宽厚地一笑，喝汤了。

　　这天晚上夫妻俩睡得都不怎么踏实。A没有对妻子说下班前在办公室同那个女孩子交谈的事。他一夜都在想处里的几位先生同女孩单独吃饭、跳舞，居然在自己眼皮下悄悄发生了这一切。第二天上班，A处处留意，想看出一点破绽。结果他的感觉是一切似乎都没有发生过，女孩的电话还是有增无减。第三天，A出差去延庆搞一个调查。那个女孩子想跟他一块去，A没同意。女孩是在电梯里对处长提这要求的，当时没有第二个人在场。女孩就开了个玩笑，说：处长，我头上没有一片纸屑吧？A一下就脸红了。女孩笑道：您别紧张，我可没有破坏你那个美好家庭的意思，而且我非但不破坏，还会促进，您就放心出差吧。A说：今晚谁请你吃饭？女孩反问道：您肯破费吗？A一笑付之，为自己出言不逊感到后悔，刚才这么说的确莫名其妙。

A在延庆待了一周。回来的前一天，他照例要往家里打个电话，让妻子多做一个人的饭菜。车过长城居庸关，A想起这个暑期该带儿子来这里玩上一天，他早就答应过了。这时候他觉得应该多想想儿子。延庆七天，A总想到处里谁会再请那女孩吃饭？如果他最先请了，那女孩会不会就不同其他男人一起吃饭了？要是他和女孩一起吃饭，碰上熟人又怎么解释？女孩因此像书上说的那样闯进他的生活呢？这委实是一个头痛的问题，可是不想还不行。

A的妻子还是被公司的案件所困扰，连做爱都显得没有什么激情。女人例假刚过，本该是个好日子，但连日的查账令她疲惫不堪。我真不该学财会，她对丈夫说，我现在一听数字就起鸡皮疙瘩。丈夫拍拍她，说你命中注定是吃数字这碗饭的。女人感叹道：我为什么不学音乐呢？那样1、2、3不就成多、来、米了？A给弄笑了，把妻子搂到怀里，可妻子打了一个漫长的哈欠。

机关还是老样子，每个人埋头做自己的事。就是看报，也一样埋头。女孩子的电话还是多，没有人说她。A也不说，但他开始留意电话的内容，偶尔能听出那么一点暧昧。A想其他人肯定也听出来了，早就听出来了，可他们还是私下约请了她。他们当中有两位比自己年纪还大呢。

这天下班前，A接到妻子的电话，说外地的一个同学来了，晚上同班的几个一块聚聚。A本想提前十分钟走，结果局长要同他谈点事，反而弄迟了。他给儿子打了电话，让孩子先吃点饼干垫垫肚子，把门关好。A回到办公室，大家都走了。他匆匆收拾桌面，这时发现玻璃台板下面压了一张音乐会的票，就是今晚八点半的，北京音乐厅。A 一下就想到了女孩子，显得有些紧张。这无疑又是道难题，去，不合适；不去，明天上班见面会很尴尬，也不合适。回家的路上 A 一直就这么左左右右地想着，到了南礼士路站，居然忘了下车。A 踅回到家已将近七点，从冰箱里拿出速冻饺子下锅，他看了一下外面的天，还没有完全黑下来。这时他主意拿定了，去。他想这样也好，免得那女孩子没完没了，虽谈不上什么勾引，但多少会影响今后的共事。他觉得似乎没有必要把这件事搞复杂，所谓心理障碍也显得多余，不就是一场音乐会吗？没准儿那女孩还请了处里其他人呢。

于是，A 简单洗了个澡，并换了一件新买的 T 恤。他想这不是为了取悦于女孩子，而是表示对艺术的尊重。今晚是中央乐团的交响乐演出，据说李德伦会重新执棒。这时候 A 想起，自己常在南礼士路站见到的那个背大提琴的女人，她会不会也在中央乐团？那是个看上去很忧郁的女人。

8 点 20 分，A 走进了北京音乐厅。观众差不多都到齐了，A 张望着，很快就发现了自己的那个空位，同时也注意到了一个熟悉的女人背影。但不是那个女孩，而是他老婆。

陌生人那个晚上拉拉杂杂说了不少，说实话，到这里才引起我的兴趣。可是偏偏此时他的呼机响了，他看了一下，说很抱歉，有件急事。我没有理由留住他，给了他一个房间电话号码并记下了他的呼机，想让他过几天去我那儿聊聊。然而一连几天过去，A 没有来。我呼了他两次，也未见回话。我想我犯了个错误，不该对 A 说我正在写一部电影。这个男人可能很在乎隐私权。那几天我沉浸在这个悬而未决的故事里，很自然地想到了那个女孩。我想这位年轻自信的姑娘原来不过是开个善意的玩笑，结果事与愿违地拆散了一个美满的家庭。

我们不妨这么设想：

那个女孩子分别给男人和女人送了一张票，当然是悄悄送的。于是男女双方都对此做出了反应。我们已经知道，男人的反应显然迟钝而费劲。当他走进音乐厅看见自己老婆背影的那一刻，他惊讶不已。女人电话里撒谎了，男人却还不明白。他退到一角，注视着那个空位。老婆以为这个空位将由谁来填满呢？是她的主任（那家伙不是让检察院提走了吗？）是从前那个牙医？还是一个能安慰她并能使她更加快乐的男人？总之，不会是他这个做丈夫的。这时候灯光转暗了，男人沮丧地退场，而舞台的大幕正徐徐拉开。

那个晚上 A 应该是走回来的，没有搭乘地铁。他联想到妻子每回的应酬事由，一下子觉得充满了疑点，几乎处处经不住推敲。他不敢再这么想下去了。A 整个晚上都在等待。临近 11 点的光景，妻子回来了，还是无精打采的样子（是边上那个空位一直缺席？）。A 不动声色，照例会把拖鞋递给女人，随口问道：同学一块玩得好吗？女人说不就是吃吃喝喝那一套嘛。后来……A 问：后来怎么了？女人那会儿已坐到了马桶上，说：后来一个人喝醉了。

女人对音乐会只字不提。很长时间过去后，这个男人或许会想，如果那天晚上听音乐会的是他和那个女孩，他大概也不会对妻子道出真相。但那一夜男人是悲伤的。他真希望妻子所讲的那个喝醉了的人是自己，因为这样他就去不了音乐厅，也就没有后面的一切。

至于这个家庭后来是怎样解体的，我无须妄加推断。这两个人当初因为一片纸屑走到了一块，当然也可以因为另一片纸而分开。

1997 年北京的深秋异常干燥，供暖却提前了。我呆在房间里像洗桑拿一般，整天就是一身秋衣。我在考虑着一部该死的电影，迟迟下不了笔。没事可干时，我便去那个地铁站，看一份无聊的小报。我期待再次与陌生人相遇，但是一次也没碰上。连那个背大提琴的女人单薄的身影也从我视野中消失了。不久，我便回了合肥。我在北京和一个陌生人喝酒，其实是去年的事，可印象中总觉得相当遥远。春节刚过，这家影视机构又催我了，因为忙于装修房子，直到三月底我才成行。这回我主动提出要住核工业部招待所，倒引起了他们许多猜测，以为我与这附近的某个女人泡上了。

那时候北京的街头到处都是《泰坦尼克号》的海报。一天，他们给我送了两张票，明显地是让我找个伴。我于是给熟人打电话，结果他们都是走不开，或者一时赶不过来。北京确实太他妈大了。这时，我想起了 A 的呼机。电话很快就回了，却是一个女声。她说这个呼机的机主已易人，而且原先的机主也调动工作了。我就很冒昧地问了句：你是他什么人？她说：是他以前的部下。我便断定是那个女孩子，于是就多说了些话，我说我曾与你过去的处长喝过一次很特别的酒。她立刻在电话那端笑了，说这事她听说了，太好玩了。这时我才把话头扯到下午的电影上，想不到她一口就答应了。

电影是在小西天中影公司的放映大厅。按照事先的约定，我手执两听可口可乐。不一会儿，一个穿浅蓝色羊毛衫的女孩笑着朝我走来了。A 的介绍是准确的，这就是一个漂亮活泼让人心动的姑娘。几句寒暄后，我们又谈到了 A。她说处长这人挺好，就是活得不对劲儿。不过离婚离得还像那么回事，她说，双方吃了一顿，还互赠了礼物。A 的礼物是一块透明裸芯的机械表。A 对女人叹道：你要是这块表就好了，哪儿不对劲，我一眼就瞅出来了。女人也叹了句：这有劲吗？

我回味着这个细节，似乎也有了感叹。这时又听见女孩说：不过这玩笑是开大了，他们都经不起。我便问：你有点后悔？她眉毛一挑：我后悔什么？你千万别误会，那票可不是我送的。

这真让我费解了。

那么，票又是谁送的呢？很长时间以后，我突然明白了许多。我想这件事做起来并不难，而且做事者早已是胸有成竹了。或许这本就不是个玩笑。

上个月的一天傍晚，我去五棵松看望一位同行，又从南礼士路站上地铁。车开动后，我意外地发现了 A 的身影，但我没有过去。当时他正同一个女人低声交谈着什么，看上去很甜蜜。而那个女人现在不需要再背大提琴了。我远远地看着他们，吃惊一瞬间便过去了。我突然想到一年前的那场交响乐音乐会，又想到十年前某个电梯里的一片纸屑，觉得一切都在情理之中。不久，五棵松到了。我走出地铁站，外面已是华灯初上时刻，这又该是个美妙的晚上，我这样想着，身轻若燕。那时候我的朋友正在马路对面使劲对我挥着手，喊着什么，不过我一句也没听见。

1998 年 7 月 21 日　北京立水桥

（原载《上海文学》1998 年第 3 期）

上官先生的恋爱生活

在石镇尚未形成市的规模时，上官先生就已经超前过上城市人的生活了。这位县文化馆的美工是我学画的启蒙老师。他其实比我大不了几岁，但由于他和我父亲是同事，在1978年之前，我视他为长辈。那时我常去他的宿舍。在那间18平米的屋子里，我第一次见到了咖啡、睡衣、电动剃须刀和一套至今还看得过去的组合家具。上官先生长相英俊，身材挺拔，除了会画，还会拉小提琴。他的风度和才华像旗帜一样在古老的石镇飘扬，如同他的姓氏容易让人判断其出身名门望族而绝非三教九流。多年以来，上官先生的形象一直统治着我。我甚至公开模仿他的某些做派。比如把呢大衣的领子竖起，再衬上一条暗红色的格子围巾。用今天的话来说，二十几年前我就深明了一种叫做气质的东西。

从前那些日子，上官先生可谓威风八面。凡有大的庆典，石镇主要街道的宣传栏上都会出现他的宣传画。那是用30张道林纸拼起来的巨幅，需要搭脚手架进行绘制。每次作画，先是由小工们把白纸平整地糊上水泥墙面，再由我把排笔颜料一一摆好。这阵锣鼓过后，上官先生始才登场。他从不用炭条打轮廓，而是直接用排笔蘸上赭石洒脱地画起来。他也从来只画那些主要的部分，比如人脸和手，余下的边边角角都由我完成。围观的人很多，大家在夸赞上官先生的同时也美言我几句。我自然心中窃喜，上官先生却不为所动，目不斜视地挥动着画笔。他穿着一件自己设计的大褂子，看上去像个严肃的科学家。这件沾满颜料斑点的工作服，成为日后石镇风衣流行的真正起源。

1977年秋天，石镇的街上出现了第一个穿风衣的人，但不是上官先生。穿风衣的是一个年轻女人小陶。后来大家知道，这个小陶是曾在石镇附近农村插过队的上海知青，现在从省卫校分回来了，是一名助产士。这使她很不愉快。小陶的理想是回上海，哪怕在里弄小工厂糊火柴盒什么的。其时政治形势已发生了根本变化，原先那些上海知青正以各种名目纷纷回调，小陶却像一只苍蝇似的落到了原地。年轻美丽的小陶穿着米色风衣走在落满梧桐叶的大街上，成为那一年秋天石镇最为忧伤的风景。她神情黯淡地走着，没有引起更多的注意，却意外地走进了上官先生的视野。

那个下午，上官先生正在文化馆门前为人调试一台海鸥牌相机。当他上好胶卷，把镜头对向富有纵深感的大街时，穿风衣的女人便处在透视中心点的位置。我的激动首先来自那件风衣，上官先生后来这样对我说。然后，他认出了小陶。上官先生曾下乡为知青辅导过参加文艺调演的节目，和小陶算是熟人。小陶他们那年演出的是一个叫做《算盘歌》的表演唱，八个女生手持八把算盘载歌载舞。小陶是领舞，上官回忆道，她的条件和感觉最好。这八个女生中有三个是上海知青，台上一站，台下便清楚了。事情就这么奇怪，上海人还就是上海人。

如果不是小陶的出现，上官先生兴许就同我一起考大学了。他最初想考浙江美术学院，后来听说浙美招生的名额极少，又想改考中文。那些日子，他常去我家借复习资料。我觉得他有不错的文科底子，过关没多大问题。可是有一天他把借去的书全还来了，他说：我决定放弃。我疑心他是有精神负担，怕名落孙山而失了面子。上官是当之无愧的小镇名流，他若考而不取，日后往下混就难了。我父亲却说，上官是因为恋爱而舍弃了功名。金榜题名与洞房花烛皆为人生大喜，父亲说，兼而有之则难。这绝对是废话。然而上官先生果真就成了这理论的实践者，他与护士小陶恋爱了。

才貌双全的上官先生历来就是石镇姑娘们暗恋的对象。可是这么些年下来，仍然没有谁能成为上官的意中之人。上官不喜欢她们。他也不掩饰对石镇女人的反感，说她们走路像鸭子那样叉开着腿，说话大嗓门还带脏字，连穿衣都不懂得颜色搭配。有一回他多喝了点酒，话就更离谱了。上官说，石镇的女人洗屁股洗脚用的是同一条毛巾同一只盆而且还不换水。他振振有词，一副胸有成竹的样子，好像私下做过普查。他还建议我以后千万别娶这地方的女人做老婆。女人嘛,上官先生说,要的就是个情调,你再看看人家小陶:站有站相坐有坐相,待人接物落落大方,不是吗?

我承认小陶在石镇确实有点鹤立鸡群,但也没有上官先生说得那么完美。小陶五官端正,可是搭配在那张大脸盘上总有点不和谐,比如说眼距过大。小陶的皮肤白皙,但毛孔较粗,颧骨上还有淡淡的雀斑。我想这些上官先生肯定比我清楚。他也不是视而不见,而是看重了那种叫气质的东西吧。

于是这两个气质相投的人坠入了爱河。他们出双入对,夺走了街上全部的目光。1977年的恋爱节奏还是缓慢的。石镇地盘不大,居民的好奇心却长时间不能满足。他们关注这一对男女的行踪就像关注物价一样。他们欣赏这对恋人在小雨中的漫步和骑车去山里的野游。甚至有人仿照他们的生活方式,开始养花养鱼,置办组合家具。多年后,我写了一篇《石镇的家具革命》,便是从上官先生谈起的。在那篇夸夸其谈的短文里,我颂扬了革命先驱上官的那股大无畏气概,也暗示了他对爱情的不倦追求。我重点提到了接吻。我说:两性间的交往除了目的性性行为之外,还必须重视过程性性行为及边缘性性行为。这后二者虽然不怎么实惠,却充分展示了性关怀的美感。显然,这篇文章有借题发挥之嫌。而且我必须坦率地承认,这也是盗用了上官先生的观点。

上官先生和小陶姑娘的恋爱既古典又现代。他们以身作则,坚持婚前不发生性关系。那时小陶一下班就骑车去了文化馆。一见面,两人便掩门接吻,再开始交谈。上官先生很得意地告诉我,他喜欢这种情调。就是结婚了,他们也将把这一习惯保持下去。每天回家,先接吻,后做饭。我觉得这很像外国电影里的场面。上官说:这又有什么不好呢?这年冬天的一个夜晚,我去文化馆挂长途电话,看见上官的屋子里灯光昏暗,小提琴如泣如诉的旋律飘过了我的头顶。我便去敲了门——屋里点满了蜡烛,上官和小陶表情肃穆,原来他们在共度圣诞平安夜。我有些抱歉地离开了。回到家,我对父亲说了这些。父亲不以为然地说:上官想在石镇搞一块试验田吧?我父亲是在教会中学读过书的,却对主敬而远之。他每天忘不掉的是准时收听"美国之音"。

春节一过,我便接到了大学录取通知书。启程的前一天,我去向上官先生辞行，可是他下乡采风去了。小陶也没有从上海回来，医院说她超假了半个月。我郑重告诉父亲，如果上官结婚，务必代表我送上一份厚礼。然而这份礼迟迟没有送出去，上官和小陶的恋爱突然就发生了变化。

　　直到现在，我也没有弄清当年这对完美恋人分手的直接原因。那年暑假回来，我曾小心翼翼地问过上官。我说你们那么般配，怎么说完就完了？上官苦笑了一下，点上香烟（这之前他是不吸烟的），那是一种牌子很臭的烟，他一吸就咳个不停。但他终于没有作出任何解释，神情透着一言难尽的感慨。最后，他只说了四个字：沮丧不堪。我有点不知所措，就想陪他去乡下散散心。我们约好第二天出发，可是当夜这家伙就先溜了。他在门上贴了张条子，叫我不要找他。

　　那个暑假我没有离开过石镇。关于上官与小陶分手的种种传闻我多少听到了一些。有人说，他们最初的不愉快来自小陶饮食习惯的改变。小陶自从来到石镇，只爱过两种东西，除了上官还有茶鸡蛋。小陶特别爱吃石镇小贩制作的茶鸡蛋，每天都吃，有时一吃就是五个。据说上官先生对此很反感。这很让大家困惑：茶鸡蛋难道不能吃吗？我倒表示理解。我甚至担心上官接吻时会产生异样的感觉。还有一件事听起来也有点不可思议。有一次省画院来了几位画家，文化馆由上官出面陪同接待。这几个画家都是上官的朋友，也曾帮过他不少忙。上官陪他们去山里转了一圈，回到石镇，他向他们介绍了小陶。大家都夸小陶温文尔雅，说上官到底是画画的，眼光如何如何不错。上官让小陶在屋里做了一桌菜，为省里朋友饯行。他突击把屋子用三合板隔了一下，把外面布置成精巧的小餐厅。小陶在走廊上做菜，一盘盘端上来。上官选择的餐具很讲究，小陶的菜委实也做得出色，地道的上海风味。于是又博得画家们的一致夸赞。小陶前一晚是大夜班，遇上个难产忙了一宿，所以只向客人敬了杯酒便离席去了里屋。这有点传统妇女的味道，不难想象日后成为主妇的她将是很贤慧的。画家们兴致勃勃地又吃又喝，话题从小陶谈到上海女人，又从上海女人谈到日本女人和法国女人，最后谈到他们正在和北京的同行联系，准备秋天搞出一个石破天惊的人体画展，并建议上官也来一张，就画小陶！上官没有思想准备，但创作的欲望是燃起了。他似乎有点不好意思，一个劲地向朋友敬酒。

这时，大家听到了一个声音。

是里屋小陶的鼾声。

我不知道这件事是怎么传出来的，也难辨其真假。倘若是真的，我可以想象到那一刻上官的窘迫与尴尬。我向父亲问起过此事，父亲说他听到的是另一种说法。那夜小陶是忙累了，也躺到了上官的床上，但并没有打呼。上官的惊讶来自小陶的眼睛——她睡觉时是半睁着眼。这是事实，父亲说，医院里的人都知道。父亲又说：这有什么呢？你妈不是睁眼和我睡了30年吗？

我想上官的惊讶应该转瞬即逝，不安却会停滞一个时期。但这件事无关痛痒，因为这之后上官还有兴致进行人体画的创作。

上官先生的人体画创作开始于五月的一天。他闭门不出，整天地在看安格尔和鲁本斯。但这些纸上的东西毫无生气，他这样对小陶说，人体画离不开模特儿。

小陶很聪明，就问：你是不是想画我呀？上官沉默了许久，说自己很矛盾。作为艺术家，他当然渴望小陶成为模特儿。但作为未婚夫，他还是希望信守诺言，把美妙的一刻留到神圣的日子。小陶就笑了，说你拿主意吧，我好安排时间。那时小陶被抽到了县工会，参加排练一个叫做《春天》的大型舞蹈，她是领舞。上官还是举棋不定，说自己先依靠资料往前走几步再说。于是就动手了，很快，消息不胫而走。

最先知道这件事的是一个瓦匠。这个人上屋检漏，从窗户上看见上官在作画。瓦匠就张扬了，说文化馆的那个画家天天躲在屋里画光屁股女人，画得像真的一样。大家就以为，那被画的对象必定就是小陶。有人还当面问过她，是不是真的脱光给上官画了？小陶笑道；我愿意，他还不敢呢！可见那会儿小陶还是开朗的，不往心里去。但是这件事越传越邪乎，有传闻说上官以画画为由，想婚前检查一下小陶的身体，看看她是不是处女；还有人说这对人貌似高雅，实为肮脏，先干一下，再画一下，边干边画，边画边干。有一天上官出来买调色油，百货公司的一个年老妇女便打趣说道：上官，你这些日子可瘦多了，看这小脸给上海刀刮的！上官还是不知所云。小陶沉不住气了，她几乎每天都让人追问。

她一上街，店铺里的人都把头伸出来，皮笑肉不笑的。小陶觉得自己是在游街示众，便委屈地对上官发了火。

你别画了！我没被你脱，倒叫满街的人给脱光了！

上官这才意识到此事的非同小可。

据说上官为了澄清事实真相，还专门写了一篇文章，送到了县广播站。宣传部知道后，便及时将稿件抽下，又分别安慰了两位当事人。部长说，搞艺术总是要付出代价的。当然，今后也要引以为戒，不要过早张扬。

于是上官的这次创作就夭折了。多年以后，我见到了它的色彩小样，觉得画上的那个女人还真的很像小陶。我想这也正常，小陶给上官的印象太深刻了。那时小陶已调回了上海，有消息说，她刚刚结婚。这天夜里，我和上官在石镇西头一家小酒馆的楼上喝酒。我问上官，对小陶是不是很怀念？上官说，怀念当然还有，不过尽是些沮丧不堪的事儿，这感觉还真奇怪。正说着，从雅间走出几个人，都显得喝过了量。他们口齿不清地对上官打招呼，然后就下楼了。我听见他们在楼梯上议论着一条裙子什么的，忽然就想起了一件事。

1978年6月石镇撤县建市，历史翻开了新的一页。为此，石镇组织了系列的庆祝活动。其中最有影响力的，是一台综合性晚会。整台晚会的舞美设计是上官，除此之外，他还带着小提琴加入了伴奏的管弦乐队。晚会是露天的，地点在人民广场，据说观众有五万，可谓声势浩大。夜幕降临，大幕拉开，舞台上灯光渐渐亮起，开场的节目便是由小陶领舞的《春天》。台上的姑娘都穿着浅绿的长裙，只有小陶穿的是粉红色真丝裙。桃红柳绿，很合石镇人民的胃口。万绿丛中一点红的小陶舞姿优美，动作极富专业性。那个时刻，我想大家也许暂时忘记了，台上这个女人是不是真的脱光给人画了。音乐声大作，舞蹈走向了高潮，小陶一个大跳之后接旋转，越转越快，但是那片粉红色突然从大家眼中消失了，转动的是两条腿。等大幕抢着合上，大家才明白，这女人刚才把裙子转掉了，于是嘘声四起，音乐却戛然而止。

事隔20年，石镇人民早就忘记了小陶当年的舞姿了。记忆犹新的是从前一个护士，上海人，在台上跳掉了裙子。甚至还有人记得，这护士的右腿上有一块巴掌大的胎记。

很多年后，我去上海修改书稿。一个下午，在淮海路的一家鞋帽商店门口，我意外地遇见了已是五岁孩子的母亲的小陶。她似乎没有太大的变化，倒是面部的雀斑比从前浅了。小陶很热情，要我去她家看看，她刚刚忙完房子的装修。可我的时间有限，只好谢绝。我们就站在路边聊了会儿。我说她走得太快，调动办起来也那么顺利。小陶突然就笑了，说这得感谢那条裙子呢。小陶说"裙子事件"弄得她很狼狈，觉得没法在石镇混了，就去找领导哭诉。原先领导是不放人的，现在倒起了同情心，认为这种情况换一个环境可以理解。领导的语气很沉重，小陶说，好像我被人在光天化日之下强奸了。小陶说得眉飞色舞，不知怎的，我倒真的有些怜悯远在石镇的上官了。我问小陶，这些年是否见过上官？小陶摇摇头，笑容也敛结了一些。小陶说上官这个人很有意思，也很好，只是摸不透。即便她不调回上海，也未必嫁给上官。后来小陶又问道：他成家了吗？我摇摇头。小陶便叹了口气。

那天夜里，我想给上官挂个长途。电话接通，想想还是挂断了。我不知该对他说些什么。这些年我走南闯北地折腾，回石镇的机会少了。偶尔回去一次，又屡屡同上官失之交臂。父亲说，上官至今还是独身，有空就去山里写生，不画人物，只作风景。他把小提琴送给了我妹妹，以此换走了我家的一只波斯猫。他给波斯猫订了一份牛奶，自己倒喜欢吃茶鸡蛋了。

去年夏天我来北京筹备一部电影的摄制，住在北郊的立水桥。我住的酒店是新开业的，设施正逐步配套，只有总台一部电话，许多朋友无法与我联系。这家酒店的服务生差不多都是从重庆万县那一带招来的，年轻活泼，彼此讲起家乡话还很动听。有一天，总台让我去接电话，拿起话筒我吃了一惊，对方居然是上官先生！他此刻就在北京，是来参观俄国风景画大师列维坦画展的。我便邀他过来一聚，算起来，我们已有近十年没见面了。

一小时后，上官乘面的到了，我在门口迎接他。上官突出的变化是蓄了须，头发也白了许多。我们握手，彼此都有些激动。上官说，车往北行，一路的荒凉，便寻思我混得很不如意，否则是不会扎到这儿的，现在他放心了。这个下午上官就在欣赏酒店的格调，对巴洛克式的装修、德式的小阳台、带风景画廊的酒吧赞不绝口，说有点世外桃源的意思。然后，他就开始注意那些衣着一新的服务生了，眼睛也跟着亮起来。上官说，这儿的姑娘个个都很漂亮。我笑了笑，把咖啡推到他面前。上官小心地搅动着咖啡，又添了块方糖，自语道：如果不是她们漂亮，那就是我老了。

他似乎还说了点什么，但被传来的萨克斯旋律彻底掩盖住了。

1998 年 11 月 10 日　北京
（原载《作家》1999 年第 1 期）

1967年的日常生活

吃饭

石镇历史上没有吃早饭的习惯,早餐实际是早点,普通人家一般都去街上买油条和烧饼,条件好一点的,可以吃上包子和掺有腊肉丁的烧麦。到了1967年,街上的几家早点铺都相继关门了。因为武斗,面粉运不进来。石镇这一带只产水稻,不种麦。

那时我家的成员是:外祖父、外祖母、母亲、我和妹妹。家庭的经济来源是外祖父和母亲的薪水,他们在剧团上班,两个人工资合起来有百余元,糊口有余。菜市上猪肉七毛四一斤,鸡蛋六分一个。家长是外祖父,他是一个俭朴的老人,负责每日的采买。外祖父有一个致命的弱点,耳根软。他在菜市上转悠,买回来的货色却不怎么样,猪肉上好像总有一排奶头。这便招来外祖母的责备:你这佬!又是哪个多喊你一声爷了?外祖母只能通过她的分类搭配来弥补这种过失,肥肉熬油,骨头熬汤,油渣用来炒白菜,这样一家人吃起来还是很香的。到了这年四月,石镇开始流行吃忆苦饭了,通常是每周一次。内容大概是以细糠和野菜为主。野菜是外祖父领我去附近农村挖来的,有马齿苋和荠菜。外祖母将马齿苋洗净晒干,和油渣伙烧,荠菜则剁碎捏成菜团子。细糠总要掺兑一些米粉,熬成粥糊。经这样的料理,一顿忆苦饭其实也并不难吃。然而不久事情就来了,居委会的头头听到举报,说某某人家用油渣烧马齿苋,是蒙混过关。于是外祖母被传去质问了一番。

你晓得为什么要吃忆苦饭吗?

晓得,是记着旧社会的苦。

旧社会你也用油渣烧马齿苋吗?

也用。我从 16 岁就是这么烧的。

你家是贫农吗？

是贫农。

你这个贫农有问题。你几十年都用油渣烧马齿苋？

五九年六〇年没有，可这算新社会。你难道要我忆新社会的苦？

外祖母的回答一声高过一声。她很坦然，因为她知道"五类分子"中没有一类是"有问题的贫农"。

五月，吃饭之前得向毛主席请示汇报了。天天如此，餐餐如此。

外祖父说：祝毛主席万寿无疆！

我们说：万寿无疆，万寿无疆！

我问外祖父：无疆是什么意思？

外祖父回答不上来，就说：总归是个好的意思吧。

有一天我母亲拾到一张传单，上面说经过最先进的科学检验，毛主席能活到 106 岁。外祖父戴上老花镜，把那份传单看了又看，叹道：管我们两代人是够了。然后用极其怜悯的目光看着我和妹妹，一副爱莫能助的样子。他的意思我懂，好像将来毛主席不在了，我们这些孩子都会成为孤儿。那一刻的气氛十分沉重，我鼻子酸酸的，而我妹妹突然大哭了起来——她是被大人的肃穆吓哭的。正在做饭的外祖母由厨房跑来，抱起妹妹就瞪了外祖父一眼：你对孩子胡说些什么了？外祖父苦苦一笑，躲到一边抽水烟袋去了。

这天晚饭外祖父没有吃，但他依旧带领全家进行了"汇报"。外祖母突然嘀咕道：106 岁离万寿还差得远呢！外祖父连忙制止：你这张嘴迟早要闯大祸！外祖父躺到床上，落下蚊帐，他的叹息时重时轻。半夜里我起来上马桶，路过堂屋，看见了月光里外祖父的身影，在对着毛主席画像祈祷。他说：毛主席呀，你老人家一定要选一个好接班人啊！

由于这一年长江汛情严重，中下游地区普遍受灾，到了十月，石镇的粮食供应要搭配一半的山芋干了。这种山芋干和米一块煮成的饭特别难吃，于是大人便将米省给孩子。我和妹妹每餐都能吃上饭，大人们则用米汤熬锅巴，再就着它吃山芋干。从这天起，我们家吃饭的请示汇报自行取消了。因为外祖父认为，每餐吃这种东西，毛主席知道了心里也许不太好受。

睡觉

我从三岁起便和外祖父睡一床。我们家以前睡觉都很迟,要等到戏园子散场,外祖父和母亲演完戏回来,一起吃点宵夜。1967年因为两派武斗,剧团关门了。剧团内部也分成了两派。一派叫"好派",意思是造反派夺权"好得很";一派叫"屁派",认为不是"好得很"而是"好个屁"。在我印象中,"屁派"属于少数,而我母亲恰恰就是一个"屁派",外祖父这种没有派系的人被斥为逍遥派。我问他逍遥是什么意思?他说:跟逛菜市差不多,总之是很闲了。那些日子他的确很闲。有一天他抱回来一头小黑猪,专心地饲养着。他还用黄梅戏青衣的腔调哼唱道:外面武斗我逍遥,人家生伢我养猪。这样每天一断黑,外祖父就早早上床了。其实他也并没有睡着,在等候我母亲的归来。外面的风声一日紧过一日,都说"屁派"已被"好派"包围,总攻的日子快到了。

我母亲当时同她的战友们集中在石镇最大的招待所里,很少回家。我曾去那儿玩过几次,看见他们都戴着柳条帽,肩挎帆布包,里面装着石块,每人手里还提着一根木棍。但是所谓武斗的气氛并不浓烈,两派不过示威似的每天在街上跑来跑去,口号倒是喊得很响。外祖父想让母亲撤回来,又怕人家耻笑,说他女儿不革命。细一想,觉得石镇这小地方,两派的人彼此都是抬头不见低头见,真的交手大约不可能。街上的警报是剧团一个小生用嘴对着高音喇叭学出来的,舞台上的聚光灯也充作了桥上的探照灯,这些看起来都还像唱戏,区别不过是戏台变大了。然而秋天的一夜,石镇的天空果真响起了枪声。

枪响的时候,外祖父正在屋后小河里涮夜壶。那也是个月夜,密集的枪声听起来像发湿的爆竹。外祖父一阵抖瑟,夜壶也扔了。他急匆匆地跑回家,正想出门寻他的女儿,电又停了。外祖父摸出火柴,怎么也划不着。后来还是外祖母用抽水烟袋的纸媒子将煤油灯点亮了。外祖母说,你没听见那枪是闷响吗?民国二十九年日本人过来枪声比这还脆,离石镇还差五里远呢!外祖父急着跺脚:我总要把女儿领回来吧!外祖母就把我妹妹放到床上,拢拢头发说:要去我去,我一个堂客家别人放不进眼。两人正商量,传来了急促的门声,是我母亲,像是真从战场上撤下来似的，风风火火。我母亲说，"好派"要从桥东打过来，他们有枪，"屁派"指挥部决定暂时放弃城镇，撤向农村，走农村包围城市的道路。说着，我母亲摘下腕上的"上海牌"手表交给外祖父，又交代道：要是城里难住，你们就去老家罐子窑。这时街上的哨声一阵阵地吹响着，我母亲又去追赶自己的队伍了。外祖父笨拙地关上门，眼泪滚出了松弛的眼眶。

从此我的睡觉发生了变化。那时学校已经停课，外祖父要求我白天睡觉，从早饭后开始一直睡到晚上十点起来吃饭。这样夜就显得特别漫长。石镇的电厂夜间12点停止工作，我们守着一盏煤油灯坐着，听外祖父说从前的故事。外祖父是黄梅戏的老艺人，工青衣，他的唱腔受到广泛称赞，但舞台之下却不善言辞。他的故事像没有油渣的马齿苋那样乏味，当时我就没有印象。作为家长，他肩负全家生命财产的责任，我们得听从他的安排。他把过去跑鬼子反的经验挪用眼前，认为夜间若有不测，跑起来腿不会打软，一气可以跑到安全地带。他对这场武斗的规模和性质没有底，对零星的枪声感到恐惧，于是就努力去作最坏的打算。他甚至想在床底下挖一个地洞，万一有人抄家，就让外祖母和孩子躲进去。这个念头刚刚生出，外祖母火气就上来了：我们又没犯法，怕什么？毛主席不是还在吗？外祖父叹道：可毛主席为什么不发个话呢？人民家里的矛盾犯得着动枪吗？

1967年我们过着晨昏颠倒的生活。那些阳光明媚的时刻，我却像个病人似的躺在床上。我的外祖父始终合衣假寐，他挂记着唯一的女儿，对外面的形势保持着警惕，还得饲养一头猪。最初的几日，我不习惯这种起居，翻来覆去。外祖父就用一块黑布将窗户蒙上，把打鸣的芦花公鸡也宰杀了。他还把那块手表的时针拨到我原先就寝的时刻，放在我的枕边。外祖父说：你闭上眼，心里想着外面的太阳是月亮，慢慢就睡着了。我说：太阳不会变成月亮。外祖父说：古人造这个"日"，就是让你晓得，日倒过来还是日。

逃亡

武斗使石镇的日常生活陷入瘫痪，街上的一些店铺关门后，菜市也清冷下来。而且形势仍在恶化，有消息说，前来"支左"的部队暂时来不了，"好派"将进行冬季攻势。一天，我母亲托一个农民捎来了信，说他们的队伍目前实行分散转移，化整为零，各自去乡下投亲靠友，以待新的革命时机。信上说她准备走水路去罐子窑二舅家，让我们去同她会合。这样，外祖父便着手安排全家的逃亡。

罐子窑距石镇实际不过15华里，但那条路上认识外祖父的人很多，而且"好派"设下的关卡也多，外祖父认为不安全。所以他决定绕道而行，走山里。这条路解放前常有歹人打劫，外祖父仍有些担忧。于是他去柴市上雇了一名独轮车夫与我们结伴，条件是一条香烟。这车夫是罐子窑那一带的人，曾看过外祖父的《荞麦记》，便爽快地答应了。外祖父让我妹妹和那头猪分坐在独轮车的两边，交代说，如果路上遇到关卡盘查，就说我们是山里进城给孩子看病的，顺便贩猪。外祖父然后又翻出一些破衣烂裳，让我和妹妹换上。不料我妹妹死活不肯，说外公不喜欢她，要把她送人。外祖母劝好半天才解决问题。准备停当，外祖父悄悄把我领进内屋，让我把棉衣毛线衣全脱了，把那块"上海牌"手表一直戴到我的腋下，再将衣穿好。然后他紧贴着我腋下听了又听，又隔衣摸了又摸，才露出放心的表情。

这支逃亡的队伍在午饭后动身了，离开石镇的时候没有引起任何的注意。天上的太阳明明晃晃的，我怎么看它都像月亮。我不停地打着哈欠，想睡，这时分正是我的夜晚。那辆独轮车上，我妹妹已经睡着了，尽管那头猪一直不停地嚎叫挣扎。外祖母想把那猪卸下牵着走，让我坐上去。车夫说这样不配重，车不好推。于是外祖父就想背着我走上一截，我又不肯。我觉得我已经很大了，腋下的那块手表又给了我一种奇特的使命感，像"鸡毛信"那样重要。我突然使劲跑起来，山道向我逼近，我觉得自己应该像鸟一样飞在他们前面。然而这只是一股劲，越往下我的腿便越沉。外祖父牵着我的手，竟递给我一支香烟，说：你吸几口就不困了。我就真的吸了一口，呛出了眼泪。

天色有变，不久便下起了雨。我们去路边一个茶棚避雨歇脚，趁这工夫，我在店家长板凳上睡了一觉。这是我有生最幸福的睡眠之一，刚躺下脚就踩上了梦的门槛。我梦见自己在一棵大树下躲太阳，树叶纷纷而下，地上的叶子全部幻变成乌鸦的尸体，突然一只尸体又动弹了——

我便从这恐惧中惊醒，发现自己正伏在外祖父的肩上。雨已止，山也翻过，眼前是一条明丽的河流。两边的天像点着了似的，我们已同独轮车夫分手，正往渡口而去。外祖父说，过了这条河，对面就是故乡罐子窑。我落下来，帮外祖父牵着猪。谁知上船时，这头少年猪猛地挣脱了绳索，拼命地跑去了。外祖父说：算了，这一路上也难为了这畜牲。说完，老人的脸上显出微笑。然后他从我腋下仔细地取出"上海牌"手表，吃惊地发现它经停了，停在他几十天前拨到的那一刻上。这块总要慢几分的手表是60年代我家财富的集中体现，1967年的一天我把它戴在了腋下，它冰凉的表面像大夫的听诊器一样让我很不舒服，可是至今我仍能听见它秒针走动的声响。

上学

1967年我上小学三年级，其时"文革"已进行了一年。最初接触到这场革命是在一个下午，我们的班主任夹着一份报纸，在黑板上写下标题：捣毁"三家村"，彻底闹革命。

我就以为老师将要讲的是一个打游击的革命斗争故事。"三家村"让我联想到"沙家店"和"苏家埠"，是个地名；"捣毁"无疑是战斗，合在一块便是在三家村这地方打一仗的意思。我兴致勃勃地期待着，结果老师念的报纸我们一句都听不懂。当然，这并不影响革命的开始。于是不久，我们就看见了贴满校园的大字报，看见白发校长被高年级的"红卫兵"拖上台批斗，之后又鸣锣游街，但我不知道校长犯了什么错误，只觉得好玩。那时石镇的街头天天都有人游街，一放学大家就去看，很兴奋，而且受到感染和鼓舞。我曾想跟随高年级的同学去串连，但是人家不要我。为这事我伤心了一阵子，心想再过几年便会参加革命了。

1967年9月1日，开学的第一天，我们领到了一本《毛主席语录》，其中有些段落，语文课本上也有，比如《纪念白求恩》。围绕这个，授课的老师要讲许多。加拿大在什么地方？白求恩并不姓白，他姓诺尔曼；我们中国的姓一般只有一个字顶多两个字，外国的姓却很长。晋察冀是什么意思？什么是纯粹的人什么又是脱离了低级趣味的人？

老师讲得大汗淋漓，问道：大家懂了吗？

大家齐声说：懂了！

其实不懂。尤其不懂什么叫"脱离了低级趣味"。但是大家可以背诵。能背诵就表明是懂了。

语文老师姓产，是学校的教导主任。这人长得形同仙鹤，又戴着一副高度近视的眼镜。平时学生们都不怎么愿意接近他。产老师是学校水平最高的人，所以每班与《毛主席语录》有关的语文课都由他来讲。他以前喜欢看戏，兴许是这个缘故，每次见到我都要笑一下，或者摸摸我的头。那次讲完《纪念白求恩》，他问我是否真的懂了？我说不懂什么叫"脱离了低级趣味"。他便扶扶眼镜，说你慢慢就懂了。我去过他的宿舍，发现他很整洁，茶杯放在一只小碟子上，写字用毛笔，而且爱写繁体字。我就向他要一张毛笔字，他似乎有些犹豫，但还是为我用信笺录了一首毛主席诗词《咏梅》。他写的是小楷，我觉得比新华书店买到的《雷锋日记》字帖还要好。

我家与学校仅一墙之隔，所以我上学都是翻墙而入。上过《纪念白求恩》，我突然觉得这样做应该算是低级趣味，自然要脱离掉。但是这堵墙不久被准备武斗的某一派凿开了一个大洞，我又可以心安理得地出入了。有很多黄昏，我钻进学校的操场去玩双杠，在那上面竖倒立。学校的大字报越贴越多，一层又一层的。一个黄昏后，我无意中看见了产老师瘦削佝偻的身影，正举着一盏马灯在看走廊上的大字报——我想那一定是写他的，因为边上配有他一幅漫画像，一望便知。他认真地看着，还不时用小本子记下点什么，看了很久。等他走了，我便也跑过去看。那会儿天色已暗，借着路灯我仍能看出这一排的大字报全是写他的，其中一篇的标题是：低级趣味的产××。我自然被吸引住了。这篇文章的意思我现在记不清了，忘不掉是关于产老师"低级趣味"的几个例证：

1. 从不穿布鞋、球鞋，只穿皮鞋，而且每天都擦；

2. 从不吃食堂里的菜，自己用煤油炉另炒，有时还用苏修进口的一种电炉；

3. 经常看线装书，违反国家规定大量书写使用腐朽的繁体字；

4. 至今保留着旧京剧的唱片；

5. 结过三次婚，变相玩弄妇女……

没过几日，产老师便正式给揪出来，成为隐藏的修正主义教育黑线分子。他不能再上与《毛主席语录》相关的课了，被打发到办公室去刻钢板。据说他刻得很吃力，常常因为写进了一个繁体字而返工，但他的字又刻得很好。

有一天我们上算术课，讲的是四则运算的应用题。地主王有财剥削农民，大斗进小斗出，大斗比小斗多出四升，农民刘苦根交租三担半，第二年春天已被迫向地主借粮五斗，这样王有财一共剥削了多少？算术老师正在黑板上列着算式，突然音乐老师闯了进来，宣布将上午刚发下的歌谱收缴。音乐老师对算术老师耳语了几句，后者的脸色倏然变白，也帮着收起歌谱来。大家却不知所措，私下议论着这首新歌大概有什么问题，不给唱了。

当天下午，消息传出：产××利用刻钢板恶毒地攻击毛主席，将"万寿无疆"的"万"刻成了"无"。这是一条反标。这是最严重的反革命事件。很快，穿白制服的公安来了，要将产某铐走。但是这个人突然不见了。

连续三日的搜捕仍无结果。

第四天，一个渔人用网从石镇菱塘湖里拖出了产老师的尸体，除了那副高度近视眼镜完好无损外，全身都已浮肿，但看上去像一个魁梧的男人。他的尸体后来被故乡产家湾的人连夜抬走了，埋在他已故的两个妻子之间。若干年后，他老迈的遗孀在坟茔后面种下了一排灿烂的桃花。

结语

整整 30 年后，我在故乡石镇的小楼上对我十岁的女儿讲述 1967 年的日常生活。我说，那时候我也是十岁。女儿显然没有兴趣，只问：这是故事吗？

1998 年 12 月　合肥

（原载《山花》1999 年第 3 期）

某部的于村

  1982年10月，24岁的于村从北京一所综合性大学分到A市机关某部。他来某部报到的那一天，遇见了另外两个也来报到的青年。他们先去了办公室，秘书看了看他们几个的介绍信，用手指示了一个方位，叫他们去干部处转组织关系。实际上三人中只有一个姓高的戴眼镜的青年有组织关系。闲谈中于村知道这人是来自本省的一所普通大学，便有了一点优越感。但又想，既然在省里的大学也能进省机关，那何苦当初要去北京呢？至少多花了些钱吧？再一想就觉得不太对劲，也许这位姓高的是高才生才有进省机关的可能，那么是否意味着他于村就是北京的普通生呢？过了会儿，干部处的分管处长来了，对新来的大学生说，具体工作安排要等部领导回来开会研究再定。处长说：你就先去办公室帮忙吧。这样，姓高的青年被派去侍候一位病人，于村和另一个人被派到资料室，临时帮助整理旧图书。虽然这件事不轻松，但在于村看来，和旧书打交道毕竟还是比和病人打交道好一些。那时于村当然不会知道，其实从这第一天起，他和那姓高的命运就出现了根本的变化。

  于村在资料室前后干了半个月，成天翻书堆。这些书封存了近二十年，不过比起当时市面上的新书，又明显地好了许多。按照机关的意见，这批书在经过整理后以极低的折价卖给机关内部的人。这中间自然也包括新干部于村。但是他不能优先购买，只能和大家一起行动。有个姓何的主任打了个很生动的比喻说：这就像跑步比赛，你不能偷跑。

  于村当然不会"偷跑"，这不道德。很长时间过后，他又对自己说：这是犯规的。

  卖书的那天，资料室外面挤满了人，等分管领导发出命令后，人便像决了堤的水一样涌了进去。不一会儿工夫,于村半个月的心血便白费了。那些摆在书架上整整齐齐的书全翻乱了,每个人只顾着抢自己想要的书,这种形象比起每天在办公室的正襟危坐简直判若两人。所幸的是,于村自己想得到的那些书基本上还在。于村花了几十元钱就得到了几百元钱的实惠,这是他进入某部后的第一次安慰。但是后来的事就开始变得枯燥了。于村被分到研究一室,主要研究文教卫生方面的政策。如果他是外人,对"研究室"是会产生好感的,可是等他成为研究室的一员后,他就有了一种被欺骗的感觉。研究什么呀,成天就是写材料、印材料、发材料。他总是公开这么说。室主任就是那个老何,论年龄可以做于村的父亲,他私下对于村说:机关都是这样,研究室的好处就是不怎么出差。可于村说:我倒情愿多下去跑跑。

于村不久就得到了第一次出差的机会。他去的地方是靠近长江边上的一个小县城,此行的目的是调查文艺团体的改革情况。这个县的剧团唱的是黄梅戏,于村的家乡也是唱黄梅戏的,因为这点缘故,使青年于村一路的心情格外地好了起来。他觉得仿佛是一次探亲。

于村是随主任老何下来的。他们刚到,县政府办公室的人把他们安置在招待所最好的小楼,开了一个套间。接待他们的是一个姓鲁的秘书,也是今年刚分配来的大学生。由于年纪相仿,于村被对方的热情弄得很不好意思。不一会儿,县里的分管书记就赶来了,谈话不过十分钟便吃饭,自然又是一顿丰盛的午餐。席间,老何的话题明显地比在机关时多了,以至于让于村觉得这个平素窝囊的中年人原本也是很幽默的。老何的胃口酒力也很好,于村却不行,几杯直通通地下肚,太阳穴就跳得快了,只好借上厕所避开。那个鲁秘书随他一块儿出来,问他定级了没有?于村说:我刚来呢。那秘书说:还是你们在上面好,一定级就是副科。于村说:副科算什么?机关的办事员最低的就是副科了。那秘书说:可我们在下面,想到这一步没有五年八年是不行的。副科放到下面就是副局长,出门就可以带车子了。这一说,于村便明白老何刚才的洒脱劲是怎么回事。按照组织原则,在这一桌上老何就是名副其实的首长。

第二天上午,他们在县有关部门的陪同下到了剧团开座谈会。地点是后台的化妆室,却脏得吓人。由此就可以想象得出剧团面临着怎样的困境。剧团的人称他们作"省里领导",声情并茂、声泪俱下地反映基层文艺团体的破败局面。于村认真听着情况介绍，自己的情绪似乎也受到了感染。他看见老何也一副认真思索的样子，只是不停地调整坐姿。渐渐地于村就嗅到身边总有一股子臭气在萦绕着，低头朝脚下看看，也没有看见类似粪便的异物，觉得怪，突然听见一个响声自主任腰下传来，断定是放屁了，差点儿想笑。强忍了下去还是如鲠在喉地不舒服，只好再次借故上厕所脱离现场。

于村跑到空旷的剧场里痛快地笑了好几声。回音叠起，好像不止他一个人在笑。笑过，他又点上了一支烟，刚吸一口，隐约听见有人在哭，是个带有童音的女声，闻声望去，便看见在舞台的大幕边上侧立着一个身体单薄的女孩，看上去不过十五六岁。这个穿着灯笼裤的少女显然是剧团招收来的学员，兴许是因为练功吃苦或者想家才这么伤心的。于村便走过去，亲切地问道：怎么了小同志？是不是想家了？他忽然感到自己的语气有点不对头，像电影里见过的类似政委的味道。于村有些尴尬，却不知道怎么从这局面里撤出来。这时，女孩开口了。我不是想家，女孩说，我是怕被送回家。

于村这才知道，这个剧团因为日益不景气，决定从去年招收的一批学员中裁去一部分，其中可能就有这个叫毛妹的女孩。据毛妹介绍，当初招收她时就有不少的争议，主要是嫌她个子矮。如果不是剧团小旦行当奇缺，她就根本进不来。

省里领导，您帮帮我吧！毛妹抽泣着说，那口气简直就是乞求了。

于村的心这才真的软了一回。他安慰了这个实际年龄已有18岁的姑娘，表示可以"说说话"。他倒是履行了诺言，在为期一周的调查结束后，他把这件事委托给了那位鲁秘书。为了有力一点，他谎称毛妹是自己的一位远房亲戚。等回到机关一个月后，有天下午，于村正在装订材料，接到了鲁秘书的电话，说那件事办完了。于村开始愣了一下，费了很大劲才想起"那事"来，连声称谢。不久，毛妹也给他写了信，说自己命好遇上了贵人什么的。最后，毛妹说自己已改了名字，不再叫毛妹而叫毛梅了。不过于村倒觉得，还是叫毛妹好一些，他想需要指出这一点来，结果因为抽出去防汛连信也没回。

1985年，于村在机关干了4年，越发觉得没有味道。他每天的工作还是写材料、印材料、发材料。处里新来了一个副主任，就是那位当年和于村一起报到的姓高的青年。当初这个人被派去侍候的病人，是单位的二把手。半年后，一把手因为作风问题下台，他扶正了，便挑姓高的做了秘书。如今几年一过，姓高的就提拔了。事情看上去一点儿也不复杂。这一年好像就是提拔年，几乎每天都能听到谁提拔了的消息。于村本来对提拔之类的事并不怎么感兴趣。但是身处这么一个具体的环境，似乎连木头人也不会无动于衷了。这样于村就隐约地感到有点压力。越是有压力，他就越是看不起姓高的副处长，也越感到这人对自己很挑剔。譬如每回于村写的材料，姓高的总要大改一通，然后还让于村重新誊一遍。这样几次下来，于村就觉得自己像是姓高的一个秘书。而在姓高的那里，俨然就是很自然的事了。于村心里窝着火，总想找机会发泄。

　　这天，又是安排于村给部长写讲话稿。是为大书法家邓石如纪念馆落成的祝词。大家知道于村对文艺很熟悉，自然这工作就非他莫属了。于村倒也有兴趣，比起以前那些枯燥的材料，这次自然有意思一些。他翻了很多资料，想写得精美一些。第二天，于村就把材料拿出来了，交到主任老何手里，老何说：我对这个是外行，还是高主任看吧。于是就交到了高那里。于村本想等结果，想看姓高的这回怎么下手。这时来了一个电话，一听，是个女声，就找他于村。对方问：是于老师吗？于村就很困惑，我什么时候成老师了？他说：我姓于，请问你是……

　　我是小毛呀！

　　当如今叫毛梅的姑娘出现在于村眼前时，后者还是很吃惊。他没想到"女大十八变"这句俗语在这个毛梅身上会表现得如此具体。眼前的毛梅分明就是个亭亭玉立的美人儿，你无法把她与三年前的那个黄毛丫头联系起来。于村当然高兴，甚至动过一瞬的邪念：搂着这样水灵的姑娘睡觉真是人生一大快事。可他还是不明白毛梅为什么要称他作老师？我像老师吗？吃饭的时候他这么问道，我倒真希望有你这样一个学生呢。

　　不叫老师叫什么？毛梅说，我总不能叫你小于吧？

　　于村心里便颤了一下。是呀，是存在着一个怎么称呼的问题。如果我是处长或者主任，那么今天毛梅就不会叫我作老师了。莫须有的老师。那一刻于村心里特别地酸。

　　毛梅是来省里观摩的。她现在是县剧团的后起之秀了。第二天晚上，于村请毛梅出来散步,他们走到环城马路上,说些海阔天空的话。于村问:你想不想到省里来工作?

毛梅说:想呀,人往高处走这个理我还不懂?可是我怎么来呢?

于村知道毛梅是有意把话递过来的,当然这也很好。于村说:这事我有数了,但不能急。其实这个晚上于村就想说:你嫁给我算了。

话虽没有出口,但事情最后还是做了。在分手的时候,他们拥抱了,也接吻了。据于村后来说,这是他有生以来抱过的、吻过的第一个女人。但他惊讶的是,这事做起来怎么如此的镇静而自然。

和毛梅的接触(于村认为这是真正的接触)即意味着恋爱。于村自然很兴奋,但也预想到了,这件事可能会改变自己的某些方式。简单地说,他现在不能只图一个人自在了,得注意搞好关系。他想,把毛梅从县里调到省里绝没有当初使她留在剧团那么简单。凭他自己的能力想办成这件事显然不易。本来,他自觉在机关没有太多的烦恼,虽然没有怎么重用他,但他很自由——他可以在法定的八小时以外去干自己有兴趣的事。他是学中文的,业余时间总爱给晚报写一些杂感。这些东西可以使他达到两个目的:在机关内部受到尊重,每月增加收入。那时的工资很低,像于村这种副科的级别,每月就只有六十几块钱。而他的稿费平均起来比工资还要高。因为这个,于村心里有些平衡。你姓高的不就是个副处吗?不就是比我多出二十几块钱吗?于村甚至在心里这样想过,以每月的经济收入,自己就是部长了。这可能就是于村看不起别人尤其是姓高的副处长的原因所在。

这天上班,于村看见自己起草的讲话稿已放在桌上,又被姓高的副主任改了一番。他一见就生气了。什么玩意儿!装什么孙子!他就这么嚷着。当时边上并没有第二个人。但是话音刚落,老何与姓高的以及其他人都鱼贯而进了。于村看见他们每一张原本松弛的脸转瞬间都绷紧了,显然自己适才的发泄被大家在门外听见了。他感到自己的表情还在怒着,心想若此时收敛就不好下台。于是血就往上涌了。于村把稿子朝姓高的桌上一摆:你有什么好改的?是不是你动手改了就表示你水平比我高了?

姓高的说:我没这个意思,你太多心了。

于村说:我告诉你,这次你自己来誊。

办公室的人都过来劝了，说小于你冷静点小于。于村没有看见老何，后来才知道主任不知什么时候出去打开水了，而平时他是几乎不打开水的。

于村和高副主任吵架的事很快就传开了。当天下午，他被带到部长那里去谈话。部长严肃地批评了他，说：要主任干什么？就是让他对研究室里每一项具体工作负起责任，改稿子是很正常的。

于村不自主地回了一句：那何不让他自己动手起草呢？

部长说：起草就是你的工作了，这也很正常，你同样要负起责任。机关每一项工作都是有程序的。

那个晚上于村感到十分难受。他想这下自己的处境变得难了，甚至想马上调走。可是往哪儿去呢？他原想尽快把毛梅调上来，没想到现在自己也面临着找去处。想到这里，于村就特别地伤感。他走出去，外面正下着雨，他也没带伞。雨淋在脸上倒是舒服一些。这是青年于村平生遇到的第一次压力。路过一家小馆子，于村想进去喝点酒，突然里面吵了起来，一个大汉被人从里面推出，那人喊道：得罪你怎么样？老子不犯法，就是皇帝也治不了我的罪！于村吓了一跳，他弄不清这大汉是什么身份的人物，但那人的这句醉言却把他从沮丧中捞了上来。

这以后于村就变得奇怪了。每天上班他是第一个到，而下班也是第一个走；不请事假但也不接受加班；机关开会他不溜号，但从不发言；他允许别人改他的稿子，但决不重誊一遍。他出差按平均数去，捐款按平均数，甚至打开水也是按平均数。有一天老何在下班时留住他，说想与他谈谈。于村开口就问：我又做错什么了？老何说你没错，你做得很好。老何说：我今天是以朋友的身份与你交交心的。主任绕了很大一个弯子才说到正题。主任说小于，在机关干就得有好忍性，所谓十年的媳妇熬成婆。于村说：主任，我实话告诉你，我是既不愿当媳妇也不想当婆婆。就这一堆了，大不了把我扫地出门，那也不至于扫到地球外面去吧？老何一下就被噎住了。

于村在晚报上接二连三地发表杂感，加之他经手写的材料被省委负责人批阅过，机关大院里很快就传出了这样的评价，说某部有个姓于的笔头子很不错。但这小子又他妈的特别犟，不好使。这期间，于村也在忙着未婚妻调动的事,但一涉及到找人求人便止步了。他自觉找不上人,也不想去求人,可是县里的毛梅又朝思暮想地盼着早日上来。姑娘每月一半的工资都花在长途电话费上。姑娘在电话里哭泣,说这么拖下去她会很快老掉的。好像就真成了明日黄花。于村心里着急,却又一时拿不出办法来。

但他下了决心,如果软的不行就来硬的——结婚算了。一个省内的分居还能不解决吗?

这年的秋天,于村和毛梅结婚了。他们在分居了一年后调到了一起。据说最终还是老何替他的下属跑成的。毛梅还干本行,在 A 市黄梅戏剧团工作,由于自身条件好,进来了就很受重用。两出戏一唱,竟在市内获得了好评。

故事说到这里,需要一次提醒了。你们也许没忘记,1982 年分到某部的是三个青年。那第三个就是我。我的情况比较特殊,在不到一年的时间里,我病了四次。到了第五次,我得了慢性肝炎,一头扎进医院差点出不来了。等我完全好透了,于村的现状又使我茅塞顿开。我知道最不适合在机关的不是于村而是我。这样我就干脆请了病假,回家复习准备考研究生一走了之。到了 1988 年,我考取了。我离开的时候正是新部长上任之际。这个面目清秀的中年男子,以超凡的记忆力和平易近人闻名省内。为此他特别吩咐办公室准备一次宴席为我饯行,很让我受宠若惊。吃饭的时候,话题就很自然地扯到了当年的三个大学生身上。大家恭维了我几句,但说着说着就说到了于村。有人说:小于这个人倒不坏,能力也很强,就是不适合在机关待。新部长就问为什么?那人说:他很犟呢,不过又没有明显的毛病。这时老何插言道:工作中还真离他不开。新部长说是吗?我倒要见识一下了。他的口气很自信,具有一种挑战意味。

不久,我在南方听到消息,就在我离开两个月后,于村突然得到了提拔,令机关全体人吃了一惊。我也很意外。

我再次见到于村是在 1993 年春节。我回 A 市探亲,在街上遇见了于村,当时他正和毛梅带着儿子去看一个画展。这是我第一次见到毛梅和他们的孩子,便有些吃惊,因为毛梅的个头很高,甚至可以说很时髦,像个模特儿。于村现在已是研究一室的主任了，人也像是发福了许多。他叫毛梅领孩子去看，硬是拉我去他家。他说我们得好好叙叙。他刚分了一套三室一厅的新房，装修也很不错，使我意外的是，墙上却挂了一幅老何的书法，一看就很有功力，学的米芾。我就问：是那个老何吗？于村说是，不是他是谁呢？我就感叹道：想不到老何还有这一手？于村说：这叫会打不出手。这话一说，于村突然就沉默了，过了会儿才说：你知道吗，老何上个月才走。追悼会上那些挽联没有一个比他的字写得好的。可他走了。

我们一直谈到傍晚，于村执意要留我吃饭，这时，毛梅和孩子回来了。于村打发老婆赶快做饭，我就说：别忙了，小毛晚上还要演出吧？

于村就一笑，说：她改行了，调到资料室来了。

那何必呢？我说，小毛是个好演员。

谁说不是？于村说，这事不能怪我，怪她自己不争气。你听说过女人结了婚还长个子的吗？

见我有些摸不着头脑，于村又补充道：她那个剧团男演员都是矮子，没有人能和她配戏。她得顾全大局。

说到这里，来了电话，于村去卧室里接，我隐约听见他说：喂？部长……这事我正要向您汇报呢……行行，我明天就去查一下，您放心，报告我自己动手……

于村回到客厅，想很快找到刚才的话头，就问我：我刚才说到哪了？

我说：男人都是矮子。

于村眨眨眼睛，似乎还没有明白过来，只说：是呀，怎么这个地方的男人都是矮子呢？

2000年5月　合肥寓所

（原载《作家》2000年第8期）

纸翼

后来楚翘想，对于一个她这样的女人，2000年10月18日这一天是值得回忆的。

这一天实际上很平常。每年都有10月18日，只是按照人们的习惯，把这样的一天看做结婚的好日子，楚翘一早就看见街上有许多迎娶新娘的彩车。她的同事王涵也选择这个日子把自己给嫁了。王涵是前年分来的大学生，人长得还算漂亮。楚翘心里清楚，自己虽然比王涵大了几岁，但就女人的气质与风韵而言，她仍然不失自信，楚翘这一年二十八岁，已婚，没有孩子。她的丈夫刘东是一家电脑公司的营销经理。

楚翘今晚要去参加王涵的婚宴。可是临下班之前，她接到了一个电话。对方是个男人，声音动听但很陌生。对方说：你好，我们不认识。

楚翘说：当然。

我是一个出差到你们这个城市的男人，对方说，我只是随便拨了一个电话，我想如果对方是位女士，我就邀请她共进晚餐。

这是机关的电话。楚翘说。

我不管，但是我很高兴，因为现在与我说话的果然是位女士。

楚翘就把电话给挂了。

她想这简直是个笑话，怎么会有这样的事呢？没过一会儿，电话又响了，楚翘犹豫了片刻，还是接了。这回对方说得很简洁：很抱歉，我已经记住了这个电话，明天我还会打的。

楚翘有些生气地说：你这人怎么这样？这是机关电话！

对方继续说：我也记住了你的声音。只要是这个声音，我就会……

楚翘又把电话给挂了。但是临出门的时候，她突然有了一点后悔。为什么要拒绝呢？为什么不能在电话里客气地聊上一会儿呢？陌生人，一个有趣的陌生人。可是现在的结果却很糟糕,在那个看不见的男人的记忆里,肯定留下了一个乏味的女人印象。带着这样的懊恼,后来楚翘迟到出席了王涵的婚礼。在婚礼上,许多别出心裁的安排她都没有印象。女人的好奇心驱使她只想一个问题,就是刚才给她打电话的男人会是什么样子?无疑这是一个浪漫的男人,也是一个富有幽默感的男人,但猜测就到此为止了。

第二天,楚翘按时上班,同事们都在议论昨天王涵的婚礼场面,说了许多赞扬的话。楚翘却一个人在电话旁边翻着报纸,她觉得那个男人还是会来电话的。但是很遗憾,从八点半到十一点半,没有一个电话是找她的,因此她就产生了一种疲惫的感觉,觉得这一天过得特别漫长。下班的时间又到了,楚翘第一个离开。她想以这种方式尽快摆脱掉这种莫名其妙的感觉。当她走进电梯间时,忽然想起自己的一本书落在了办公室里,便又走了出来,走回去。她感觉平时每天走过多次的走廊显得长了。她急着把门打开,突然电话就响了。她被这意外的铃声所惊吓,但却毫不迟疑地拿起了话筒。

你好,接得真及时。是不是怕别人抢先接了?

我是……

楚翘本想说我是回头拿书的,碰巧遇上了这个电话。但是她很快意识到,这样的解释显得没有力,于是就改口说:你这人怎么回事?难道还非逼我打110吗?

男人在电话的另一端说:我一直考虑给你打电话。我觉得应该在你下班的前夕打比较好,因为那时候办公室的人该差不多走光了,你这儿毕竟是机关嘛。

楚翘说:既然知道,你就不该这个样子。这样太荒唐了。

荒唐?男人说,我从来就没有意识到有这个词。

楚翘说:我不是那种可以给人消除寂寞的女人。我希望你放尊重点。

男人说:到目前为止,我的所作所为都是得体的。

楚翘说:那只是你的感觉。你想过没有,你的举动会使别人紧张的。

男人说:别说得这么严重呀,你今天有空吗?我请你吃饭。

楚翘说:你觉得这可能吗?

男人说:为什么不呢?

楚翘说：我不想再说什么了，只希望你以后别再来电话。

说完，她就把电话给挂了，在楚翘离开办公室时，她听见电话铃在身后再次响起，在空寂的走廊里显得格外响亮。

楚翘把这个秘密告诉了新婚的王涵。她说：你看我这样处理对吗？

王涵一边吃着自己的喜糖一边说：你这个人也太认真了，其实见面吃顿饭又有什么了不得的呢？

楚翘被王涵的话弄得有些窘迫，说：我们的情况不一样。

王涵说：怎么不一样？

楚翘说：我家刘东总在外面出差，我不想我们之间闹出什么麻烦来。

王涵说：不就是一顿饭嘛，你想得太复杂了。

楚翘说：我不想这样。

王涵说：你就知道你家刘东在外面不这样？人在外面，心都是浮的。

楚翘说：刘东不是这样的男人。

王涵说：那是你以为。男人都是这样。

楚翘说：既然你看透了这一点，为什么还要结婚呢？

王涵说：这是两码事呀。女人结婚就是找一个依靠，但未必就是感情上的依靠。你下回再接到这个人的电话，就答应他，我可以替你去吃这顿饭。

楚翘被王涵给说得手足无措，这个时候，她就感到王涵到底还是比自己年轻一些。

一周过去，楚翘再也没有接到那个陌生的电话。但是，她的心情却更加沉重起来了。她感觉自己每天上班失去了一种既害怕又温馨的期待。这已经不是什么好奇心了。她想可能是自己在电话里的语气过于严肃了，使人望而却步。她又想，也许是这个男人出差离开了这个城市。总之，那个不知什么形象的男人就此消失了，事情往往就是这样，因为没有形象，所以就没有更深的记忆。从这时起，楚翘的心里产生了内疚。她走在街上，看见任何一个陌生的男人把脸对着她，就觉得他应该就是电话里的那个人。而当她每天晚上，躺在床上接丈夫刘东从外地打来的长途时，已经不再那么兴奋了。只是问：你什么时候回来？刘东说我还早呢。

女人便不想多说了。倒是做丈夫的判断出了什么事，就问：你没有遇上什么麻烦事吧？

楚翘说：我每天过着两点一线的日子，会有什么麻烦可言呢？

刘东在电话那边笑了，说：你要是寂寞，就出去找朋友吃顿饭吧。

刘东这句随口说出的话使楚翘感到有一种讥讽的意味。

这天临下班时，楚翘有意拖延了时间，在自己的桌子上整理过去的一些信件。实际上这几天她都在拖延，她在等待那个随时有可能出现的电话。外面的天色已经慢慢地黑了，一天又这么过去了，楚翘准备离开。这个时候，电话响了。楚翘有些迟疑地拿起电话，轻声问：喂？

是那个人！从呼吸中楚翘就有这样的感觉。

男人清了清嗓子说：不好意思，我这些天没有给你打电话。

楚翘说：这样不是很好吗？

男人说：我在你们的城市里病了，现在还躺在床上呢。

楚翘停顿了一下：怎么病的？严重吗？

男人说：没什么。我的胆囊有点问题，有结石。

楚翘说：那会很疼的。

男人说：是呀，进来的那天晚上，疼得我直不起腰来，我就像个残废人似的，蹲着走，上楼下楼，挂号拿药，简直……

楚翘说：你的客户单位怎么不管你？

男人说：我没有什么客户。我是自费来你们这儿拍照的。

楚翘说：你是摄影师？

男人说：对。我是一个风光摄影师。

楚翘说：你现在感觉怎么样？

男人说：很快就出院了。

楚翘说：你在哪家医院？我觉得应该去看望一下才对的。

男人说：你这样说我就很高兴了，但是我还是不希望你来。

楚翘说：为什么？

男人说：我不希望女人看见我病恹恹的样子。

楚翘说：你这人太好强了。

男人说：我只是觉得这样好，不为什么。

楚翘说：你什么时候离开？

男人说：现在还说不好。我还要进山去呢。外面的天已经黑了，你回家吧。

楚翘说：好，你多保重。

电话到此就结束了。女人还保持着原来的姿势，看着窗外的天慢慢黑下来，然后就看见了雨。她觉得雨是和自己的泪一道来的。

你觉得他为什么不要求我去看望呢？楚翘这样问王涵。

也许他会觉得自己躺在病床上的样子不精神吧？

就为这个？

这还不够吗？

我觉得他是不愿意见到真实。真实的我和真实的他。

算了吧，楚翘。我看你们既然已经错开了，就让它永远错开好了。

楚翘有些失望地离开了王涵那里，当她再次回头时，看见门口的王涵怀孕的迹象已经十分明显了。她想这个王涵一定是因为怀孕才决定结婚的。可是自己的情况不是这样。她和刘东在恋爱期间一切都很规矩，她是以处女之身去做新娘的。楚翘想，自己是否也到了该要一个孩子的时候了。

楚翘再次接到男人的电话是在两天后。还是在下班前，那个男人告诉她，自己已经到了山里。

楚翘问：你还会回来吗？

男人说：当然。我回来就和你联系。

楚翘又问：那天，你怎么会想起拨这个电话呢？我觉得你不像是一个很随便的人。

男人说：我当然不是随便的。你这个号码的后四位数1018，其实是我的生日。

楚翘说：哦，是这样，那么你每到一个地方是不是都这样做呢？

男人说：我在外面还是第一次过生日呢。

楚翘说：那等你回来，我请你吃饭吧，我为你饯行。

男人说：好，我们就这么说定了。不过单还得由我来买。

男人在打电话的时候似乎在同时做着什么事情，电话里显得有些杂乱。于是楚翘就问：你在忙是吗？

男人说：我本来要出门，结果……

楚翘问：出什么事了？

男人说：见鬼，我的裤子拉链卡住了，怎么也拉不上来。

楚翘笑着说：就为这个呀？那我教你一个偏方。你用肥皂把卡住的地方抹一下试试。

男人说：这样行吗？

楚翘说：你可以试试。

然后楚翘告诉对方一个新的电话号码，说：我马上要换办公室，以后你可以打这个电话。

男人说：我记下了。这个电话什么时候打合适呢？

楚翘说：随便。上班的时候都行。

楚翘告诉男人的电话其实是自己家中的电话。因为从这个星期开始，她要在家里写一份关于旅游项目的可行性报告。

这天晚上，楚翘开始在家中写材料。可是白天的事使她有些分心。她自己也觉得有点好笑，彼此没有见过一面，连名字都没有通报，但是这件事就是搁到了心上。楚翘写不下去，就用稿纸盲目地折叠着一只纸鸟。她发现这个儿时的游戏如今已经不会玩了，好不容易叠出个形状，但是显得很难看，一只笨鸟，她看着觉得好笑。这时，客厅里的电话响了。楚翘自然以为是刘东的，开口就问：你到底什么时候回来？再不回来我可就跟人私奔了。

然而电话却是那个自称是风光摄影师的男人来的。男人说：很抱歉，我预感到这是你家里的电话，不知道现在说话方便不方便。

楚翘自然有些尴尬，好在电话里对方感觉不到。但尴尬只是一瞬间的事，女人心里还是感到高兴。她说：你很聪明。

男人说：其实你可以直接告诉我。

女人说：我是想让你自己去判断。

男人说：你觉得我会在晚上打这个电话吗？

女人说：没想到会有这么快。怎么样，在山里玩得还好吗？

男人说：山里还是有意思的，你丈夫出差还没有回来？

女人说：对呀。

男人说：就是说我们现在可以在电话里放纵一下了。

女人说：你想干什么？我知道你们男人就是这么个分量。

男人说：你知道我为什么喜欢给你挂电话吗？

女人说：不知道。

男人说：因为我喜欢你的声音。

女人说：我的声音特别吗？

男人说：我觉得很动人。

楚翘虽然笑咧咧的，但是内心还是受到了一种震撼。

接着他们就说了一些漫无边际的话题，男人总是要求楚翘多说，这使她感到有些紧张了。她说你这么讲我可就真的不好开口了。

最后，女人问：你裤子上的拉链好了吗？

男人告诉女人：你的偏方很管用，我的拉链已经好用了。

可以想象得出那个晚上对楚翘应该是多么的愉快，但是不可想象的事情也就在那个时刻出现了，当楚翘放下话筒时，她才注意到一个浓重的身影就竖在对面的墙壁上。那是她的丈夫刘东的身影。楚翘心里一阵慌乱，还没有来得及开口，刘东的话就抢到了前面。

那边是谁？男人的声音虽然轻慢，但是却有着掷地有声的分量感。

楚翘说：你什么时候回来的？

刘东点上香烟：我在问你，那边是谁？

楚翘还是在勉强地笑着说：你别急嘛，我会慢慢告诉你的。

于是刘东第三次质问妻子：那边是谁？

楚翘突然感到了前所未有的委屈，自己的嗓门也提高了：我不认识！

刘东冷笑道：可你认识人家裤子上的拉链，不是吗？

楚翘说：我就是不认识！

然后她的眼泪便涌了出来。尽管如此，女人在这个晚上还是把事情的原委仔仔细细地对丈夫说了。她的丈夫一直在看着她的眼睛，这使她感到自己越往下说疑点就越多，似乎她在刻意编造一个拙劣的谎言。所以她用一种可怜而无奈的语气结束了自己的坦白——我知道，无论我怎么说，你都不会相信的。

刘东沉默了片刻，然后说：要是我这么对你说，你信吗？

楚翘无言以对。

楚翘把自己和丈夫的事告诉了王涵。后者说：这个刘东也太那个了。你们连面都没有见过，连对方长得什么样子都不知道，就更谈不上别的事了。

楚翘说：可他就是不相信呀！

王涵突然也沉默下来，说：也难怪他了。要是我，我也会不信的。

楚翘说：可这些都是真的呀！

王涵想想又说：倒也是，国家也不抓思想犯罪嘛。

说完这句话，王涵就陪着楚翘去找刘东。但是刘东已经把自己的铺盖搬回父母那边去了。

这件事过去了一段时间，楚翘和刘东还是分居着。刘东也还经常回来，把自己换下的衣服随便扔进洗衣机里，好像他回家不是看妻子而是看洗衣机。洗完衣服，他又走了。楚翘忍不住地对丈夫说：刘东，你不能这样对待我！刘东说：我没有怎么样呀？我是打你了还是骂你了？男人的语气仍然是那么不动声色。这样的时候，楚翘就特别想念那个无端给自己惹上一身麻烦的电话。摄影师说过，山里的电话信号不好，这段时间可能与她不能联络。但是摄影师已经有过承诺，一回到城里就会与她见面。楚翘想到这里，突然产生了一种与那个人私奔的念头。她想自己要是当初真干点什么就好了，这样她就敢于面对自己的丈夫了，大不了也就是个离婚吧？

但是摄影师的电话还是没有来。

刘东却回来了。楚翘想这个男人可能是相信了发生的一切不过是一次玩笑，再这么下去未免小题大做。楚翘下班回家时，看见刚洗过澡的刘东光着身子横躺在床上，心里觉得很不舒服，她随手将被子拉开盖住男人，倒不是怕丈夫着凉，而是不愿正视他的裸体。刘东手里正翻动着一本武侠小说，头也不抬地对老婆说：我把衣服洗了，你晾一下。

楚翘没有说话，但还是把衣服一件件地从洗衣机里拖出来，再一件件地晾到院子里去。在晾到刘东的一件真丝夹克衫时，女人发现这上面的拉链也卡住了。她就拿肥皂在卡住的位置反复涂抹，可还是不能滑动。这个瞬间，女人想起了已经仿佛很久没有音信的摄影师来。她不禁在心里自问：那个人怎么就不来电话了呢？

楚翘抬头看天的时候，看见了一只白色的小东西从眼前划过，她一眼就看出那是自己叠的那只难看的纸鸟，不知什么时候被当成垃圾扫出去了，然而现在它却能借助一阵风力起飞。楚翘被这个不可思议的事实惊吓住了，她感觉这只不可能的小鸟在自己的头顶上划了一个大圈，然后飞出了她潮湿的视野。

这年的冬天，楚翘在整理这一年的报刊资料时，无意中在晚报上发现了一条消息，那上面说十二月十二日中午，一辆由山里开往城里的客车翻了，遇难者七人，其中就有一个著名的风光摄影师。

楚翘仔细推断出这个日子，觉得车祸发生的时刻就是白色纸鸟飞出自己视野的时刻。

       6月30日 合肥
    （原载《安徽文学》2001年第9期）

轻轨

　　从地铁2号线西直门站出来，可以换乘13号线往北。这13号线就是大家通常说的轻轨了。所谓轻轨，字面上看，大约就是与常规的铁轨比较，材料显得轻便一点的意思。因为它是铺设在城市内部，不出远门，好像也就不需要特别牢实似的。但北京人不怎么愿意唤作城铁，而叫轻轨，听起来显得玄乎，这是北京人的做派。上海如今支起了一条由德国进口的磁悬浮列车，施罗德亲赴沪上剪彩。据说很让上海人引为骄傲的。可是上海的磁悬浮意义，一半脱离了城市交通的概念，转为一种时尚的饰物。因为票价不菲，往返一趟得花三百块，于是就有人拿它来请客，说：走，阿拉今天请侬坐磁悬浮白相。电视上自豪地介绍，春节期间的磁悬浮票子早早就预订完了。这真是一种奇观。由此看来，北京的轻轨远不及上海的磁悬浮排场，但它实惠，围绕半个北京城走一遭，只需要三块钱。轻轨一通，自然部分缓解了京城的交通。尤其是往北边去的，可以到达回龙观和霍营，也只需四十几分钟。如果你去清华，那就相当地方便了。由始发站西直门开步，经过大钟寺、知春路，在五道口站下来，走不了两站地就到了清华的东门。

　　因为轻轨的通车，北京城最北边的房价突然就上扬了。北京历来就是看重城北地带的，说那是上风口，无论是科学的空气还是迷信的风水，都道一个好。因此那北边的地价房价永远就高于南边。这南北的划分，依的是那条著名的东西而贯的长安街。于是天安门、紫禁城算在了北边，中南海、新华门也在北边，即使是十三陵，那不也还是在北吗？之后距离市中心每隔一环，相当地位、相同品质的房子，价格就有了相当的差距。譬如北二环边的，一平米一般要万儿八千；三环的就只要七八千了。等过了北四环，房价会有一个明显的下跌。毕竟那儿目前还不发达。实际上四环外就是城外了。但是如今轻轨通了,那里似乎又有点红火了。这样一来,搭乘轻轨去北京最北的地方看房的人便多过以前。每天在轻轨上来来往往的,大都是去回龙观一带看房、买房的主儿。

北京的轻轨通车很仓促,为了赶上国庆,先把由西直门到霍营的那一段通了。轻轨一共就四节车厢,却是相当的老化。与新建的现代感十足的车站很不匹配。不过车内并不感到怎么拥挤。四环以内、居住城北的,一般都还有钱。出门不是私家车就是打的士。何况还有发达的公交大巴。轻轨方便的主要是五环外的那些人。用北京话说,这回他们合适了。乘轻轨从西直门出来,经过城里的时候,乘客还有一种高高在上的感觉。入夜时分往两边看看,灯火煞是辉煌。可是越往北,灯光就越发地暗淡了。等过了五环线,几乎是漆黑一片,那就是标准的农村了。

每个周末,或双休日,轻轨上去五环外看房的人总比平时多。这个周末就是如此。不到下午四点,那些提前下班的人便到这里集合了,等候着开往回龙观方向的轻轨。这是2002年11月的一天,北京最好季节里的一个周末,不过天气似乎有点嫌凉。在最后一节车厢里,乘客不是很满。他们一簇簇地进行着交谈。这些人穿戴各异,话题却相当一致:看房。只要是来看房的人,大都是成双结对。他们计划是要在北京安一个家,是家,按习惯就至少属于两个人。

投资这里的人显然是发财了,一个戴眼镜的北京男人对自己身边的北京女人这样说。男的大约在四十岁光景,女的略小一点,气色却比男人憔悴。女人暂时没有说话,低头看手里的一张房产信息地图。那上面早就画满了只有她自己能看懂的符号。

那是啊,这些老板还很有远见呢。边上的一个穿短风衣的外地青年男人接过话头说,去年一平米卖两千多的,现在变成三千多了,一套房子下来就这么凭空多出了十来万。

谁叫你去年不下决心呢?他的女朋友外地青年女人说,你这人做什么都不赶趟。

外地男人说:以前不是嫌远吗?哪知道这轻轨说通就通了……后悔的药咱不吃,这回得一刀拿下。

听了这话,对面的那个穿长外套、始终戴着墨镜的女人,我们姑且称她叫A的,抹着口红的嘴角便起了一种不屑的笑,那意思仿佛是:不就是一套房嘛，至于这样吗？这个女人的年龄处于最暧昧的那个阶段，不过看上去颇有点风度，给人一种距离感。你能猜得出墨镜后面的那双眼睛是美丽的，但可能含着冷漠。

在她边上，靠近门的位置是位穿着休闲西装的中年男子B。这个人自打上车就开始不停地搓手。他没有卷进关于房子的话题，而是突兀地、自言自语地说：没想到天会突然变得这么冷……还是应该开车。

有车为什么不开呢？戴墨镜的女人A似乎是无意中接过了B的话头说，车里至少暖和点啊。

B就笑了笑，说：那是，可是我要从金融街开到回龙观，那一路的塞车可要了命。还是坐轻轨利索点。再说，我还没坐过轻轨呢。就是没想到这车里会这么冷……

A也微笑了，难得这个已经步入中年的男人还持有这份好奇心。女人把脸侧了侧，说：出入金融街的也上回龙观看房？

B犹豫了一下，说：各人的想法不同吧。

A点点头，表示赞同B的看法。

知春路站到了。坐在A和B中间的一个学生模样的姑娘下了车。于是他们坐近了点，交谈的声音也随之低了下去。

B说：其实我今天只是去看看，未必真买。

A说：像你们这样的人，应该早就有房了吧？

B说：我家住在菜市口一带。

A说：我说呢。那位置多好。现在是准备买第二套房，周末度假用？

B说：怎么说呢……你好像不是北京人吧？

A明白B是有意岔开了话题。但她还是点点头，说：我在北京住十来年了。

B说：你的北京话很地道。

A说：可还是被你识破了啊。

B说：其实我也不是北京人，大学出来后就留在这里了，比你多住了十年。我是做金融的。我想，你应该是搞艺术的吧？

A不免有点吃惊，说：能看出来？

B说：有这种感觉……但你可能不会是演员，应该是……

A笑着打断了B的话：我明白你的意思，做演员的是不会上这回龙观买房的，他们有钱。

B有点不好意思，说：当然文艺圈也有爱到郊外买别墅的。不过，我劝你千万别买别墅，到处都是窗户，都是门，一个人在家总感觉不安全……

B说到这里突然停顿了一下，又说：对不起，我可能说错话了。

A没解释什么，把身体往后靠了靠。这时，又一站到了。

轻轨经过了五六站后，进入到一条隧道，噪音顿时大了。那感觉和地铁完全一致。等重新走上地面，周围的环境陡然荒凉起来。这时，那个外地的年轻女人说话了：怎么还没到啊？

外地男人说：还有好几站呢。

外地女人说：这么远？

外地男人说：近了能便宜吗？

戴眼镜的那位北京男人插话说：远有远的好处。

他的妻子北京女人放下手中那张房产地图，看了看他，说：我就看不出远有什么好处。我们是没辙才奔这儿来。

北京男人扶了扶眼镜说：凡事都有利弊嘛。

北京女人说：行了，你少来这一套，我都听烦了。

北京男人就暂时收了口，低声嘟哝道：先看看再说吧。

这两人刚停住，外地女人又对外地男人说：看来想买远点的也不只是我们啊。都说现在北京人几乎全撤到四环外去了，这城里都被外地人占下了。

外地男人说：是啊，北京有钱的并不多，可外地有几个钱的，都扎北京来了。

外地女人叹道：我们混得可不怎么样。

外地男人说：这得看和谁比了。怎么说咱也比那些租房子的强吧？北京这么大，光我们这些"北漂一族"就有三四百万吧。

外地女人笑了笑：要是我们有这么多钱就好了。那就不跑这么远的路来看房了。

外地男人拍拍外地女人的肩头说：慢慢来，没准儿过两年我们运气好了呢。

外地女人说：那我们就把现在这一套卖了。再回头去买三环以内的。

这时，那个戴眼镜的北京男人又插话道：就是有钱，我劝二位也别这么干。

外地女人觉得好奇怪，就问：为什么？

北京男人正了正身体，说：这城里的房子问题可大了去了。其一，是空气质量差；其二，是噪音污染重；其三，是价格太离谱。您啊，以后钱要是富余的话，还不如买辆车，那多舒坦。

外地女人对北京男人笑了笑，说：那我可不干了。城里再怎么着也还是城里。我现在是没钱才往外扎，有钱的话我还希望住进中南海呢。

大家哈哈一笑。

对面的男人 B 手机响了。他先看了看来电显示再接听，说：有事吗？听不清对方说什么，只听见 B 断断续续地说：我不在单位，在外面……替一个朋友办点事情……你不认识的……晚饭不回去吃了……家长会？等我回家再说吧。

B 放下手机，他的目光和 A 有了短暂的交接，但他没有说什么。他的神色似乎显得有些不安，又开始搓手了。

过了片刻，A 才说：做男人的也好辛苦啊。

B 回过头，说：是的，总是忙。

A 淡淡笑了一下：结了婚的男人或许更忙吧？

B 说：那自然。我结婚已经很久了。

A 说：可你看上去还很年轻啊。

B 说：老了，孩子都快上大学了。

A 有点意外地说：是吗？有这么大了？

B 说：我结婚在那个时候也不算早。

A 说：我想应该是个女儿吧？

这下是 B 觉得吃惊，说：这也能看出来？

A 说：是感觉，和你一样。

B 说：总有点根据吧？我确实是个女儿。

A 说：有女儿的男人做事一般比较优柔寡断。对不起，我在胡说呢。

B 看了看 A，想说什么，却没有说出来。但他的笑容是诚恳的，带着一点钦佩。

也许是为了掩饰刚才的冒昧，A 好像无话找话似的说：现在的房子面积越盖越大，其实真没这个必要。

B 点头附和道：是啊，孩子一出去，家里就剩俩人，真没必要那么大。

A 说：家非得是两个人吗？

B 有点惊讶，一时没接上话。

A 说：我的意思是说，家和房子是两码事。家或许得两个人以上，房子未必都是两个人住。

B 说：可也总不能老是一个人住吧？

A 说：为什么不能？我要是发展商，就盖上一批精美的小户型，保准好卖。

B 说：据说有人已经这么干了。就四十平米，一室一厅，外带厨卫的精美装修。

A 说：我想，这或许是一个趋势。

B 说：趋势？

A 说：人都想要一个属于自己的空间。从前呢，以为是家，现在又觉得不一定是家，应该是房子吧。

B 说：不过，有时会感到寂寞的。

A 的嘴角又掠过了那种不屑，说：这个年代克服寂寞的办法多的是，可想得到一份清净与自由却很不容易。

B 看着 A，希望女人继续往下说。但是男人的手机又响了。听起来又是一个女声。男人下意识地转过身去，压低声音说：我快到了……大概还有两站吧。你最好找个暖和的地方，今儿这天气很糟糕。

男人这回把手机关了。他回过头，看见女人已经把脸对着窗外。他们的交谈就这么结束了。

轻轨运行十一站后到达了回龙观。车上的人几乎下完了。一走出站，各自就奔各自的方向去了。B 感觉外面更冷，他把西装的扣子全部扣上，然后把手机重新打开。在他准备打电话的时候，他忽然想到了刚才那个女人 A，就四下张望着，觉得应该与她打个招呼。他们的交谈很有意思，但是他没有看见那个女人的身影。而这时，另一个女声从路边的一个广告牌后面传了出来,对着 B 的背影喊了一声:我在这儿呢!

B 闻声回头,看见了一个更加年轻的女人。

两个小时后,刚才看房的这些人差不多又在同一个车厢里见面了。夜幕已经拉开,列车上的灯光好像电压不稳似的很晃眼。人们都显得有点疲惫,情绪也显然没有来时那么高昂了。那个喜欢看房产地图的北京女人一脸不高兴地对丈夫说:广告上的话真不能听,说得那么好,照片那么漂亮……

北京男人一边擦拭眼镜一边答话:推销嘛,都这样。基本上都不是实景拍摄,电脑拼凑出来的。不过我们看的那套房的楼层、户型都还可以,又是板楼结构。

那个外地女人就问:到处都听到板楼、塔楼的,有什么区别?

北京男人戴好眼镜说:板楼就是有南有北互相通气的,这个好;塔楼呢,是只对着某一个方向,没法透气,价格自然要低一些。

外地女人点点头,说:哦,是这样……其实住家没什么大不了的吧?

北京男人说:那区别可大了去了。

外地男人就急忙问:那么,要是价格相差无几,五环外的板楼和五环内的塔楼,你选哪个呢?

北京男人犹豫片刻,说:这得看你自己的主意了。不好说,反正买房子不是一件轻松事,要兼顾到方方面面。难。

外地女人说:还不是难在一个钱上。要不哪来这些比来比去的?这世上原本就没有又想好又想巧的事,可大家总以为有。

外地男人就说:所以啊,我们要面对现实。

外地女人说:我反正是看不中这里了。要是以前的同学来北京找我,那还不让他们笑话死了——某某人的家住在"北京的农村"呢,周围都是红高粱。

外地男人说:也没这么悬吧?北京的北边发展会很快的。这奥运会一办下来……

外地女人说:等发展起来了,我们也快老了。

外地男人说:不至于吧?

外地女人说:我问你,我们当初为什么要到北京来?不就是要享受作为首都的快乐吗？哪能一辈子在那种地方猫着？

外地男人说：也不是每一个有钱的人都住城里的。我们公司的老总，还住到通县去了呢。

外地女人说：那是他周末度假用的呢，他城里肯定另有一处房子。

北京男人清了清嗓子，说：其实啊，我们对住宅的选择一直有误区。外国人的居住观念和中国人完全不同，他们喜欢自己的家远离闹市，尽可能地与自然亲近……

外地女人说：是吗？那就让你们北京人去做外国人好了，我们外地人来做北京人。

大家又是哈哈大笑。

那个叫 B 的男人还是坐在原先的位置上，他环抱着臂膀，神情显得有些黯然。这个人心事重重，自然没有兴趣加入到这支谈话队伍里去。他在寻找适才坐在身边的那个女人 A，她不在这节车厢里，也或许就没有赶上这趟车。B 感到有一种莫名的失落，现在他很需要和她聊聊。于是在一站到了之后，男人趁着上下车的混乱去了另一节车厢。刚过去，他就看见了那个熟悉的身影。

A 坐在这节车厢的一个角落，眼睛看着窗外。她从玻璃上看见了就在自己身后站着的 B，突然有些紧张。女人慢慢回过头来。他们对视了一眼，然后彼此都有点不自然地笑了。

A 往边上挪了挪，示意 B 坐下。

A 说：选中了？

B 坐下后就摇头，说：来之前我就觉得没戏。

A 说：那为什么还要来呢？

B 说：怎么说呢？

A 说：一言难尽吧？

B 说：你看得怎么样？

A 说：我简单。只要决定了，明天就可以打款签合同。

B 说：那你决定了吗？

A 笑了笑，说：那还没有。户型还行，两室两厅的……

B 说：你刚才不是说想要一居的吗？

A 说：我得有一个工作的空间。只是楼层差点，我想要顶层的，但是都卖完了。

B 说：顶层价格便宜点？

A 说：不是因为便宜——在北京，这里的房子已经够便宜了。我是不想听见头顶上有脚步声。特别的不喜欢。

B 再次抱起胳膊，说：这天变得可太快了……

A 说：你好像更冷了。

B 笑了笑：刚才还能感受到一点西边的阳光呢。

A 停顿了一下，侧着脸看着 B 说：怎么就一个人回来了？我看见你那位的背影了，是无意之中。

B 有点意外，但不显得局促，只是没有接话。

A 说：抱歉，我只是有点好奇而已。

B 说：没什么。本来是应该一起上车的，还约好晚上去听音乐会，结果……怎么说呢，发生了点小问题。

A 说：她很年轻。我想也应该很漂亮吧。

B 说：还行，就是脾气比原来大了。

A 说：那是年龄悬殊的原因。

B 叹了口气，说：现在看来，这件事没有做好。

A 说：这种事一般很难做好。

B 说：刚开始不是这样的……

A 说：刚开始都不是这样。

B 说：时间一长，就觉得还是有问题……

A 说：你是为她买房呢，还是为你们？

B 说：现在连我自己也弄不清楚了。从春天忙到秋天，就是不停地看房，看哪都不如意……你看了几处了？

A 说：没看几处，我是奔着这个方位来的。在城里住十年了，想找个清净点的地方。

B 说：那上班方便吗？

A 说：我基本是在自己屋子里上班。做自己想做的事。

B 说：哦，那真好。

A 说：就这点好处吧，挣不了多少钱，养活自己没什么问题。我这人还知足。

B 说：或许有一天我得向你学习，最后为自己买一个清净和自由吧。

A 说：我们情况可不大一样。

B 说：其实内心是一样的……你喜欢北京吗？

A 说：怎么说呢？以前我以为自己会择水而居，我不喜欢干燥的城市。可我在这个城市住了十年，几乎可以背诵她……你呢？很喜欢北京？

B 说：我去湘西凤凰的时候，看见作家沈从文的墓碑上有这样的碑文——"一个战士不是战死沙场，就是回到故乡。"

A 说：我也见过，是黄永玉写的。

B 说：对。我不想做一个战士，那太累了。但北京对我来说却一直是一个沙场。我想，如果有一天我确实感到累了，或者彻底老了，我就离开这里，回我的故乡……

A 说：像沈从文那样？

B 说：我是自己走回去，不是让人送回去……

A 说：一个人到世上来，挣了钱，买这买那的，就很难为自己买到一份清净和自由。

B 认真点了点头。

A 说：就算是自欺欺人吧，房子多少能给自己带来一点安慰。

他们沉默下来，看着窗外，视线落在很远的地方。那儿目前还是一片荒地，黑暗的荒地的尽头立着两台挖掘机，正在加班施工。不久，那儿又将有一个新的小区了。北京这么大，盖了这么多的房子，可很多人不知道哪一套将是自己的……不知道……

在晃眼的灯光中，轻轨又经过了一站。

2003 年 5 月 5 日，北京，正是"非典"横行时

（原载《山花》2003 年第 7 期）

临渊阁

临渊阁，位于乌县南郊青云山下。相传为明嘉靖年间所建藏书楼。后于万历年间遭遇天火，至清康熙年间重建。之后又经战乱被三次损毁，至民国二十七年修葺。"文革"间，再次遭捣毁，阁内藏书均付之一炬。今有乌县人、当代著名作家叶萧先生所著小说《临渊阁》，便取材于此。近年，县政府拟斥资重建……

——《乌县县志·旅游篇》

我记忆中的临渊阁不过是海市蜃楼，我无法走近它。我只记得故乡的路，记得那里古老的城墙，清澈的河流，秀丽的山川，还有到处开放着的向日葵……

——叶萧《临渊阁》

1

作家叶萧的那部《临渊阁》，刘子林是在云南丽江大研古镇一个小书店买到的。当时他开着三菱越野吉普车进行拉练式的旅游，跑遍了大西南。见到这本书，刘子林便对随同的秘书说：这个叶萧，是我父亲的学生呢。那个晚上，刘子林一口气把《临渊阁》看完了，才知道，这不是一部历史小说，而是现代的一个伤感的故事。合上书，刘子林眼前便浮现出一张少年英俊的脸来，那是十六岁时的叶萧。虽然当时刘子林才五岁，但记忆里这张脸十分清晰。严格地讲，叶萧不算是父亲的学生，他没有授过叶萧一堂课。但是，父亲却非常赏识邻班的这个叫叶萧的学生，总是把叶萧的作文借来，拿到自己的班上来念。一个甲班的老师，喜欢乙班的学生，这种情形是比较特殊的。多少年后，在已经是拥有资产过千万的礼品公司老板刘子林看来，还是一个谜。

从西南回来之后，刘子林决定把公司的总部从上海迁至北京，进一步拓展业务。他把这个计划通知了父亲，想听听他的意见。父亲认为不错，又说：到了北京，你一定要去登门拜访一下叶萧先生。刘子林随口答应了，但不知道父亲为什么要在电话里这么提醒。不错，叶萧如今已是著名作家，是名人，但他不是官员，与做生意有什么关系呢？

北京很大，但刘子林还是很快从省驻京办事处一个熟人那里，打听到了叶萧的手机号码。他希望及时与叶萧取得联系，却又担心冒昧。于是他选择了短信的方式。他给叶萧发了这样一条短信：叶先生，您在北京吗？然而一天下来，叶萧没有回复。刘子林不免有点失望，也有点生气，心想暂时不见了。第二天上午，叶萧的电话来了。叶萧说：请问，哪一位给我发了短信？

刘子林就突然显得拘谨，说：您是作家叶萧先生吗？

叶萧说：我是叶萧。

刘子林说：我是……我是刘永昌的儿子……

叶萧说：你是小凯吗？

刘子林说：我是，我是小凯！

刘子林有些激动了。他没有想到，三十年过去，叶萧还记得他的乳名。这让他打消了某种顾虑，也破除了距离感，他甚至觉得，叶萧这个人很亲切。

后来的事实正如他的预感。当天下午，叶萧在位于回龙观的家中接待了刘子林。一见面，两人不免都有些吃惊。在刘子林看来，眼前这个叶萧和记忆中的叶萧完全不同，与报纸电视上看见的那个叶萧也不尽相同，他觉得这个四十多岁的男人无论是穿着还是举止，都与一个著名作家很不协调，过于随便了，以至于抽烟的时候把烟灰弹到边上的花盆里。叶萧首先问起刘永昌老师的身体状况，刘子林说很好，他在几年前就把父母从乌县接到了省城，为他们买了三室两厅的房子。父亲退休后，主要做两件事，练书法，看足球。叶萧说，这就好，下次他来北京，一定要通知我一声。接着叶萧又问刘子林到北京来有何打算？刘子林说，我也没有一个系统的设想，但不满足于只做礼品行当，想干点别的。叶萧说，上海对于一个生意人应该还是一个很好的舞台啊。不过，来北京发展也不错。上海是一个容易让人满足的城市，你有什么愿望，好好做了，基本上就能够满足。而北京的情况却不同，因为北京人——当然不是所有的，好高骛远，喜欢夸夸其谈，一个出租车司机张嘴就说可以把帕瓦罗蒂拉到北京来开演唱会。所以……正说着，邮递员送特快专递来了。那是一封来自家乡乌县政府的公函。内容是重建"临渊阁"的工程即将完工，希望叶萧能够题写这三个字的匾额，并且捐赠一些自己的著作珍藏。

叶萧笑了笑说，这个"临渊阁"啊，还真的给重建了。可我又不是一个书法家，字原本写得就差劲，加上现在一直在用电脑，就更难得使笔了。

刘子林说：他们是看重你的名气呢。

叶萧说：什么名气？我就是一个靠写字吃饭的人，再说，中国已经有一个鲁迅在那里放着了，谁还配谈名气？这个时代，实际上错过谁都不遗憾。

外面的天渐渐黑了，刘子林提出一道出去吃饭。叶萧满口答应，说夫人出差了，正好可以不动炊。出来的时候，叶萧看见自家门前停着一辆挂着上海牌照的宝马车，就问：小凯，这是你的车吧？

刘子林点点头：我出门还真离不开车呢。

叶萧说：北京地方大，有车办事方便。不过，以后来我这里，不如乘轻轨，既省钱又不堵车。

刘子林说：叶大哥，你喜欢吃什么风味？随便点好了。

叶萧说：自然是家乡风味了。这附近就有，还算地道。

2

刘子林和叶萧就这么见面了。但是以后的日子里，他们之间并不怎么来往，偶尔彼此通一个电话。叶萧说，北京这个城市太大了，有点大而无当，电话里能说清楚的事，你就别跑了。不久，"非典"来了，就更不想走动了。直到六月间，刘子林才从报纸上知道，叶萧去了一趟马德里，作家的那部《临渊阁》又在西班牙获奖了。于是就借这个机会去了叶萧家，见面就说祝贺你啊叶大哥，能在国际上获奖，中国作家好像没几个。叶萧说，什么国际奖，也就是马德里几个书商折腾出来的一个玩意儿，无非是免费让我去那里玩了一趟。刘子林说，报纸上都是说国际奖啊。叶萧说，报纸的话你能信吗？西班牙文学含金量高的是塞万提斯奖。刘子林决定回一趟家乡，去看看年迈多病的外公。他问叶萧是否也有探亲的打算，如果有，就一起预订机票。叶萧说，我没有时间回去了，要去成都开一个关于中国古建筑方面的会，我对此有兴趣，顺便再去西藏看看。不过，得请你帮我捎点东西回去。

叶萧所托的东西，一是为"临渊阁"匾额的题字。但他说，这不是他的字，他是请一位书法家写的，一共写了两幅，任选。再就是向"临渊阁"捐赠自己刚出版的一套八卷本精装的《叶萧文集》。叶萧说，书很重，本来是打算邮寄的，又担心路上会损坏，就累你了。刘子林说，没事的，我一下飞机，会有人带车到机场接我。叶萧说，那就好。然后，叶萧又交给了刘子林一只大信封，说：这是给你父亲的，是一件皇家马德里队的球衣，是西班牙一个书商送给我的，上面有劳尔、菲戈、齐达内、卡洛斯、罗纳尔多等人的签名，我知道他特别喜欢这支球队，就带给他好了。但我不敢保证它不是赝品。刘子林说，那我父亲肯定乐坏了，我先替他谢谢你。叶萧说，物有所值就好啊。

从叶萧那里回来，刘子林本想给父亲去一个电话，告诉他，自己近期要回去，而且叶萧还送了他一件珍贵的皇马球衣。但是，妻子的一句话让他犯了踌躇。妻子抖开那件球衣左右察看着说：这不是真的吧？北京秀水街这种东西多的是呢。刘子林一听，觉得很不是滋味。若真如妻子所言，那么父亲便无端地被这个叶萧愚弄了一回。他实在想不出，从未受惠于父亲的叶萧，有什么理由把这么稀罕的礼物送给父亲——倘若它确实是真的话。可是他暂时也无法判断它不是真的。刘子林想，这球衣不妨先放上一放。如果以后叶萧问起，就说走时匆忙，忘记带了。

几天后，刘子林飞抵了省城。可是很不巧，父母不知道他这时候会回家，已经于前一天去徽州一带旅游了。于是刘子林便包了一辆出租车直接赶到了县里，想先去看看外公和舅舅一家，回头再返省城。舅舅的家就在青云山下，距离重建中的那座"临渊阁"不远，但那里已是标准的农村了。刚下出租车，刘子林远远就见到了在乡镇企业当会计的舅舅，便大喊了一声。舅舅停下来,嘴里还咬着一根牙签,很疑惑地看着面前这个穿T恤衫戴墨镜的青年,不相信他是自己的外甥。等出租车开远了,舅舅才说:你没开车回来啊?你不是说你公司里有七部车吗?刘子林觉得好奇怪,我为什么要开车回来呢?这个困惑还没有打消,舅舅又说:你看,你连一套像样的西装都没穿。刘子林一下明白过来,舅舅指望着外甥衣锦还乡呢。他笑了笑,说:我已经去北京了,那么远的路能带车回来吗?舅舅说,你在上海干得好好的,怎么又要去北京呢?那里不是正闹"非典"吗?刘子林不想再说什么,跟着舅舅回家了。老迈的外公躺在床上,实际上已经认不出外孙了,看着刘子林,目光直直地说:你是大队的司机吧?刘子林说,外公,我是小凯啊,回来看您来了。外公还是坚持说他是大队的司机,开拖拉机。这时候,舅舅把他喊到了楼上,拿出自己的西装,说:你赶快把我的换上吧,一会儿乡亲们会来的。刘子林说,舅,我这件T恤可是正宗的法国货,花了我两百多美金呢。舅舅说,什么?这么贵啊?一点也看不出来。

  刘子林没有换上舅舅的西装,天这么热啊。他觉得有点累了,便躺下来,看着楼房后面的那条小河。小时候,每回放暑假,他都要回到舅舅这里住上一阵。那时舅舅家还是普通的平房。他喜欢和村子里的小伙伴在这条河里光着屁股洗澡,运气好的时候还能摸到一条鱼。他也喜欢去河对岸那片柳树林里用蜘蛛网粘知了。到了晚上,就四处逮萤火虫,把它们集中装到一只小瓶子里,放在床头……那时光真是不错,可惜太短暂了。忽然,楼下院子里有了动静,仔细一听,知道是左邻右舍的乡亲们来了。他正准备下去,可是门却打不开,原来舅舅不知什么时候已经把门锁上了。接着他听见楼下的乡亲们在热情地问舅舅,小凯做了大老板了吧?舅舅说,倒是在北京、上海都开了公司。乡亲问,那一定挣了大钱了吧?舅舅说,是吧,光小车就有七八部,他自己的那辆宝马车就值一百好几十万呢!乡亲们就不敢多问了。这个瞬间,刘子林心里特别不舒服。过了一会儿,乡亲们走了,舅舅才上楼来了,阴着脸说:你这个样子,让我对乡亲们真不好交代,还以为我在吹牛呢。刘子林看了看舅舅,从包里拿出一万块钱,说:舅,明天你去酒店包上几桌,代我请村里人吃顿饭好了。舅舅看了看钱,说:也好,面子上总得支应一下。另外,几个堂房兄弟家的孩子,也得发几个红包吧?刘子林就又拿出了一万，说：你看够吗？舅舅说：用不了这么多。刘子林说：余下的留作家用吧。

3

第二天，刘子林还在梦中，就被舅舅唤醒了，他激动地说：小凯，快起来，王县长他们来了！

刘子林很意外，说：哪个王县长啊？

舅舅压低嗓门说：就是从前在我们乡当过书记的那个王矮子，他现在是副县长呢。

刘子林还是有点纳闷，说：我不认识他啊。

舅舅说：他是专门过来看你的，你如今是个人物了，你怎么连自己是谁也不知道呢？你快点下来，就在楼上洗脸刷牙，我叫你舅娘给你端水上来。

刘子林想，我昨天下午才回家，怎么这么快县里就来人了？

那位西装革履、把皮带扎在肚脐之上的王县长，刘子林还是觉得陌生。但是王县长却没有这个感觉，见面就热情地握手，说：是刘总吧？真不好意思，这么早就把你惊动了。这话说得让刘子林很害羞，王县长的年纪至少与叶萧一般大，这么说话实在让他尴尬。

王县长说：刘总啊，你在外面的成功，家乡人民为你感到骄傲啊。

刘子林腼腆地说：我不算成功，其实真的不成功……

王县长说：俗话说啊，三岁看老。我早就说过，刘老师家的公子将来是要成大器的——

我可不是事后诸葛亮，你舅舅可以作证的，当年我在乡里的时候，是不是这么说过？

舅舅一边给王县长一行递上"大中华"，一边满脸堆笑地说：说过，是说过……

王县长看看表，起身说：刘总，我们就不坐了吧，车在外面等呢。

刘子林有点疑惑：还有事吗？

王县长说：走，今天我代表县政府为你接风。

刘子林有点不知所措，说：这怎么可以……

舅舅赶紧说：你别磨蹭了，王县长这么忙。

刘子林就这样被推到了外面。他正要上车，忽然想起叶萧托办的事，就说：你们稍等一会儿，我拿点东西。

饭局很隆重，吃的是海鲜，喝的是五粮液，气氛热烈。在谈过一阵北京的"非典"之后，王县长说，家乡的建设，今后还希望刘总多关心啊。刘子林说，自己的公司目前还只是做礼品的，和县里的业务似乎挂不上钩。王县长说，县里有些项目，譬如说青云山、临渊阁的旅游，还是可以考虑的嘛。刘子林说，如果做旅游纪念品，倒不失为一条思路，不过利润很薄的。王县长说，我们这个县，历史文化很悠久，古城墙保存得还可以，还有临渊阁——虽说没有宁波的天一阁名气大，可最新的资料证明，我们建得比它早啊。天一阁是明嘉靖四十年建的，我们的临渊阁至少是建于嘉靖三十六年……

刘子林没有这方面的知识，只好附和着说：重建临渊阁是好事。

王县长说：乌县历史上，也留下过不少历史文化名人的足迹啊，李白来过，杜牧也来过，八大山人画过，黄宾虹也画过，也出过一些文化名人的，远的有曹操……

刘子林小心地问：曹操好像不是我们这里人吧？

王县长说：曾经生活过一段时间的，据说还在这里娶过一房小啊。朱熹也在这里办过学堂的。这是远的。近的呢，有徐锡麟——他虽然是绍兴人，但行刺恩铭的准备，是在我们这里进行的。即使是当代，那也还有过像大画家方天佑、大科学家任宜、京剧名丑刘天秀……还有我那位老同学、著名作家叶萧，总之是不少的。

刘子林说：说起叶萧，这回他还托我把"临渊阁"的题词带回来了呢。

说着，就从拎包里拿出了那两幅字。大家便围了上来，说这字还真是写得不错。刘子林就说，这不是叶萧的字，是叶萧请别人代写的。这话一说，王县长就感叹了，难怪啊，我还真的吃了一惊，叶萧小说写得可以，没想到字也这么厉害。

边上有人附和说：叶萧写不出来这种字的。

又有人说：其实还不如王县长你亲自写。

王县长摆摆手说：酒话，我哪能写得？

边上人说：你是分管文化的县长，怎么写不得？

王县长说：题字都是名人做的事，我不是名人嘛。

边上人说：在我们乌县，你就是名人啊！

王县长说：我告诉你们，让叶萧来题这个匾，是上面的意思呢。去年底，马市长下来检查这临渊阁的工程，谈起这块匾，就说，可以请你们县走出去的那个作家叶萧来写。他那部叫做《临渊阁》的小说，可是很有名的，得了国家奖啊。马市长还说他出访澳大利亚的时候，在悉尼图书馆里见到过叶萧的书。

边上人便很惊讶，说：不会是同名同姓的吧？

刘子林又插话说：不会。我去过他家，他的作品至少被翻译成了九种文字吧。最近，《临渊阁》一书又在西班牙得了奖。

说着，就把那套精装的《叶萧文集》拿上了桌子，说这是叶萧捐赠给"临渊阁"的。大家眼前又是一亮。王县长拿过一册翻了翻，说：哦，文集啊，了不得，我可只看过《鲁迅文集》的啊。

另一个人说：是自费出版的吧？

刘子林说：叶萧就是靠写字吃饭的，自费出版那还不饿死？

又一个人说：那他肯定和这家出版社的社长关系不一般，要不……

刘子林说：怎么会呢？人家是名作家，书稿总是被出版社争着抢着呢！

边上的人就一下不做声了。还是王县长先打破了沉默，说：叶萧确实混得不错啊。真没想到，当初一个靠剽窃起家的人，日后也能在西班牙得奖。

这话一说，大家就哈哈笑了起来。说"把别人的衣服挖一块下来当做自己的手帕啊"。刘子林却笑不起来，因为这件事他曾经听父亲说过。那是叶萧在大学时的毕业论文，拿到刊物上发表的时候，编辑部漏排了一些引用资料的出处，于是就有人在报纸上指责叶萧剽窃，说他"把别人的衣服挖一块下来当做自己的手帕"。但是这件事很快就澄清了啊，那家杂志社为此专门刊登了"启事"，公开向叶萧道歉。那是将近三十年前的旧事了，怎么这些人还记忆犹新？于是刘子林说：叶萧在外面的影响真是很大的。我在云南丽江还能买到他的书。就是这部得奖作品《临渊阁》。

边上人说：现在奖也太多了。报纸上都在揭发，很多评奖有暗箱操作的。

刘子林听出了这话的意思，就反问了一句：那么，他在西班牙获奖也是暗箱吗？

那人有些尴尬地说：我不是说叶萧啊……来来，刘总，喝酒！我再敬你一杯。

刘子林说：我不能再喝了。

那人说：做老板的哪能不喝酒呢？

刘子林还是没有把杯子端起来，说：外面宴请历来是不劝酒的，大家自便。我今天实在是喝了不少了。

然后他问王县长：王县长，我可能过两天就走了……

王县长有些意外：难得回来一趟，还不多住几天？

刘子林说：公司刚迁到北京，还有一堆事啊。

王县长想了想，就说：其实呢，我们今天一起聚聚，主要是联络一下感情。家乡能出你这样年轻有为的企业家，是家乡的光荣……

刘子林说：王县长，有什么需要我做的，就说吧。

王县长说：你刚才不是说了，重建临渊阁是好事吗？可是好事总是多磨，我们的工程预算超了一点，不多，就一百万的缺口，所以呢……

刘子林说：我明白了。这事让我回去考虑一下，我会尽快给你们答复的。

王县长立刻就握着刘子林的手，说：那就太感谢了！

刘子林说：我需要和其他董事们商量一下，公司毕竟不是我一个人的。

王县长说：可以理解，可以理解。如果一百万有问题，那么就八十万好了，五十万也可以。家乡办点事很不容易……

刘子林说：这我知道。如果没有别的什么事，那么我就走了，谢谢你们的款待。

王县长说：哪里话，亲不亲，故乡人嘛！

突然，有人叫了一声"不好"，所有的人都看着他。那人举起一册《叶萧文集》说：叶萧没有在上面签名呢！

王县长问：每一卷上都没有吗？

主任说：都没有。

王县长说：这个叶萧！我要的就是他的亲笔签名嘛！

4

刘子林在家乡就住了一晚，翌日黄昏便搭乘最后一趟班车返回省城了。他留给了舅舅五万元，以便为外公治病。他觉得自己和这块土地的距离一下子拉远了。他想起叶萧那部《临渊阁》里有这样的文字："……我记忆中的临渊阁不过是海市蜃楼，我无法走近它。我只记得故乡的路，记得那里古老的城墙，清澈的河流，秀丽的山川，还有到处开放着的向日葵……"而这些，刘子林都没有看见。

在大巴车上，刘子林的邻座是一个看上去像干部模样的男人。那人一上车就和刘子林闲聊，在知道他是在北京做事之后，便说：最近我们县出了个年轻的企业家，也在北京呢，你们认识吗？

刘子林说：他叫什么名字？

那干部模样的人说：好像叫刘……

刘子林说：是叫刘子林吗？

那人说：对，就是刘子林。你们认识？

刘子林说：见过几面。

那人说：是吗？都说这家伙很能干，三十几岁就赚了几千万。

刘子林说：也谈不上吧。北京能人多。

那人说：我听说，这家伙是靠老婆发起来的，是吗？他老婆是一个部长的女儿。

刘子林说：他老婆是一个医生的女儿。

那人说：不会吧？

刘子林说：千真万确。

那人说：那至少是院长的女儿吧？权力也是不小的，经常给大官检查身体……反正这小子能混。

刘子林问：你打听刘子林做什么呢？

那人说：我儿子在北京读书，专业不怎么好，明年毕业了，我想趁早找一下刘子林……这种事必须赶早，你说对吗？

刘子林笑了笑，就埋头看一份报纸了。那是县里的报纸，头版上醒目地登载着两条消息——

乌县籍著名作家叶萧作品《临渊阁》近获国际奖。

王副县长昨日会见回乡省亲的青年企业家刘子林。

5

从故乡回来之后，刘子林一直没有和叶萧联系。他不知道和叶萧见面后该说些什么，担心叶萧问起这趟故乡之行。另一个原因，还是那件皇马球衣，他没有交到父亲手上，目的就是想找机会验证一下它的真伪。他越发觉得，这对他太重要了。他被这个莫名其妙的念头折磨得好辛苦。然而这机会果真就到了门口，8月2日，皇家马德里俱乐部来北京打友谊赛，六员虎将都来了。于是刘子林托人找到了接待这支豪华球队的一个官员，把那件球衣带了过去，同时塞了一个红包。第二天，结论出来了，是真的。并且还补充到了贝克汉姆的签名。那官员不无羡慕地说：小子，你知道在黑市上这件球衣值什么价吗？两瓶路易十三啊！

第二天，刘子林派专人乘飞机飞抵省城，把这件球衣送到了父亲手上。

他很想马上就去叶萧家，真的想给作家捎去两瓶路易十三。但又觉得这个举动显得很荒唐。这算什么呢？他想，难道真的成了黑市上的交易？此时，他似乎有点意识到了，为什么自己到北京来之前，父亲要他一定要登门拜见叶萧先生。他在客厅里坐了很久，看着外面的天渐渐黑下来。但这个晚上一件意想不到的事情让他未能成行。临出门时，电话响了，然后，一个接一个地响个不停。电话来自一个方向，都是家乡乌县的，他们说的也都是一件事，或者说是通过他验证一个事实——你知道吗，叶萧出事了。他在机场携带摇头丸，被警方拘留了。据说他还涉嫌贩毒，这可是要掉脑袋的啊！

刘子林吃惊地问：消息准确吗？

对方说：怎么不准确，报纸上都捅出来了，明明写着"作家叶萧"，不是他，是谁？

最后一个电话是那个王副县长来的，他不无感慨地说：我早就料到，这个叶萧迟早会有这一天的！太可惜了……

这个人最后又说：刘总啊，关于临渊阁的事还务请你放在心上啊……这是精神文明建设，我们乌县历来就是重视的……

刘子林说：我会很快答复的。

这一连串的电话接过，刘子林就觉得很难受。他想，是否应该给叶萧家去一个电话了，安慰一下他的太太。他这么做了，电话很快接通，他有些胆怯地问：喂，请问是叶萧先生家吗？

对方说：我是叶萧，你是小凯吧？

刘子林吃了一惊，说：我是啊……叶大哥，你回来了？

叶萧说：我刚从西藏回来。这么晚来电话，有什么急事吗？

刘子林说：听见你的声音，就没事了。

叶萧在电话那边笑了起来，说：我明白了，你也是为"摇头丸"吧？今天我家的电话都打爆了……

刘子林说：也难怪啊，报纸上都在说。

叶萧说：那是另一个叶潇，比我多了三点水，是写散文的。

刘子林说，原来是这样啊，可把我急坏了。然后就简单说了这趟回家的情况，说你托我办的事情已经办妥了。

不料叶萧在那端叹了口气，说：关于这个临渊阁，现在看来，真不过是我小说里的海市蜃楼了，历史上未必真存在过啊。"文革"期间被焚毁的实际上是一个叫"灵元观"的道观，根本就不是什么藏书楼。我曾经查过一些资料，对此早有怀疑。最近在成都会议上又遇见了一位古建筑专家，他出示的考据令我惊讶……

刘子林则更为惊讶，一句话也没说出来。

2003 年 12 月 12 日　北京寓所

（原载《北京文学》2004 年第 5 期）

枪，或者中国盒子

1999年9月一个阴晦的星期天早晨，从文在简陋的寓所里接待了一个儿时的伙伴。这个人原来的名字叫李开运，现在叫李全。他的不期而至让从文显得不知所措，毕竟已经有多年没有联系了。如果不是额头上那道月牙形的刀疤，从文真难断定面前这个西装革履、神情自负的男子，就是从前那个爱流鼻涕的同桌。李全告诉从文，自己目前在南方开了一家经营建材的公司，并爽快地问从文有没有兴趣跟过去一块干？李全还当场承诺，愿意支付从文十万的年薪和百分之十五的干股。从文慌张地戴上眼镜，只说这事来得太突然了，他毫无准备。对于在机关当副主任科员的从文来讲，这自然是一个千载难逢的好机会，几乎就是一夜暴富。可他最终还是谢绝了对方这个过于潦草的建议。他说自己不是做生意的材料，也不适应南方潮湿多雨的气候。其实真正的原因，是他坚信天上没有掉馅饼的事。他觉得这个从前的李开运，现在不过是在开空头支票，甚至是随意借题发挥来暗指他的不得志。

李全也没有多劝。人各有志，李全说：我不勉强你，等你想好了，随时给我打电话。说着就给了从文一张印制考究的名片。李全没有说明，他此番来这个城市的真正意图，但给从文的感觉，好像就是专门为动员自己而来。这让他很有些感动和不安，同时私下计算着这笔意外的接待开支。事实上，李全在从文这里住了三天，没有花从文一分钱。这三天里他都是早出晚归，独自行动，晚上带回一些打包的卤菜和整箱的听装啤酒，和从文起劲地聊天。聊一些儿时那些鸡鸣狗盗的破事。

第四天早上，从文还在睡梦中，李全碰醒了他，说自己今天要走了，公司里有点急事。

说着，李全把一个一尺见方的小包裹放到了从文面前，说临时寄存一下，等下次来了再带走。从文点点头，本想起来叫一辆的士送李全到机场，但是后者已经迈出门了。从文要做的，便是把那个小包裹放进柜子里。

从文没有料到的是，这个以前的李开运、现在的李全，竟是一走了之。时间过去了一个多月，竟然连个电话也没来。在从文看来，李全的这次来访好像真的就是上个世纪发生的事了。

2000年5月，从文在一个黄昏里再次想到了李全。准确地说，是想到了几个月前李全临时寄存的那个小包裹。这天晚上，从文要出席一个同事的婚礼，所以提前下班回家。洗完澡，在柜子里翻衣服时，无意中瞥见了那只放在一角的小包裹。他就把它端出来，第一回觉得这个东西的分量。然后就引起了好奇心。他想这么一个小东西，李全居然还要寄存，可这到底是个什么东西呢？他闻了闻，没有气味，又晃了晃，也听不到响。但他的好奇心更加旺盛了。李全为什么不愿意带着它上飞机呢？还是不敢？这样一想，他心里便咯噔了一声。他怀疑这里面有可能是毒品。李全在叫李开运的时候，就是一个容易闯祸的家伙。他曾经用一根皮带抽趴下了三个人，但也挨了人家一刀（留下了那道月牙形的刀疤）。这些年李全去了南方，都说混得不错，看上去也确实不错，衣冠楚楚，出手阔绰。但从电视上见到的那些玩命贩毒的，基本上都是这般模样的人。从文带着这点心思出门了，琢磨了一路。在之后那个显得过分排场的宴席上，他硬是回忆不起来，自己吃了点什么，居然嘴里这么苦。

人的好奇心是很难克服的。那只摆在眼前的小包裹使这个夜晚变得十分漫长。从文翻来覆去地睡不着，小便也变得频繁，后半夜他想想还是起来了，然后就从抽屉里找出了剪刀。揭开外面的一层报纸，里面露出了一只硬纸盒，上面用透明胶带封着口，封得很整齐。从文小心地拆开，里面又是一个纸盒，还是用透明胶带封口。于是再拆开，里面还是一个纸盒，还是用透明胶带封口。如此反复三次，盒子越来越小，从文的心却越跳越快，等彻底打开之后，从文的心几乎就要跳出胸膛——

里面是一把锃亮的手枪。

从文惊吓得往后一退，似乎那把枪已经发射了，把他击中。

果真是枪啊，他内心这么感叹着。怪不得李全那小子不敢带着它上飞机呢！等这阵惊吓过去之后，他渐渐平静了，他像研究一个模型似的伏在这把枪边上，几次都想用手去碰碰。从文从小到大没有碰过真正的枪支，甚至没有这么近距离地审视过一把手枪。在极短的时间内，从文从好奇转为惊吓，再由惊吓转为意外的满足。毕竟，枪这种东西不是任何人都能拥有的。这个晚上，从文最后的动作，是把这支枪握在了手里。那一刻，他竟感到十分惬意了。

第二天从文一觉睡醒，睁眼就看见那把钢蓝色的枪，在阳光中神气十足。他又伸手拿过来，握在手里，觉得手感特别好。握枪的动作不止一次地唤起了他少年时代的英雄梦想。他有一种温暖的感觉。从文当天就上书店淘了一本关于枪械兵器的小册子。从这本小册子上知道，他拥有（或者暂时拥有）的这把手枪属于六四式制式手枪，是为了纪念中国人民解放军前总司令朱德六十四岁诞辰而命名的。这种手枪的特点是小巧，五十米之内可以防身，三十米之内极具杀伤力。从文还按照书中的图谱，学着慢慢把枪分解，当他用右手向后拉住套筒时，一枚闪亮的子弹跳出了枪膛。子弹的意外出现让从文再次受到了惊吓。如果没有子弹，这把枪如同一个玩具；可有了子弹性质也许就成为凶器了。

他不能不为此担心。

上班的时候，从文去机关资料室查看了《刑法》。

《刑法》第128条：违反枪支管理规定，非法持有、私藏枪支、弹药的，处三年以下有期徒刑、拘役或者管制；情节严重的，处三年以上七年以下有期徒刑。

从文意识到如果不及时交出这把枪，那就已经构成了犯罪。但是他又想，私藏不应该是他这个样子。首先，所藏枪支理应是属于自己的，而他的枪是李全寄存的；其次，事先他并不知道李全寄存的这个小包裹，到底是个什么东西。他可以把那几个盒子重新封起来。

于是从文就想把包裹恢复原样。这时候，问题来了。用透明胶带封口的盒子，每拆一次，胶带都沾上了表面的纸屑。现在要想恢复原样，几乎就是不可能。那么，即使有一天警方查清了这支枪的主人，从文也逃脱不了干系——你既然知道里面是什么东西了，为什么不报案呢？为什么？从文解释不了。他想，还是尽快报案吧。枪械属于国家管制的物品，也是容易横生是非的东西，还是离自己远点的好。从文很快拿起了电话，准备拨110。但是拨了11，他又把电话挂了。他想到了问题的另一面。

如果警方顺藤摸瓜去找李全，怎么办？这等于他把李全出卖了。李全拥有这支枪,但未必就拿这枪去作案。他或许像南方那些老板一样,从广西、云南那边弄支枪回来防身壮胆呢。从文打小就看不起告密者,何况现在还是这种没有利益关系的告密。还有,假使有一天,李全从天而降,来取这个包裹,怎么办?能说交给警方了吗?即使没交,拆开看了都可能是一个问题——一个敢于私藏枪支的家伙有什么干不出来呢?

从文的脑子一下就乱了。他决定还是先给李全打电话,可是李全名片上所有的电话都打不通。李全是不是已经"进去"了?还是出境在逃?要不就是已经死了?有一天后半夜,他做了一个噩梦,梦见李全向他讨这把枪来了,伸过来的手特别大。他当时吓得连尿都出来了。醒来之后,他把枪又拿在了手里,最后放到枕头下面——他觉得这个举动很像一个大人物的做派。奇怪的是,自从这把枪放在枕头下面,噩梦便彻底远离了从文。

枪最终没有交出去。时间很快就到了夏天。从文每天下班回来,第一件事就是把枪从枕头底下拿出来,握着,比划着,对一个虚拟的目标瞄准着。有一天他突然萌生了一个更加大胆的念头:何不找机会把这枪打响一回呢?这样想着,他就兴奋起来,迅速作出了决定。这个星期天,骑自行车到郊外的山坡上,对着一面池塘把枪打响。他为这种安排激动不已,晚上喝了点酒。他已经很长时间没有这么快乐地喝酒了。从文是一个性格孤僻的人,长相又有一点窝囊,这些年因为和局长的关系紧张也影响了仕途,至今还是一个副主任科员,所以他没有名片。一个小公务员是不需要名片的。他的一些同学如今混得都不错。在机关的,有的已经升到了副厅长。在大学里的,有的已经当上了正教授。还有成为知名作家的、出国访问学者的、做起大老板的。总之,他属于混得最不得志的一类。这种晦气也集中反映在爱情婚姻上,有的同学已经离过两次婚了,他却刚刚获得一次正式的恋爱。

从后面的情况看,倘若不是因为爱情,落在从文手里的这把枪或许就另有安排。

第二天黎明,正当从文要去郊外进行实弹射击的时候,他接到了女朋友小惠的电话,说她中午要来省城。小惠是一个小学教师,和从文是老乡。他们的恋爱开始于一年前,但实际上半个月就同居了。小惠是来省城看一个展览的,从文去车站接她,一路好高兴。可是等来到自家的门口,他才忽然想起来,那把枪还压在枕头下面。从文顿时就心虚了,开门的钥匙拿错了两回。他的慌乱与笨拙引起了小惠的注意,小惠说:你怎么了?好像不是进你自己家似的。从文腼腆地笑着,说:你来了,我好激动。等一进家,他就装着铺床,小惠以为从文迫不及待想寻欢,显得有些羞涩,说你这人,一关门就急着铺床。从文红着脸说:那是啊,小别胜新婚嘛。小惠说:什么新婚啊,我可没说要嫁你呢,看你混得熊样。说着,就坐到马桶上去了,门却没有关严。趁着这工夫,从文用枕巾把枪一裹,从卧室拿到客厅,塞到了沙发底下。

小惠说:你在藏什么东西吧?

从文说:没有啊……我在收拾呢,太乱了……

小惠说:不对。每次收拾房间都是我的事,你肯定在藏什么东西。

从文说:人是会变的嘛,我现在勤快多了。

小惠边系裤子边说:放屁,你肯定在藏什么见不得人的东西。你说,是不是哪个女人的短裤落下了?

从文差点想哭了,说:你真冤枉死我了,不信,你搜查好了……

小惠没有搜查,但是也没有和从文上床。显然,从文的解释是不能令她满意的。于是女人带着一股子怒气断然离开了这间屋子。

小惠走后,从文像个孩子似的哭了起来。

这天晚上,从文一个人走在城郊的马路上,想着白天里发生的事,心里特别委屈。他不能埋怨小惠,现在回想起来,他自己都觉得当时藏枪的动作十分可疑。小惠说得不错,那确实是见不得人的东西。可是他却没有理由向自己的女人解释,女人也不肯给他这个机会,说走就走,一走了之,就和那个该死的李全一样。他恨死了这个从前的李开运,平白无故地把他坑了。可是,这事最要怪的还是自己,谁叫你那么好奇呢?如果不打开盒子——那个典型的中国盒子,不就太平了吗?

这时身后有人喊了他。

从文回头一看,从路边林子里走出了一个比他高半头的男人,一脸的横肉,目光却锐利得像一把刀子。那人直截了当地对从文说:哥们儿,手机给我用一下,我有急事。

从文觉得来者不善,没敢搭理,想尽快走自己的路。但是前面又出现了一个男人,戴着摩托车头盔,拦住了去路。

分明遇上拦路打劫的了。从文只好老实地把手机交出去。后面跟上来的横肉二话没说，拿着手机就走了。前面那个头盔，示意从文把双手举起来，搜走了他身上仅有的二百三十一块钱。从文说，哥们儿，你总要给我留下一张"的费"吧？头盔就抽出了一张十元的，轻巧地扔在了地上。从文拾起这张纸币，已经不知道惊吓了，这个瞬间他有的全是后悔，后悔今晚没有把那支枪别在腰上。他想，如果刚才那个瞬间出其不意地掏出枪来，指着那高个子横肉，那是什么样的感觉？那家伙还敢这么横这么抢吗？另一个头盔敢不发动摩托跑吗？他想起有一次出差去北京，到首都剧场看了北京人艺演出的老舍话剧《茶馆》，别的差不多忘了，但有一句台词此刻却格外清晰地蹦了出来——"没枪的干不过有枪的"。
　　此后，每回只要是夜间出门，从文就偷偷把那支枪别在了腰上。不久，秋天来了，从文买了一件深蓝色的挺括的风衣，又换了一副好点的墨镜，还自己设计缝制了一个帆布枪套，斜挎在腋下。这一年是他们大学同学毕业十周年聚会，四面八方的同学都来了，有的还带着小车。从文自然也出席了。大家一见从文，都说从文的样子比以前酷多了。一个当作家的女同学认为，从文的主要变化还不在外表，而是由内而外散发出了一种男人的洒脱与豪迈，这是难以置信的变化。无论这种言辞是否带有夸张的成分，从文都感到幸福。在这次聚会上，从文自始至终没有怎么说话，也没有怎么喝酒，只是挨个到每个同学那里坐坐，好像要让大家都能领略到他这种气质。大家先是集体聚餐，然后分小组活动。从文那个小组，后来在班长的带领下去唱卡拉OK，班长如今是一个县级市的市长，所以一进来就宣布，今晚把这个酒店的多功能厅包了。班长说，大家尽兴吧！于是几个爱唱的女同学就抢先拿过了话筒，轮番唱起了当年流行的一些老歌子。从文觉得这些歌子一个共同点就是感伤，听得他眼睛都湿了。
　　忽然音乐停了，大家看见一个魁梧的男人把插头拔了。后来知道是隔壁几个打麻将的嫌吵，就过来干预了。这男人说，你们唱够了没有啊？够能闹的了，闹得我手气好背！这一说，同学们都不响了。那个当作家的女同学说，算了，大家散了吧。大家似乎也都默认了。这时，黑暗中一个方向传出了从文的声音：接着唱！这场子是我们花钱租的，谁还敢霸着不成？

从文的话引得大家紧张起来。大家意识到会有事情发生。果然，那魁梧的男人就直奔从文那边去了，一路说着：哟嗬，你小子好狂啊！

从文继续埋在阴影里说：本来嘛。

班长上前劝说：从文，你少说几句。

班长又把香烟递到那人面前，赔着笑脸说：先生，我们这位同学今天喝多了……

突然，只听得一声玻璃爆碎的脆响，穿风衣的从文走出了阴影，大声说：我根本就没有喝多！

然后他把班长推开，自己跟着那人去了麻将室。几个女同学都想哭了，当作家的那个摇着班长的衣袖说：赶快报警吧！

班长也紧张得不知所措，这里毕竟不是他的地盘，何况又是公款消费。

但是很快，从文已经从隔壁的麻将室出来了。他的表情十分从容，脸上也没有大家期待中的青色和红色，唯一的变化是把那件深蓝色的风衣挽在手臂上。陪着他的还是刚才那个男人，这回却换上了笑脸。那人对大家拱拱手说：大家请随便唱，今晚的单，我买了！

事情像一阵风似的过去了，但大家至今不明白其中的奥妙。大家只是私下感叹，一个副主任科员怎么就那么容易把事摆平了？

从文陪着这支枪默默度过了三年。这把枪让他尝到了前所未有的苦头，却也给他带来了前所未有的快感。他想枪实在是一个奇怪的东西，能让一个自卑的人变得骄傲，也能让一个懦弱的人变得勇敢，还能让一个谨小慎微的人变得大大咧咧。从文每天回家都要背着枪在镜子面前站上一会儿，他以欣赏的目光看着镜子里的男人，时常出其不意地把枪掏出来，做出射击的姿态。他还像香港动作片里那样，把枪拿在手上很艺术地转动着。有时候，他把镜子里面的人想象成各式各样的嘴脸，然后用枪指着他们说：怎么样？有种的上前一步？你小子怎么不横了？你他妈的还敢压制老子吗？你有什么屁话就跟这把枪说吧！你问问我这把枪答不答应……

这样的时候他才体会到什么是热血沸腾。

他想佩带着这把枪，去县城把小惠接回来。然后陪她走一段夜路，最好能再遇见一宗拦路抢劫的事情，那么他就有理由把这支枪打响了。他想过要用这把枪蒙面去抢局长的家，用枪指着那颗秃头，逼他打开保险柜，他相信里面有很多钱。而且已经考虑周全了,把即将抢来的钱一半用于结婚,一半捐给"希望工程"。他甚至想过在一个夜黑风高的晚上杀回老家去,用这把枪去干掉当年的村长,这家伙曾经调戏过他的姐姐。

我得把这把枪打响一回。他总是这样对自己说。

这个故事到这里实际上已经没有下文了。关于从文和这把枪,后来社会上有许多的传闻,但都没有什么意思。有人说,从文在一个夜晚,偷偷把枪扔进了一口老井,从此了却了一桩心事。也有人说从文最终还是把枪交给了警方,似乎没有受到多大的追究。但是最新的版本则是另一个样子——

2002年10月一个下雨的黄昏,从文正在检修房间天花板上一根漏水的管子,站在一个高凳子上。屋子里散发着无限的霉气让他心烦意乱。这时,他感觉有人在拍他的小腿,低头一看,脚边下站着一个理板寸的男人,竟是失踪几年的李全。和几年前相比,从文不再感到意外了。相反,他在这一刻异常地镇静,对李全说:李开运,你终于还是来了。你是来拿你的东西的吗?

李全含糊地点了点头,一条腿还轻微地抖动着。

于是从文就从腋下把那把枪像占姆士·邦德那样迅速拔出,往下一点,对着李全的脑门抠动了扳机。

枪像受潮的爆竹那样响了,李全如同一根木头那样往后倒了下去,不到两分钟就咽了气。从文看着李全扭曲的脸,觉得刚刚被自己打死的这个人一点也不像是李全,脸上一点自负的痕迹都没有了,却唤起了他对从前那个李开运的记忆,流出的血好像也不是血,而是鼻涕。有点可惜的是,子弹的入点打碎了额头上那块月牙形的刀疤。从文拿起一块硬纸板,盖住了那张可疑的脸。

然后,从文带着这支枪去了附近的派出所自首。当警官质问他作案动机时,从文沉默了一会儿,看着交出去的那把枪说:

我只想把它打响。

2004年9月28日　北京

(原载《人民文学》2004年第12期)

草桥的杏

杏是草桥村的一个姑娘。附近的人都晓得草桥有一个好看的哑巴女子，叫杏，养了几十只鸡。

通常每隔三天或四天，杏都要去县城集市上卖鸡蛋。杏养了五十只母鸡，两只公鸡。母鸡们三四天就下了一百来只蛋，杏凑够了整数就去卖了。杏每次都只卖一百只蛋，这是在县城里念中学的弟弟教她这样做的。杏不大识字，耳背，也开不了口，弟弟就比划着告诉她，不论大小，一个蛋都卖三毛，十个就是三块，一百个就是三十块了，好记，好算账。一个蛋卖三毛钱，杏嫌贵了，弟弟说不贵。咱家这是土鸡蛋，弟弟说，如今城里人用的东西要洋的，吃的都喜欢土的。弟弟就把"每只三毛，概不还价"写在了一块硬纸板上，交给了姐姐，告诉她：不要老是坐在一个地方卖，不要见城里人对你笑就让价，不要让人尽挑个大的。弟弟又说，姐，要是遇见戴大盖帽穿制服的人冲你过来，无论什么色，都要赶紧溜走。杏点着头，把这些都记好了。

杏不是天生的哑巴。爹死的那年春上，十三岁的杏打摆子发高烧，几天都不退，病熬过就张不开嘴叫妈了。不会叫妈，妈就留不住。第二年，妈就跟别的男人走了，落下了杏和弟弟。杏不会说话，但还有几分听力。村里的红白喜事吹吹打打放鞭放炮她能听见，公鸡早上打鸣也听得见，当她面大声说话——实际是喊话，也能听得大概。但是村里的人都不愿大声对她喊话，只有弟弟才会。如今弟弟进县城念书了，杏就把远房的一个寡妇婶娘接来和自己一起住。可是婶娘平时也不肯大声对她喊话。平时杏就只能跟院子里的鸡们说话了。这些鸡，都是杏用蛋小心孵出来的，一天天喂它，看着它长大，之后就数它们下的蛋。

虽说不大识字也不能说话，可是十九岁的杏还是很招人眼。她梳着两根齐腰的辫子，喜欢穿一件绛红格子的褂子，黑裤子，白球鞋。她去县城卖鸡蛋的时候，总能在路上遇见几个回头看她的男人。杏以前不喜欢男人看自己，遇见了，就低着头快快走过去。到了去年，突然就喜欢男人看她了，遇见了也不再低头，不过是把眼睛侧过去。没多久，就有人上门来说亲了。有本村的，也有邻村的，还有一个后山来的木匠，本人没来，却托人捎来了一张相片。杏看着相片上的那个男人觉得眼熟，额头上有块镰刀一样的疤，心想可能是有一回在路上遇见过。她去县城，要走十几里的山路。婶娘见杏拿着相片不肯放，猜姑娘起了心事，就凑近比划着问：你喜欢吗？

杏就红了脸。

于是婶娘就把那木匠的情况大概说了，那人姓王，叫三宝，常年在外面做事，一年下来能挣两万块。

杏听得还真切，想自己要是光靠卖鸡蛋，不吃不喝，攒上两万起码也得十年。她当然要吃喝。还要每个月给念书的弟弟存上一百元。杏想自己这辈子是不会存到两万了，不过，要是嫁给了这个王三宝，自己就不会再靠卖鸡蛋攒钱了。她会要求男人供她弟弟念书，念完中学念大学，一直念到大学出来挣钱为止。要是不答应，就不嫁。

杏比划着问：他多大年纪啊？

婶娘停了一会儿才用手比划：三十八。

杏心里咯噔一声，想怎么会这么大呢？这相片上可看不出啊。

婶娘说：相片是十年前拍的呢。

杏没再比划，心想爹要是还活着，差不多也就是这个年纪。杏叹了口气，放下了相片。

婶娘就劝：大是大了些，可是男人大，晓得心疼人啊。再说，他一年就挣两万……

杏没有再说什么，进自己屋了。

这个晚上，杏没有睡好觉，翻来覆去地想嫁人的事。村子里每个月都有娶亲嫁女的，操办得越来越红火。杏喜欢听锣鼓鞭炮，也喜欢看新娘子那身新衣。杏想自己要是嫁人，一定也要这般的红火。除了不会说话，杏觉得自己一点都不比草桥的姑娘差，也比得过嫁来的新娘。后半夜，杏在想嫁人之后的事，她在邻居家电视上看见过，嫁人，入了洞房，新郎和新娘就要抱着亲嘴，再脱光衣服睡到一只枕头上，男的压着女的。从古到今都一个式样。杏没有脱光衣服睡过觉，想不出那样睡觉的好处。觉得沉，觉得喘不过气。可是，男人女人要不那样睡觉，女人就生不出孩子。就像公鸡不骑到母鸡身上，母鸡就下不出能孵小鸡的蛋。天亮的时候，杏已经在想女人生孩子的事了，她一听见谁家的女人夜里大声地哭，就知道那女人生孩子了。她想，女人家生孩子肯定是很疼的，所以要哭，就像母鸡下蛋之后要满院子乱叫。杏就这样想了一夜，看着窗户外面的天一点点黑下去，又一点点亮起来。

秧门开过，后山那个叫王三宝的男人就到草桥来了。杏在后院喂鸡，婶娘乐呵呵地跑来，凑近她耳边大声说：相片上那个人来家了。

杏一听，心里就跳乱了。

她把婶娘推在前，自己跟在后头。进了屋，就看见桌上堆放着两瓶酒和几包糕点，还有一件红毛衣。一个梳分头的男人和另一个戴着黑眼镜、手里拿着大盖帽的男人对面坐着抽烟。杏瞄了一眼就认出，梳分头的那个人是王三宝。那个一直玩着帽子的，不是军官，也不是警察，搞不清是做什么的。杏一见到大盖帽就有些心慌，心想那该是木匠托的媒人吧。杏一来，三宝就站起了，对着杏先看了看，看过就有些不好意思地笑了：你是杏吧？

边上的婶娘说：你得大声喊才行。

三宝就大声喊了：你是杏吧？我是后山的王三宝。

杏用力点了一下头，表示自己听见了。接着就去为客人倒茶了。她倒茶的时候，看见客人一直在偷看她，心下就更跳得乱了。倒好茶，赶忙又去后院喂鸡了。杏一边想，这个木匠比相片上显老，不过这个男人敢当着外人面对她喊话。一会儿，王三宝也跟来了，还是看杏，还是笑。杏知道这个男人肯定是看上自己了，耳根就觉得好热，却也笑了。三宝说，杏，我喜欢看你笑的样子。杏没大听清楚，但晓得木匠说的肯定都是好话，就又笑了一下。可是背过身去一想，自己今后要光着身子和这么老的男人睡一个枕头，还要让他压着，就觉得便宜他了。

那天王三宝没坐上一会儿，留下东西就随大盖帽走了。大盖帽是乡税务所的征管员，姓李，人唤李税务。

李税务问王木匠：你可中意啊？

王木匠说：人是很好的，可惜不会言语。

李税务说：要是会言语能摊上你么？没准儿我还回去跟老婆打离婚呢。

王木匠说：不过话说回来，不言语也有不言语的好处，日后夫妻间少了口舌，倒也省心。

李税务说：那你打算么日子再来打礼啊？

王木匠说：秋后吧。可要是把人讨回家，那还得过上年吧，她年纪不到，不合法呢。

李税务说：这交给我好了。不就短了一岁嘛，找找人，花点钱。

王木匠：花钱不是问题。

李税务说：那就没有问题。你预备着吧，等你过年回来，干脆择个日子把杏接回家算了。免得你裤裆里的鸟找不到窝⋯⋯

那天傍晚，城里念中学的弟弟回来了。杏就把他拉到屋里，把王三宝的照片给他看了，自己却盯着弟弟的脸。她很快就看出弟弟对这门亲事不满意。弟弟把照片随便一扔，喊道：杏，你傻啊，这个男人不是你丈夫，是你爹呢。

杏就不做声了。杏想，弟弟心里是心疼她的。她其实怕的就是弟弟一脸满意的样子。弟弟一走，杏就和婶娘谈了心事，嫌王三宝年纪大了，自己不想嫁。婶娘也没多劝，只说：那就回了吧。

杏点点头。

这天夜里杏睡不着，翻来覆去，一闭眼，面前就是王三宝大声对她大声喊话、对他笑的样子。再一想，木匠一年能挣上两万块呢，又有点舍不得回了。可是弟弟这头不满意，真不知如何是好。

日子就这么过去了一段。杏还是过着往常的生活，每天喂鸡，隔四五天去一回县城卖鸡蛋。有一天，杏卖完鸡蛋回来，忽然觉得小肚子酸胀得不行，想尿，看看路上，还是行人不断，边上也没有长成的庄稼遮掩。幸好不远的坡上有一座破窑，就急忙奔那儿去了。

窑洞里很黑，杏四下看看，没人。刚进去，一只黄鼠狼"嗖"地蹿了出来，吓了她一跳。这一惊吓，尿就更急了，裆下也湿了。幸好裤子安的是松紧带，一褪就能蹲下尿了。提上裤子，忽然一个小东西跳到了眼前，仔细一看，是一只小鸡，毛绒绒的，翅膀上还带着血，就想，这一定是刚才那只黄鼠狼拖来的，还没来得及下喉呢。杏把小鸡捧在手里，那鸡的翅膀还在扑扇着，小黄嘴不断张着。杏心里说，莫怕，我晓得疼你呢。

杏从窑洞里出来，迎面就见着了一顶大盖帽。杏没敢抬头，趁着那人没说话就从他身边溜了过去。这时，那人喊了她。

那人说：你是杏吧？怎么连招呼也不打就走啊？我可是你的大媒人呢！

杏没怎么听清楚，还是走了。

那人笑了笑：我倒忘了，这女子耳背呢。

说着，他就扯开裤子尿了起来，抖着腿，吹着口哨：《路边的野花你不要采》。

杏带回了小鸡，用香油给它抹了翅膀上的伤口，再涂上牙膏。没过几天，这鸡的翅膀就长好了。田里稻子还没黄，小鸡就已经长成模样了，是只独一无二的芦花母鸡。院子里一圈看过去，就数这只芦花鸡打眼。于是就惹得两只公鸡成天围着它转悠。一个中午，杏蹲在门槛上吃饭，忽然看见花公鸡一下逮住了芦花鸡，咬着冠子骑上背。杏竟有些生气，便脱下鞋照着花公鸡使劲砸过去，把它们轰开了。婶娘看见，就说，杏，你咋把它们轰开呀？啊？轰开了，来年你哪来孵鸡的蛋啊？

这理杏懂，可还是这么做了。

田里的稻子转眼间转黄了，天气热了起来。天一热，鸡下蛋就少，歇窝了。杏得十天半月去一回县城集市。这天，杏积的鸡蛋有一百只了。像往常一样，杏出门前都要先把鸡蛋过数，整齐码好。她是一双一双地数。十双是一层，隔上一层草，再码一层。数蛋、码蛋都是杏喜欢做的事，总是带着笑脸。没多会儿，杏就码好了四层，到了最上头一层，才发现少了一只。杏不信自己数错了，就把篮子里的鸡蛋全都数着拿出，还是一双双地拿，一只只地数，但还是少了一只。杏再把鸡蛋重新放回篮子，过了数，还是少了，杏的嘴撇了撇，心想自己真是好笨，连整数都弄错了，差点想哭。忽然，后院里传来了一阵嘎嘎的叫声。

杏撒腿就跑到了后院，看见那只芦花鸡正撅着屁股在柴火堆上跳着、叫着。杏凑近一看，果然在草窝里发现了一只白生生的鸡蛋。杏拾起鸡蛋，热烘烘的，蛋壳上还带着鲜红的血丝。杏就知道，这是芦花鸡生的第一只蛋啊。杏可怜地看着芦花鸡,心想,你疼吧?头一回肯定是疼的,疼你就多叫几声吧。

今天是个阴天,集市上显得冷清,老客户来的不多,面前尽是些生脸子。县城里的女人个个脸模子都生得好,像电视里的人。与生脸子做买卖就好头痛,一个鸡蛋死活要还价,把三毛钱还成二毛五。可是杏历来是不还价的。她开不了口,就把弟弟写的牌子放放好。好大一会儿工夫,杏的鸡蛋只卖出去一半。又过了一会儿,天色转暗了,看上去雨就停在头上。忽然间,那边闹了起来,接着就有小贩子做贼一样跑过,杏一看,就知道是大盖帽们过来了。她赶紧拷上篮子钻出了人群,一口气跑出了县城地界。刚想歇口气,雨又来了。杏接着又跑,这下跑得不急,怕颠坏篮子里的鸡蛋。不一会儿,雨就弄湿了她的衣服。路上没有什么人,过往的车子也陡然少了,天地安静下来。杏看见了那座破窑,就思磨着去那儿躲雨。

窑洞里很暗,更是静了。杏躲进来,想把贴身的衣服脱下挤挤。正解了上衣扣子,忽然看见一个人影跟了进来,她没来得及看清人脸,但看清了那人手里提着的大盖帽。那人一进来就骂:狗日的天。

杏赶紧护住了篮子里的鸡蛋,却忘记了已经解开的扣子。她的胸脯就这样显露出了一点,迎着了大盖帽的眼睛。

那人干咳了两声,上手就来拿杏的篮子。杏死活不肯,和那人争夺着。她一使力气,就把篮子压在身子底下,双手紧抱着,一动不动。她想,要夺走篮子里的鸡蛋,除非把她也一起夺走。那人的手果然就住了,从篮子柄上移了下来,落到了杏的裤腰上,身体像一床潮湿的被子那样盖下来。杏晓得什么事要发生了,她使劲扭着身子,使劲并着腿,可她还是舍不得腾出手来去推开压在身上的男人。她用嘴咬,认准了那只粗壮的胳膊,一口咬下去。那人"哎哟"一声,用力抽出了手,跟着就一拳挥在了杏的脸上。杏眼前一黑,好像陡然看见了家里那只花公鸡腾地张开了翅膀,身子软了。

没一会儿,那人从杏身上下来了,又干咳了两声,走了。慢慢的,杏觉得自己的腿冷,才看见自己光着下身,就急忙把裤子提了上来。杏听着身后没了动静,就回头看了看,外面的雨就一阵子,歇了。那个人已经走出了窑洞,正撒尿。原来这混蛋今天不是要抢她的鸡蛋,也不是追来罚款。杏松了口气，这才把篮子拿到有光的地方，把鸡蛋重新查上一遍。一双、两双、三双……只有二十三双半，单了一只。杏记得清楚，今儿只卖了二十六双，怎么就单了一只呢？杏接着又数钱，十五块六毛，一分不少。她就怀疑自己肯定是错卖了，被城里人蒙走了一只，认了。杏站起来，这才觉得下身有些疼。刚站好，就见到一只鸡蛋从裤管里滚了出来，杏眼睛一亮，开始还以为是自己看错了，弯腰拾起来之后，才信是真的。鸡蛋在自己身上焐热了，完好无损，好像是鸡刚下的，蛋壳上还带着血呢。不是血迹，用指头抹一下，还发黏。是新鲜的血。杏不明白，这是咋回事，这里并没有鸡呀。再一琢磨，就觉得这血该是从自己身上流出的。

那人完了事，就开始发动摩托车，把大盖帽挂到车把上，轰的一声走了。杏还是没看清那人的脸，但这回她记住了他的车牌号，后面三个数是048，正好是她今天余下的鸡蛋数目。杏忽然觉得，这个身影有点熟悉，却一时又想不起。

杏挎着篮子走回了家，她走得很慢，双脚都是泥。到了村子，天就黑了。婶娘去村里喝喜酒去了，家里没有人。杏没吃晚饭，弄盆热水把自己下身洗了，又觉得疼。杏早早上了床。躺在床上，听着不时传来的鞭炮声，哭了起来。没多时，婶娘回来了，杏起来开门，阴着脸。婶娘就问：杏，你咋了？哪难过了？杏不做声，关上了门。到了后半夜，婶娘突然听见了杏的哭声。她趿着鞋跟到杏的屋子，使劲地敲门，大声在门外喊着：杏，你咋回事啊？你把门开开！

杏不开门，但慢慢地就不哭了。

第二天，婶娘问杏：你昨夜咋回事了？哭得那么凶。

杏没做声。

婶娘又问：是不是发梦了？

杏还是不响，到后院喂鸡去了。

"双抢"一过，树上的叶子开始落了。外面做工的庄稼人赶回来帮了一阵子忙，又该走了。收完稻子，村子一下子闲了下来。田里没了庄稼，天地就显得开阔。杏养的鸡也歇窝了，一天收不了几只蛋。杏就躺在后院的草堆边，看着那些找食的鸡。下河洗衣的时候，杏看着水里自己的脸模子，觉得没有以前好看了，像霜打的秧。她有些难过，慢慢地就想到了那个后山的王三宝,这个男人不是说秋后回来吗?咋就没回呢?兴是在城里住久了,对这穷场子没了牵挂吧。杏洗好衣,低着头往家走,看见婶娘正满脸堆笑兴冲冲地往这边来。婶娘凑近杏的耳朵说:王三宝来了!

杏就跟着婶娘回家,远远地就看见木匠正在替她家修门。三宝还是梳着分头,新衣服脱下了,露出两只光着的胳膊。这男人结实。见杏来了,木匠就放下了手里的斧子,对着她笑,大声喊话:杏,我回来了。杏又看见院子里放着一辆新自行车。婶娘说,这是三宝替她买的,说今后去县城卖鸡蛋,就不要走十几里的路了。杏听明白了,忽然就觉得鼻子酸得厉害,头一低进屋去了,过后就没再出来。三宝也觉得奇怪,跟了过去。看见杏正坐在床沿上纳鞋底,埋着头不看人。三宝就问:杏,你这是咋了?

杏还是没说,眼睛变得湿了。

三宝却很高兴,以为杏在想他,就说:杏,要是你没有什么意见,我想过了年就接你过去,如何?

杏自然没有听出三宝的话,但从三宝笑眯眯的神色中,知道了话的内容。但她说:不!

三宝有些吃惊:不?如何不啊?

杏说:我不!

两人正僵持着,就听见外面响起了一阵摩托车的响声,接着有人在喊三宝:三宝,你还没正式讨人家回去,咋就一回来就往姑娘屋子里钻啊?

原来是媒人李税务骑着摩托车来了,岔着两条腿停在院子里,没熄火。杏扒在窗户上看,接着就吓了一跳,她再次看清了那辆红色的车和车屁股后面的三个数:048。

三宝笑着走出来,给李税务拿烟点火。两人凑在一起谈笑着。忽然间,杏从屋子里冲了出来,抄起门边上的斧子,横着眼就对李税务逼过去。李税务脸色刹时就白了,叼在嘴角的烟也落了,连忙转过摩托车就跑,杏突然嗷嗷大喊着,跟着追赶。木匠愣住了,连忙来夺杏手里提着的斧子,说:这是咋了?这是咋了啊?

草桥村的人都端着饭碗出来看。他们看见村里的哑巴女子正撒腿追赶着摩托车上的李税务,村里人都晓得,杏出事了。

当夜，杏把城里念中学的弟弟找回来，把一切都对弟弟比划清楚了，要他替自己写状子。她要上乡里告狗日的李税务。弟弟哭丧着脸，写一行，抹一下泪。写着写着，却又把写好的状子团了。杏一把夺了过来，要出门。弟弟就拦住她，喊道：姐，忍了吧！

杏还是出门了。她找到乡派出所，把状子递了。派出所很快就把李税务找来，可是对方顿时就翻了脸，吼起来：这女子卖鸡蛋逃税，报复我呢。她连话都不会说，就凭这张皱巴巴的纸你们就信啊？她说我强奸，凭什么？啊？

李税务的话，杏句句都听清楚了。凭什么？心下也虚了些。

见杏低着头，李税务就吼得更凶了，说你这不知好歹的东西，老子好心给你讲个婆家，你倒好，反咬我一口。

一提咬，杏就跳起来，抓住李税务的胳膊，李税务挣扎着，杏还是把他的袖子捋起来，可是，那上面的牙印却没有了。这一下，杏的眼泪就下来了。派出所的人把杏拉开，说有话好说，别动手。他们忘记了杏说不出话。李税务在给他们散烟，杏走了。

杏有些日子没有出门卖鸡蛋了。一天吃饭，哇地吐了一地。婶娘觉得不对头，追到屋里要看杏的肚子。杏不让，可婶娘还是看出了名堂，急得直跳脚，说你这死人，自己的事咋就瞒得这么严实？肚子显了啊！杏还是没声响，躺在床上睁着眼。婶娘要拖杏去卫生所，把肚子里那块肉偷着拿掉。杏死活不依，不动。婶娘说，人家是戴大盖帽的，你告不倒。

第二天，杏又开始出门了。她不是去卖鸡蛋，光着手，梳妆整齐。村里人见到杏都装作没看见。杏的弟弟也好久没有回来，只让婶娘每月给他学校里寄钱。

一连几天杏都是这样早出晚归，没有人知道她在做什么。

又是一个阴天，李税务又习惯来那座破窑洞边撒尿了。刚撒完，就听见身后有了动静，回头一看，杏从里面走出来了。

李税务这回没跑，而是叼着烟笑着，说：怎么着，你是不是想我了？该不是在偷看我撒尿的东西吧？想看吗？我掏出来你看看？

杏也咧了一下嘴，猛地把衣服往上一掀，把整个肚子露出来。那肚子已经有些圆了。

李税务顿时就愣住了，一额的冷汗。他拉住杏的手，说谈谈吧，有话好说。只要你不告我……

杏把手一甩，走了。

当夜，李税务就给杏的婶娘偷偷送了一万块钱，想私了。说只要杏把肚子搞掉，以后大家就是亲戚，什么都好说。婶娘觉得也合适，就找杏谈了。杏把钱收下，存到了银行里，可是出了银行就不想去卫生所，她不肯把肚子搞掉。婶娘说，你告人家，又要留人家的野种，这算什么名堂啊？

杏比划说：一码是一码。

婶娘没法对李税务交代。后者就打电话给在外地做工的王三宝，叫木匠抓紧时间回来，有急事。于是几天后的一个晚上，木匠就到了草桥。来之前，李税务对他把条件都谈好了。只要哑巴尽快把肚子搞掉，他可以马上在当地给木匠揽一个装修的活做。木匠见生米已经煮成了熟饭，也只好认了。木匠说，别的不怕，就是担心杏的月份深了，不大好搞。木匠又说，要不，我就把这个肚子认了吧。李税务说不行。李税务说这女子鬼精着呢，她留着肚子就是要落个凭证。肚子不搞掉，可就要了我的命了。

那天晚上王三宝在杏的屋子里磨蹭了一会儿。木匠说：杏，趁早把肚子搞掉吧。毕竟，你也收了人家一万块，抵得上你卖十年的鸡蛋。

木匠的声音不大，杏没听清楚。杏想，这个男人不会再对她大声说话了。

木匠说：搞掉了，我就接你走。

杏双手把肚子护着严实。

木匠叹了口气，起了身。杏把那件红毛衣还给了他，又把前些日子木匠送来的那辆自行车推出来，让男人骑走了。

没过几天，李税务就到乡派出所自首了。派出所的人二话没说，就把李税务铐上，带着他在草桥村走了一个来回。草桥的人被这阵势看呆了，私下说，看不出，这个哑巴女子硬是扳倒了一个大盖帽。

第二年春上，杏产下了一个七斤重的男孩。是顺生。草桥没有几个人知道这件事，那天夜里他们没听见杏哭。

2007 年 3 月 5 日　北京寓所

（原载《北京文学》2007 年第 7 期）